청소년 사역에 필요한 필수 지침서

청소년 사역자

기독교교육리더십연구소

김성중 김도환
김준혁 안정훈
윤상현 이새롬
이신형 이재면

민영사
예사람

추천사

안녕하세요. 기독교교육리더십연구소 이사장 오승환 대표입니다.

지금 이 땅에서 예수님을 믿는 사람들은 우리 아이들에게 두 가지 진리를 설명하고 이해시켜야 할 책임이 있습니다. 먼저는 "하나님은 진짜 계시다"는 것입니다. 보이지 않는 하나님을 어떻게 해서든 우리 아이들에게 설명해 주어야 합니다. 우리 아이들이 하나님을 믿기 어렵게 만든 것은 지금 예수님을 믿는 사람들입니다. 예수님을 믿는 우리들은 "진짜 계신 하나님"을 우리 아이들이 인정하도록 설명해 주어야 하는 책임이 있습니다. 온갖 거짓 우상들에게 미혹되어 방황하고 피흘려 쓰러져 가고 있는 강도 만난 우리 아이들을 이 세상에서 구원해야만 합니다.

또한 "너는 하나님의 자녀"라고 말해 주어야 합니다. 우리 아이들에게 네가 누구인지, 너의 정체성이 무엇인지 알려 주어야 합니다. "너는 하나님의 자녀"인 것을 다양한 방법으로 이해시켜 주어야 합니다. 그래서 자신이 하나님의 자녀라는 것을 아이들이 깨닫고 하나님의 자녀답게 살기 시작하도록 도와주어야 합니다. 하나님의 자녀인 아이들은 이 세상을 본받지 않고 하나님의 선하시고 기뻐하시고 온전하신 뜻을 구하게 될 것입니다.

기독교교육리더십연구소를 통하여 이 세대 청소년들이 하나님을 알게 되고 하나님 안에서 올바른 꿈을 찾아가게 되기를 간절히 기도합니다. 그리고 발간되는 이 책이 한국교회 청소년 사역자들의 실제적인 사역에 작게나마 도움이 될 수 있기를 간절히 소망합니다.

머리말

안녕하세요. 기독교교육리더십연구소 소장 김성중 교수입니다.

기독교교육리더십은 기독교, 교육, 리더십이 융합된 용어입니다. 저희 연구소는 2017년도에 설립되었고, 기독교 정신과 복음에 입각한 사역을 진행하는 기독교 연구소입니다. 그리고 교육에 대한 전문성과 노하우를 가지고 실제적인 사역 프로그램을 만들어 실행하는 역동적인 연구소입니다. 또한 이 시대에 필요한 바른 리더십에 대해 연구하고 이 시대의 청소년들을 하나님께서 기뻐하시는 리더들로 세우기 위해 헌신하는 다음세대를 위한 연구소입니다. 마지막으로 기독교교육의 관점에서 여러 학문과의 융합연구를 시도하는 전문 교육 연구소입니다.

저희 연구소가 시작될 때, 제가 연구원들에게 했던 말이 있습니다.

"숨겨져 있는 하나님의 일을 발견해서 하자!"

저희 연구소는 다른 연구소나 선교단체가 하는 일을 똑같이 하기를 원하지 않습니다. 다른 곳에서 하지 않는 숨겨져 있는 하나님의 일을 발견해서 새로운 형태와 방법으로 하기를 원합니다. 일례로 캠프를 진행해도 다른 여러 캠프 사역단체들이 하지 않는 방식으로 하기를 원하고 현재 그렇게 커리큘럼을 만들어서 진행하고 있습니다. 겨울에는 한 장소에서 수련회를 하는 것이 아니라 저희 연구원들이 찾아가서 아이들을 만나는 새로운 형태의 수련회를 진행하고 있습니다.

"숨겨져 있는 남들 안 하는 하나님의 일" "기독교교육에서 소외된 아이들을 찾아서 섬기고 세우는 일" "연구되어지지 않은 한국교회와 세계선교, 기독교교육학과 신학의 발전을 위해 필요한 연구들"을 저희들은 감당하기 원합니다. 그럼으로써 저희 사역을 통해 오직 하나님만 영광 받으시기를 소망합니다.

Soli Deo Gloria!

차례

청소년 교육목회

김성중 교수

(장로회신학대학교, 기독교교육리더십연구소 소장)

Ⅰ. 들어가면서[1)]

한국교회가 위기라고 말한다. 왜냐하면 교회에 다니지 않는 사람들의 한국교회에 대한 부정적인 인식이 너무 크고, 한국교회 성도들의 예배출석 숫자가 급격히 줄어들고 있기 때문이다. 이 위기의 중심에 청소년층이 있다. 한국교회 교인들 중에 청소년층의 숫자가 급감하고 있고, 교회에 관심을 가지고 있지 않다. 더 이상 청소년들은 교회에 대해 관심을 갖지 않는다. 우리의 자녀들이 성인이 되어 한국교회를 다닌다고 생각하면 참으로 걱정이 많아진다. 교회에서 그 시대의 후대에게는 어떤 모습의 교회가 되어 있을지 알 수 없기 때문이다.

필자가 중·고등학교를 다닐 때만 해도 교회는 문화의 중심이었다. 청소년부가 주최하는 문학의 밤 등에 믿는 학생이든지 안 믿는 학생이든지 다 참여하였다. 10, 11월 토요일에는 여러 교회 문학의 밤들을 다니느라 정말 바빴던 기억이 난다. 교회에는 인기가수 못지 않은 CCM가수들의 음악과 찬양이 흘러나왔고, 우리는 그들의 노래를 외우고 우리도 가수인양 따라하고 그랬다. 교회는 청소년들이 모이는 장이었고, 놀이터였고, 교육과 문화의 장이었다. 그런 교회를 이제는 청소년들이 떠나고 있는 안타까운 상황이다.

이러한 상황 속에서 한국교회는 어떠한 노력을 하고 있는가? –물

---

1) 본 글은 2018년 <영산신학저널> 44집 pp 239~265에 게재했던 필자의 논문을 수정보완한 것이다.

론 출산 저하로 인해 청소년의 인구가 줄고 있기는 하지만 분명 청소년이 부흥하는 교회도 있기에 이런 핑계는 여기서 얘기하지 않기로 한다. – 여전히 교회 안에서 청소년들은 소위 찬밥 신세이고, 입시의 문제로 한숨을 쉬고 있는 상황, 친구들과의 갈등이나 게임중독, 성적인 문제로 어려움을 토로하는 상황, 사춘기로 인해 혼란한 변화를 겪고 있는 상황 속에서도 어렵게 교회에 나왔는데, 교회 안에서 이런 문제들에 대해 터놓고 말할 수 있는 사람이 없다. 대부분의 교회는 성인 사역에 집중되어 있기 때문에 청소년들의 상황에 맞는 맞춤식 설교나 교육이 이루어지고 있지 않은 형편이다. 그래서 교회 안의 청소년들은 더욱 소외될 수밖에 없다.

그래서 필자는 이 글을 쓰게 되었고 지금부터는 청소년 교육목회를 이야기해보려고 한다. 이 연구를 위해 본론에서는 과연 "교육목회"가 무엇인지에 대해 개념적으로 이해해보려고 한다. 그리고 교육목회의 5가지 영역을 살펴보고, 5가지 영역에 맞는 청소년들을 위한 교육목회의 실제를 구체적으로 제시해보겠다.

Ⅱ. 교육목회란 무엇인가?

전통적인 목회에서는 목회 안에 교육을 이해했다. 여러 가지 목회의 영역이 있는데, 그 중의 하나가 교육이라는 것이다. 이러한 이해 속에서 교육은 목회의 하위 영역에 들어가고 목회의 본질이라기보다는 수단이나 도구가 될 수 있다. 그리고 만약 교육에 별 관심이 없는 교회의 경우는 교육에 대한 강조점 없이 목회를 할 수 있게 된다. 그러나 "교육목회"는 교육과 목회가 따로 떨어져 있는 개념이 아니다. 목회의 전 영역에서 교육이 이루어지는 것이다. 다시 말하면, "교육목회를 목회의 한 하위영역으로 파악하는 것이 아니라 교육목회가 목회의 한 관점이요 한 방향이라고 이해하는 것이다."[2] 박봉수에 의하면, "교육목회는 그 자체로 목회이고, 교육이라는 형태로 목회가 수행되는 것"을 의미한다.[3] 교육목회와 다른 목회와의 구분 점에 대해 박봉수는 교육목회가 "다른 목회와 구분되는 점은 교육이라는 방법 또는 과정을 통해서 목회한다는 점"이라고 주장한다.[4] 신현광은 교육목회를 "목회를 교육적 관점에서 이해"하는 것이라고 주장한다.[5] 그래서 설교도 교육적 관점에서 이해하는 것이고, 예배도 교육적 관점에서 이해하는 것이고, 선교도 교육적 관점에서 이해하는 것이고, 상담도 교육적 관점에서 이해하는 것이고, 성경공부도 교육적 관점에서 이해하는 것이라고 말한다.[6] 다시 말하면, "목회의 다양한 차원들을 교육적 관점에서 이해하고 성도와 교회의 성숙을 도모하는

---

2) 박봉수, 『교육목회의 이해』(서울: 한국장로교출판사, 2008), 34.

3) Ibid., 35.

4) Ibid., 34.

5) 신현광, 『교육목회와 교회성장』 제3판 (서울: 민영사, 2016), 80.

6) Ibid., 80~81.

목회철학이고, 그 실천"이라는 것이다.[7] 그리고 신현광은 "목회는 곧 교육적인 관점에서 수정되고 평가되고 발전되어야" 함을 주장하면서 모든 목회는 교육목회가 되어야 함을 강조한다.[8]

리차드 오스머는 교육목회는 목회자 혼자 힘으로 할 수 없음을 주장한다. 즉 교육목회를 위해서는 회중의 힘이 중요하다는 것이다. 회중이 주도성을 갖지 않으면 교육목회가 제대로 이루어질 수 없다는 것이다. 그래서 "회중은 행정, 재정, 커리큘럼, 공간, 훈련된 교사와 같은 지속적인 형태를 형성함으로써 교육목회를 제도화해야 한다"고 주장한다.[9] 오스머의 견해에 의하면 교육목회는 목회자 혼자서 해나가는 것이 아니라 회중 전체의 동의하에, 회중과의 동역의 관계 속에서 제도가 뒷받침된 가운데 교회 전체적으로 시행하는 것임을 알 수 있다.

그럼, 교육목회의 영역은 어떻게 되는가? 교육목회의 영역을 알기 위해 마리아 해리스는 사도행전 2장 42~47절의 말씀을 근거로, 초대 기독교공동체에서부터 존재해 온 목회의 영역을 제시한다. 사도행전 2장 42~47절의 말씀에 의하면, 오순절 성령강림 이후에 초대 기독교공동체 구성원들은 "예수 그리스도의 부활의 기쁜 소식을 선포했고(케리그마), 사도들로부터 가르침을 받았고(디다케), 함께

7) Ibid., 87.
8) Ibid., 81.
9) Richard Robert Osmer, 『교육목회의 회복』 박봉수 역(서울: 한국장로교출판사, 1994), 222.

모여 서로 교제를 나누었고(코이노니아), 함께 기도하고 떡을 떼며 하나님을 찬미했고(레이투르기아), 자기 재산을 팔아 가난한 자에게 나누어주었다(디아코니아)."[10] 이 다섯 가지가 초대 기독교공동체에서부터 발견되는 목회의 영역이자 기능이다. 이 목회의 영역이자 기능은 교육 커리큘럼의 원형으로 볼 수 있고, 교육 커리큘럼의 이론과 실제로 발전시킬 수 있기 때문에 교육목회의 5가지 영역이 되는 것이다. 여기서 디다케만 교육이 아니고, 디다케도 교육의 하나의 형태인 것이다. 그리고 나머지 케리그마, 레이투르기아, 코이노니아, 디아코니아도 교육의 또 다른 형태들인 것이다. 이 다섯 가지의 교육목회의 영역을 대한예수교장로회총회교육부가 다음과 같이 번역했다.

케리그마–말씀의 선포와 전도,

레이투르기아–예배와 예전,

디다케–가르침과 훈련,

코이노니아–친교와 교제,

디아코니아–봉사와 섬김.[11]

이러한 교육목회의 관점에서 청소년 목회가 이루어져야 청소년들

---

10) Maria Harris, 『교육목회 커리큘럼』 고용수 역(서울: 한국장로교출판사, 1997), 8.

11) 대한예수교장로회총회교육부 편, 『교육과정 이론지침서(Ⅰ)/이론』(서울: 한국장로교출판사, 2001), 155~158.

의 삶 전체에 영향력을 줄 수 있는 목회가 이루어질 수 있고, 이러한 목회 안에서 청소년들의 영적인, 인격적인, 관계적인 성장과 성숙이 이루어질 수 있는 것이다.

Ⅲ. 청소년들을 위한 교육목회의 실제는 무엇일까?

1. 청소년들을 위한 말씀의 선포와 전도(케리그마)

목표

첫째, 청소년들이 말씀 안에서 예수 그리스도를 뜨겁게 만나는 것이다.

우리의 신앙에서 가장 중요한 것은 바로 예수 그리스도만이 우리의 진정한 소망이라는 것을 고백하는 것이다.

> "우리 구주 하나님과 우리의 소망이신 그리스도 예수"
> (디모데전서 1:1).

예수 그리스도를 만나면 환경과 관계없이, 삶의 형편과 관계없이 진정한 희망과 소망을 찾을 수 있다. 세상이 줄 수 없는 참된 평안과 기쁨을 얻을 수 있다.

> "평안을 너희에게 끼치노니 곧 나의 평안을 너희에게 주노라 내가 너

희에게 주는 것은 세상이 주는 것과 같지 아니하니라 너희는 마음에 근심하지도 말고 두려워하지도 말라"
(요한복음 14:27).

사도 바울은 감옥에 갇힌 최악의 상황에서도 기쁨을 노래했다.

"주 안에서 항상 기뻐하라 내가 다시 말하노니 기뻐하라"
(빌립보서 4:4).

우리 청소년들의 여러 상황이 어렵다한들 감옥에 갇힌 바울보다 더 하겠는가! 예수 그리스도 안에 있을 때 참된 소망을 발견하고, 참된 기쁨과 만족 가운데 살 수 있는 것이다.

둘째, 회개를 통해 하나님 나라의 가치로 무장된 새로운 삶으로 나아가는 것이다.

대부분의 청소년들은 세상 속에 살면서 세속적인 문화에 젖어들어 믿지 않는 자와 별반 차이가 없는 삶을 살아간다. 그래서 선포된 말씀 속에서 자신의 부족함을 깨닫고 하나님 앞에 철저히 회개하며 하나님의 나라의 가치로 무장하고 하나님께서 기뻐하시는 삶으로 나아갈 수 있도록 하는 것이다.

셋째, 하나님께서 주시는 사명을 발견하는 것이다.

우리 인생의 목적은 하나님을 찬송하며 하나님을 기쁘시게 하는 것이다(이사야 43:21). 내 삶 속에서 하나님을 기쁘시게 해 드리는 삶의 과제가 바로 사명이다. 그래서 청소년들이 설교 말씀을 들으면서 하나님께서 청소년 각자에게 주신 사명이 무엇인지를 깨닫고, 그 사명대로 살고자 하는 결단을 하도록 한다. 청소년들에게 "나중에 뭐 하고 싶어?" 물으면 "모르겠다" 가 제일 먼저 답변으로 나오고, 아니면 "돈 많이 벌고 싶어요"라고 답변으로 나온다. 돈은 사명을 위한 도구이지, 사명이 아니다. 이러한 청소년들의 상황을 알고 설교 말씀을 통해 하나님께서 청소년 각자에게 주신 사명을 깨달아 알 수 있도록 도와주어야 한다.

넷째, 예수 그리스도의 삶으로 살아가는 것이다.

청소년들이 예수 그리스도의 제자가 되어 예수 그리스도의 삶으로 살 수 있어야 한다. 앎과 삶이 분리되어서는 안 된다. 교회에서 성경을 배운 대로, 성경 안에서 예수 그리스도의 삶과 인격, 사역에 대해 배운 대로, 예수 그리스도의 은혜의 복음을 배운 대로 그렇게 살아야 한다. 청소년들이 삶의 자리에서 예수 그리스도의 삶을 살 때 믿지 않는 청소년들이 선한 영향을 받아서 교회로 나오게 되는 것이다.

내용

첫째, 예수 그리스도의 복음이다.

기독교회는 예수 그리스도로 말미암아 세워진 교회이다. 그렇기 때문에 교회 안에서는 예수 그리스도의 뜨거운 복음이 선포되어야 한다. 먼저 설교자는 예수 그리스도께서 이 땅에 오셔서 우리를 위해 해 주신 놀라운 구원의 소식을 수시로 전해야 한다. 구약과 신약 본문을 골고루 사용하면서 복음의 깊이 있는 내용을 청소년들에게 전해야 한다.

복음의 내용을 단계로 나누면 다섯 단계로 나누어서 설명될 수 있다.

첫 번째 단계는 인간은 로마서 3장 23절(모든 사람이 죄를 범하였으매 하나님의 영광에 이르지 못하더니)에 기록된 대로 죽을 수밖에 없는 무서운 죄인이라는 사실이다.

두 번째 단계는 인간은 죄의 문제를 스스로 해결하기 위해 많은 노력을 감당하지만, 그 노력은 이사야 64장 6절(무릇 우리는 다 부정한 자 같아서 우리의 의는 다 더러운 옷 같으며 우리는 다 잎사귀 같이 시들므로 우리의 죄악이 바람 같이 우리를 몰아가나이다)의 말씀대로 의미 없는 노력이며, 우리 스스로의 노력으로는 죄의 문제를 해결할 수 없다는 사실이다.

세 번째 단계는 요한복음 3장 16절(하나님이 세상을 이처럼 사랑하사 독생자를 주셨으니 이는 그를 믿는 자마다 멸망하지 않고 영생을 얻게 하려 하심이라)의 말씀대로 하나님께서 우리 인간을 뜨겁게 사랑하셔서 독생자 예수 그리스도를 우리에게 보내주시고, 우리 죄를 대신해서 십자가에서 못 박혀 죽으셨다는 사실이다.

네 번째 단계는 예수 그리스도께서 사흘 만에 부활하심으로 말미암아 베드로전서 1장 3절(예수 그리스도를 죽은 자 가운데서 부활하게 하심으로 말미암아 우리를 거듭나게 하사 산 소망이 있게 하시며)의 말씀대로 우리의 죄가 다 씻어졌다는 사실이 증명되고 구원의 소망이 선포되었다는 사실이다.

다섯 번째 단계는 요한복음 5장 24절(내 말을 듣고 또 나 보내신 이를 믿는 자는 영생을 얻었고 심판에 이르지 아니하나니 사망에서 생명으로 옮겼느니라)의 말씀처럼 예수님께서 우리를 위해 해 주신 놀라운 일을 믿고 받아들이면 영원한 생명을 얻는다는 사실이다.

교회에 오래 다니는 청소년들은 "복음"이라는 단어를 들으면 기대감을 갖기보다 이미 알고 있는 뻔한 것이라고 생각한다. 하지만 "복음"을 다양한 본문을 가지고 접근하면 가장 귀한 주제, 항상 선포되어져야 하는 생명의 메시지가 되는 것이다. 위에서 살펴본 복음의 단계 하나하나마다 찾을 수 있는 구약, 신약 성경의 본문들이 너무나도 많이 있다. 설교자는 복음과 관련된 구약, 신약 성경 본문들을 다양하게 사용해서 열정적으로 설교를 할 필요가 있다.

둘째, 예수님의 삶이다. 요즘 기독교인의 가장 큰 문제점으로 지적되는 것이 바로 기독교인이 기독교인다운 삶을 살지 못한다는 것이다. 우리 청소년들도 별반 차이가 없다. 교회 다니는 청소년들도 입에 욕을 달고 산다. 학교 안에서 복음의 영향력을 발휘하며 살지 못하고 있다. 그렇기 때문에 청소년들에게 예수님의 삶을 가르치면서 예수님의 삶을 따를 수 있는 제자로 키워야 한다. 예수님은 이 세상에 오셔서 30여년의 인생을 사셨다. 복음서에 나온 예수님의 삶, 예수님의 인격, 사역자로서의 모습 등에 관한 내용을 가지고 설교해야 한다. 그래서 청소년들이 예수님의 삶을 따라 살 수 있도록 이끌어야 한다. 예수님의 삶을 따라 살다보면 자연스럽게 전도가 이루어지는 것이다. 청소년들에게 제일 적합한 전도 방법은 예수님의 삶을 보여줌으로 선한 영향력을 발휘하는 관계전도이다.

셋째, 청소년들의 삶의 주제, 고민의 주제이다. 청소년들은 실제 자신들의 삶의 문제를 다루는 주제의 설교를 원한다. 물론 설교의 주제가 무조건 청중들의 상황을 고려하고 선정되어야 하는 것은 아니지만, 갈등이 많은 시기를 지나고 있는 청소년들의 경우에서는 청소년들이 처해 있는 상황을 다루는 설교가 필요하다. 그리고 자신들의 상황 속에서 하나님의 뜻을 찾고, 하나님과 동행하는 결단을 할 수 있는 설교가 절실히 요청된다. 청소년 목회가 잘 이루어지는 교회들은 설교의 주제가 청소년들의 삶의 주제와 연관 지어져 있다. 소위 청소년들을 위한 맞춤식 말씀이 선포되어지고 있는 것이다. 매년 발간되는 『청소년백서 및 한국청소년상담복지개발원 상담통계』를 통해서 우리나라 청소년들의 삶의 주제가 무엇인지를 확인할 수 있다.

이 통계는 전국에 있는 청소년상담지원센터에서 청소년들을 상담한 상담주제를 건당 수집한 것인데, 상담을 많이 한 주제가 바로 청소년들이 제일 고민을 많이 하고 있는 주제인 것이고, 통계에서 나온 상담주제가 바로 청소년들이 지금 관심을 가지고 있는 삶의 주제인 것이다. 이 통계에 의하면, 청소년들은 대인관계에 대한 고민이 제일 많고, 그 다음 학업/진로, 정신건강 문제, 컴퓨터/인터넷 중독, 가정, 성격, 성, 생활습관태도 순으로 고민을 하고 있는 것으로 나타났다.[12) 이러한 주제를 가지고 설교를 진행할 필요가 있다.

방법

첫째, 선포이다.

가장 일반적으로 사용하는 설교의 방법은 선포이다. 이 선포도 대상에 따라 세부적인 방법을 달리해야 한다. 청소년들 대상으로 하는 선포의 경우는 열정과 도전이 있어야 한다. 요즘 우리나라 청소년들은 사회적 상황 가운데서 많이 위축되어 있으나 원래 청소년 시절의 모습은 열정적이다. 그래서 설교를 통해서 어려운 삶의 현실 가운데서 위축되어 있는 열정을 깨워야 한다. 강조하고 싶은 말씀에서는 소리를 높여 강력한 선포를 통해 청소년들의 열정을 깨우치고, 삶의 변화를 촉구하고, 도전을 주어야 한다.

---

12) e-나라지표, "전국 청소년 상담 내용 및 대상 현황," *통계청 온라인*, 2018년 2월 12일, http://www.index.go.kr/potal/main/EachDtlPageDetail.do?idx_cd=1600.

둘째, 삶의 이야기다.

청소년들 대상으로 하는 설교의 경우는 공감과 감동이 있어야 한다. 공감과 감동은 사실 동떨어져 있는 것이 아니라 서로 연결되어 있다. 설교 안에서 설교자는 청소년들의 어려움과 힘든 상황을 공감해 줄 수 있어야 한다. 공감은 동정과 다르다. 동정은 단순하게 불쌍히 여기는 것을 의미하지만, 공감은 동등한 입장이 되어서 감정을 함께 느껴 보는 것이다. 설교자가 청소년들의 삶을 충분하게 묵상하고 이해해서 청소년들과 동등한 입장이 되어서 청소년들이 가지는 감정을 함께 느껴보는 것이다.[13] 그리고 설교 안에 감동이 있어야 한다. 감동은 이성적이라기보다는 감성적인 측면이 강하다. 청소년들이 설교를 듣다가 감정이 동의가 되고, 자극이 될 때 감동이 일어나는 것이다. 공감과 감동을 구현해낼 수 있는 가장 좋은 방법이 바로 삶의 이야기다. 설교자는 예화를 사용할 때 삶의 이야기를 사용하면 좋다. 가장 좋은 삶의 이야기는 자신이 청소년 시절 겪었던 힘든 상황들, 지금 설교를 듣고 있는 청소년들이 경험할법한 어려운 일들을 일화 형식으로 풀어내는 이야기이다. 이러한 이야기를 설교자가 설교 중에 하면서 설교자는 설교를 듣고 있는 청소년들의 삶의 애환을 느끼며, 그 어려움을 공감할 수 있는 길이 생긴다. 그리고 설교를 듣고 있는 청소년들은 설교자의 이야기를 듣고 감정이 동요되면서 감동을 받을 수 있는 길이 생긴다.

---

13) 김성중, 『기독교교육행정학의 이론과 실제』(서울: 민영사, 2015), 126.

셋째, 대화이다.

설교 중에도 설교를 듣고 있는 청소년들과 대화를 시도할 수 있다. 질풍노도의 시기를 지나고 있는 청소년들은 비판적인 성향이 강하기 때문에 무조건적으로 강요하거나 설교자 일방적인 주입식 설교를 싫어한다. 어렵게 교회에 나왔는데 졸게 만드는 재미없는 설교는 더더욱 싫어한다. 그렇기 때문에 설교자는 설교 중에 청중과 대화를 시도할 수 있다. 설교 중에 퀴즈를 내게 한다든가, 자신의 생각을 말해보라고 시도하면 좀 더 신선하면서 참여적인 설교가 진행될 수 있다.

넷째, 패널토의이다.

패널토의 형식의 설교는 매주 할 수는 없지만, 절기 특별예배를 드릴 때 시도할 수 있다. 예를 들어, 부활절에 청소년부 임원 5명 정도와 함께 패널토의 형식의 설교를 진행하는 것이다. 사전에 임원 5명과 함께 사순절의 의미와 부활절의 의미 및 역사 등을 이해할 수 있는 내용으로 시나리오를 짜고 연습해서 실제 부활절 설교 때 대화하는 형식으로 진행하는 것이다. 임원들이 청중들을 대표하면서 사순절과 부활절에 대해 궁금한 점들을 질문하고 설교자는 답하고 또 질문하고 답하는 형식으로 진행을 하면 청중과 함께 참여하는 새로운 형태의 설교가 될 수 있고, 청중들이 진지하게 생각할 수 있는 좋은 기회를 제공해준다.

다섯째, 영상이다.

청소년들은 영상세대이다. 청소년들은 유투브와 함께 하시는 세대이다. 자신이 원하는 영상을 스마트폰으로 찍어서 편집하고 활용하고 SNS에 올리는 영상 전문 세대이다. 학교에서 영상자료를 활용하는 수업에 익숙해져 있는 세대이다. 그렇기 때문에 설교 시간에 설교 주제와 맞는 한 개 정도의 영상을 보여주면 설교의 내용을 전달하는 데에도 매우 효과적이다. 설교 시작 전에 설교 주제 도입 영상으로 활용해도 좋다. 그리고 종종 영화라는 영상도구를 가지고 영화설교를 진행해도 영화를 좋아하는 청소년 세대들에게 맞춤식 설교가 될 수 있다.

여섯째, 경험이다.

청소년들이 실제로 삶 속에서 전도를 실천하는 경험을 하는 것이다. 청소년들에게 적합한 전도방법은 관계 전도이기 때문에 삶의 자리에서 예수님의 삶을 보여주는 경험들을 하게 하는 것이다. 예수님의 삶을 보여주는 내용은 사랑 안에서 손해보고 희생하는 것이다. 청소년들에게 끊임없이 어떻게 삶 속에서 예수님의 삶을 보여줄 수 있을지를 생각하고 고민하게 하고, 구체적인 실천사항을 나누게 하고, 삶 속에서 실천할 수 있도록 격려해야 한다.

2. 청소년들을 위한 예배와 예전(레이투르기아)

목표

첫째, 삼위일체 하나님께 감사와 찬양을 올려 드리는 것이다.

예배는 삼위일체 하나님께서 주신 은혜와 "은총에 대한 인간의 응답"이다.[14] 그렇기 때문에 예배를 통해 하나님께서 베풀어주신 은혜와 은총에 대해서 감사하고 찬양하는 훈련을 하는 것이다. 청소년들은 세상의 기준으로부터 오는 삶의 어려움과 고민 때문에 감사를 잃어버렸다. 입에는 불평이 가득하고, 현실에 대한 분노가 가득하다. 그렇기 때문에 예배의 의미를 정확히 알고 하나님께서 주신 은혜와 은총에 대해 감사하고, 하나님을 진정으로 찬양하는 훈련을 해야 한다.

둘째, 기쁨을 회복하는 것이다.

느헤미야는 포로기 이후에 성벽을 재건하고 하나님께 감격의 예배를 드리는 가운데 백성들에게 이렇게 말한다.

> "오늘은 너희 하나님 여호와의 성일이니 슬퍼하지 말며 울지 말라" (느헤미야 8:9).

하나님의 거룩한 날, 주일은 하나님께 예배하는 날이다. 예배는 기

14) 정장복, 『예배학 개론』(서울: 예배와설교아카데미, 2003), 28.

뻠의 축제이다. 그렇기 때문에 한주동안 많은 스트레스를 받고 살아온 청소년들이 예배 가운데서 하나님께서 주시는 참된 기쁨을 맛보고 행복을 경험하는 시간이 되어야 한다.

셋째, 세례식에 참여하면서 새로 태어남의 경험을 하는 것이다.

기독교의 중요한 예식 하나는 바로 세례식이다. 로마서 6장 4절에 보면, "그러므로 우리가 그의 죽으심과 합하여 세례를 받음으로 그와 함께 장사되었나니 이는 아버지의 영광으로 말미암아 그리스도를 죽은 자 가운데서 살리심과 같이 우리로 또한 새 생명 가운데서 행하게 하려 함이라."고 나와 있다. 세례를 받음으로 우리가 죄 가운데서 죽었고, 예수 그리스도로 말미암아 살아났음을 경험하는 것이다. 그렇기 때문에 이 성찬식에는 큰 감격과 감동이 있어야 하는 것이다. 보통 많은 교회들이 세례/입교식을 성인 대 예배 시에 진행하기 때문에 청소년부만의 특별한 세례/입교식이 없다. 청소년부를 인도하는 목회자(청소년부 담당 목회자가 전도사일 경우에는 교육목사나 부목사의 도움을 받는다)가 청소년부만의 세례/입교식을 집전하면서 청소년 공동체가 함께 축하해주고, 감격을 나누는 은혜의 경험을 해야 한다.

내용

첫째, 교회력이다.

교회력은 예수 그리스도의 생애를 따라서 진행된다. 많은 청소년부가 교회력을 따르지 않는다. 교회력을 따르는 것이 너무 형식적인 것이고, 청소년들이 좋아하지 않을 것이라는 이유 때문이다. 그러나 교회력을 따르는 것은 기독교회로서 당연한 것이다. 교회력에 따른 예배를 드리면서 예수 그리스도와 더 뜨겁게 만날 수 있고, 그 안에서 예수 그리스도를 더 잘 알고 믿게 되는 것이다.

둘째, 새로운 형식이다.

청소년 예배는 청소년 문화를 존중하는 새로운 형식이 시도될 수 있다. 종교개혁 이후 개신교회의 본질은 말씀이다. 그 본질은 가장 중시해야 하고, 말씀 중심의 형식은 고수해야 한다. 하지만 그 외에 다른 예배의 순서는 청소년들의 문화에 맞게 변화될 수 있는 것이다. 청소년들이 좋아하는 찬양 중심의 예배가 시도될 수 있고, 영상을 사용하면서 진행하는 영상예배가 시도될 수 있다. 나눔과 간증이 있는 청소년 참여예배가 시도될 수도 있다.

셋째, 세례/입교식이다.

청소년들만의 세례/입교식이 진행되어야 한다. 세례/입교 집전자는 세례/입교식을 집전하기 전에 세례/입교식의 의미와 역사를 가르쳐야 한다. 그리고 세례/입교 전에 세례/입교 받는 청소년이 간증하면서 그 은혜를 함께 나누고 세례/입교 받은 후에는 청소년들이 서로 축복해주고, 작은 선물과 꽃을 전달하면서 축하해주는 시간을 가져야 한다. 다시 태어난 기쁨을 진정으로 느낄 수 있도록 형식적이지 않고 감동적으로 진행해야 한다.

방법

첫째, 경험이다.

예배는 목회자와 청중들이 동등하다. 동등하게 하나님 앞에 예배자로 서 있는 것이다. 목회자와 청중들이 예배에 참여하면서 하나님과의 만남을 경험할 수 있다. 그리고 세례/입교식에 세례/입교 집전 목회자와 세례/입교 받는 청소년, 그리고 청중들이 함께 참여함을 통해서 예수님께서 베풀어주신 놀라운 구원의 은혜를 생각하고 느낄 수 있다. 예배와 예식은 머리로서 이해하는 것이 아니다. 이론적인 공부로서 깨닫게 되는 것이 아니다. 실제적으로 참여함을 통해서 하나님과의 만남의 경험이 이루어지는 것이다.

둘째, 설명이다.

예식에 관하여 청소년들이 잘 모르는 부분이 많다. 그렇기 때문에 세례/입교식을 집전하면서 집전하는 목회자는 세례/입교식의 의미와 내용, 역사에 관해서 자세하게 청소년들에게 설명할 수 있어야 한다. 설명을 통해서 청소년들이 기독교회의 의식에 대해서 자세하게 알 수 있게 된다.

셋째, PPT와 영상의 활용이다.

청소년 예배에서는 영상 세대인 청소년들의 눈높이에 맞추어서 PPT를 잘 활용해야 한다. PPT를 통해서 예배의 순서와 찬양가사, 성경말씀을 알려주고, 예배 도입 시에 영상을 통해서 예배가 시작됨을 알릴 수도 있다. 그 뿐만 아니라 광고도 청소년 임원들이나 영상팀이 실제 텔레비전에 나오는 뉴스 같이 미리 영상을 찍어서 청중들에게 제공할 수 있다.

3. 청소년들을 위한 가르침과 훈련(디다케)

목표

첫째, 하나님의 말씀을 배우는 것이다.

많은 청소년들이 바쁜 삶 가운데 성경을 가까이 하지 못하고 있다. 현재 청소년들이 성경에 대해 이해하는 정도가 10년 전 청소년들이 성경에 대해 이해하는 정도에 비해 턱없이 부족하다. 모태신앙으로 자라온 청소년들조차도 성경에 대해 잘 모르고 있는 경우가 많다. 그렇기 때문에 하나님의 말씀을 체계적으로 배울 수 있도록 도와주어야 한다. 청소년들에게 필요한 성경공부는 성경 자체를 이해할 수 있는 데 초점을 맞춘 성경공부이다.

둘째, 하나님의 말씀을 실천하는 것이다.

청소년들이 하나님의 말씀을 체계적으로 배우고, 묵상 훈련, 암송 훈련 등을 통해서 하나님의 말씀을 삶 속에서 실천할 수 있도록 한다. 청소년들은 열정이 있고 어른 세대보다 변화의 가능성이 많은 유연한 세대이다. 그렇기 때문에 하나님의 말씀 안에서 자신의 삶을 변화시켜야겠다는 확신이 들면 열정적으로 하나님의 말씀을 실천하면서 자신의 신앙을 성숙시킬 수 있고, 하나님께서 기뻐하시는 삶의 모습으로 변화될 수 있다.

셋째, 삶의 문제를 해결하는 것이다.

청소년들은 입시 고민을 비롯해서 여러 가지 삶의 고민들을 하나하나 해결해야 하는 시기이다. 이러한 문제 속에서 힘들어하거나 희망을 잃는 것이 아니라, 하나님의 말씀을 통해서 하나님의 뜻을 이해하고, 하나님의 방법으로 문제들을 해결해갈 수 있다. 그리고 하나님의 말씀을 통해 다양한 선택을 해야 하는 상황에서 하나님께서 기뻐하시는 선택을 해 나갈 수 있다.

내용

청소년 목회에 있어서 "가르침과 훈련"이라고 하면 대번 매주 진행하는 공과 교육이 떠오를 것이다. 물론 공과 교육은 기본으로 매주 진행되어야 하지만, 공과 교육 외에도 다음과 같은 교육이 체계적으로 이루어진다면 공과 교육도 더 효과적으로 진행되지 않을까 생각해본다.

첫째, 성경의 역사, 문화, 배경이다.

많은 청소년들은 성경책을 딱딱하고 재미없고 어려운 책이라고 생각하며 성경책을 읽지 않는다. 청소년들이 이렇게 느끼는 이유는 성경의 역사, 문화, 배경을 모르기 때문이다. 성경의 시대, 문화, 역사적 상황이 지금 우리와 너무나도 다르다. 그렇기 때문에 이에 대한 이해가 없이는 성경 안에 있는 내용을 공감하기가 쉽지 않다. 어른 세대는 성경을 있는 그대로 믿으라고 하면 믿지만, 비판적 사고가 발달되어 있는 청소년 세대는 공감이 되지 않고 이해되지 않는 내용에 대해서는 받아들이고 믿기가 참으로 어렵다. 그렇기 때문에 성경의 시대, 문화, 역사를 청소년들에게 재미있게 알려 주어야 한다. 실제로 강남에 있는 한 교회는 이러한 교육을 청소년들에게 제공하고 있고, 이에 대한 청소년들의 만족도가 크다.

둘째, 성경의 구조이다.

성경의 가장 기본적인 구조는 구약과 신약으로 나누어지고, 구약은 39권과 신약은 27권으로 구성되어 있다. 구약의 구조를 조금 더 세분화하면 율법서, 역사서, 성문서(시가서), 예언서로 나눌 수 있고, 신약의 구조는 복음서, 역사서, 서신서, 예언서로 나눌 수 있다. 이러한 기본적인 구조에 대한 공부 이외에 성경 각 책별로 구조가 있다. 이러한 구조를 이해하고, 머릿속에 암기를 하면 청소년들이 성경을 이해하는 데 큰 도움이 되고, 설교를 듣고, 성경을 읽을 때에도 큰 도움을 받게 된다.

셋째, 성경 각 책별 장, 장 안에 중요 절이다.

성경의 각 책별로 장과 장 안에 중요 절이 있다. 장과 장 안에 중요 절에 대한 자세한 설명을 청소년들에게 제공해주면, 청소년들이 성경을 이해하는 데 큰 도움을 받게 될 것이다. 더 나아가 성경 각 책별 장과 장 안에 중요 절을 가지고 묵상 훈련을 시킬 수 있다. 말씀을 묵상하는 법을 알려주고, 성경 각 책별 장 안에 중요 절을 가지고 실제 묵상을 하고 자신의 삶 속에서 적용하는 훈련을 하면 청소년들이 말씀과 동행하는 삶이 될 것이고, 특히 묵상을 하고 중요 절에 대한 암송까지 할 수 있다면, 좋은 말씀 훈련이 될 수 있을 것이다.

넷째, 신학과 교리이다.

필자는 방학 때에 청소년연합수련회에 강사로 갈 때가 많은데, 설교 전에 모여 있는 청소년들에게 항상 질문하는 것이 "모태 신앙 손 들어봐?"입니다. 이 질문에 대해서 70% 이상이 손을 든다. 이제는 전도가 안 되는 시기라 부모님이 신앙생활 하는 자녀들이 교회에 다니는 경우들이 많은 것이다. 모태 신앙으로 자라 와서 들은 것은 많은데, 정작 질문하면 명확하게 답을 못하는 청소년들이 많이 있다. 따라서 이제는 신학과 교리에 대해서 청소년들에게 교육을 할 필요가 있다. 초신자가 많지 않은 이 시기에는 충분히 가능한 것이다. 실제로 모태 신앙으로 자라온 청소년들은 예정론과 관련된 질문, 신정론과 관련된 질문, 기독교윤리적인 관점에 관련된 질문(예 : 동성애문제, 주초문제 등)들을 한다. 이 뿐만이 아니라, 복음에 대해, 삼위일체론에 대해, 종말에 대해, 이단에 대해 여러 질문들을 가지고 있는 학생들이 많이 있다. 이러한 질문들을 답함에 있어 청소년 눈높이에 맞춰 신학적, 교리적인 설명을 가지고 공부를 진행한다면 청소년들에게는 흥미로우면서도 매우 유익한 시간이 될 것이다.

방법

첫째, 강의이다.

강의는 목회자가 일방적으로 청소년들에게 가르쳐 주는 것이다. 강의의 장점은 효율성이다. 빠른 시간 안에 정보를 전달할 수 있는 효과적인 방법이다.[15] 강의를 통해서 성경을 청소년들에게 가르쳐주면서 성경의 내용, 시대, 역사, 문화를 청소년들이 이해할 수 있도록 도와줄 수 있다. 대신 청소년들은 재미없고 형식적이고 딱딱한 것을 싫어한다. 그렇기 때문에 목회자는 강의에 대한 훈련이 되어 있어야 하며 재미있게 강의내용을 전달할 수 있어야 한다.

둘째, 토론이다.

청소년들은 토론하는 문화를 좋아한다. 자신의 생각과 의견을 개

15) 강용원, 『기독교교육 방법론』(서울: 기독한교, 2008), 47.

진하면서 무엇이 옳은 것인지를 파악하기를 원한다. 그래서 성경 공부 안에서도 목회자는 질문을 던지고 청소년들은 이에 답하기도 하고, 또 다른 질문들을 만들어 내고, 그 안에서 다양한 토론이 이루어질 수 있도록 해야 한다. 건전한 의심과 비판적인 사고를 통해서 성경에 대한 탐구심이 생기고, 그 안에서 토론의 주제들이 나오고, 토론을 통해서 성경의 내용을 전인격적으로 받아들일 수 있는 기회가 생기는 것이다. 건전한 의심과 비판적인 사고는 불신앙의 표현이 아니라, 참된 진리를 찾기 위한 과정이 되는 것이다. 그리고 성경과의 "대화 관계의 형성" 가능성을 열어주는 것이다.[16)]

셋째, 사진 및 영상자료이다.

청소년들이 성경공부를 재미있게 하기 위해서는 사진 및 영상자료를 활용해야 한다. 예를 들면, 성경의 시대, 역사, 문화를 가르칠 때 말을 통해 강의만 하는 것이 아니라, 실제 이스라엘 지도를 보여주기도 하고, 성경에서 나오는 식물, 동물 사진을 보여주기도 하고, 여러 성경의 도시와 지역 관련된 사진 및 영상을 보여준다면 좀 더 효과적이고 흥미로운 성경 공부가 될 것이다.

---

16) Paulo Freire, *Pedagogy of the Oppressed*(New York: Continuum International, 1993), 87.

4. 청소년들을 위한 친교와 교제(코이노니아)

목표

첫째, 학년 별 공과 모임을 통해서 하나님의 사랑을 느끼는 것이다.

청소년부 출석에 따라 조금씩 다르겠지만, 경험상 5~7명의 반이 가장 이상적이고, 효과적이다. 매주 진행되는 5~7명의 공과모임을 통해 하나님의 사랑을 깨닫는 것이 중요하다.

둘째, 연합 소그룹 모임을 통해서 공동체의 소중함을 깨닫는 것이다.

청소년부 안에서 학년을 섞어서 연합 소그룹 모임이 진행되어야 한다. 학년 별 공과 모임은 기본적으로 매주 진행하지만, 학년을 섞어서 연합 소그룹 모임이 한 달에 한 번, 혹은 두 달에 한 번 진행된다면 다양한 선, 후배와의 만남의 즐거움을 찾을 수 있고, 공동체의 소중함을 깨달을 수 있다. 청소년 목회는 다양한 인간관계를 형성시켜 줄 수 있는 장을 마련하는 것이 유익하기 때문에 학년 별 공과 모임 이외에 학년을 섞어서 연합 소그룹 모임을 마련하면 좋은 것이다.

셋째, 동아리 활동을 통해서 건전한 취미생활을 하는 것이다.

청소년들은 한 주간 동안의 바쁜 생활 가운데 지쳐 있다. 그들은 또래 청소년들과 서로 함께함으로 한 주간 동안의 스트레스를 날리고 싶어 한다. 그렇기 때문에 청소년부 안에 동아리를 만들고 예배와 모임 후에 다양하게 동아리 활동을 하게 하면 건전한 취미생활을 할 수 있고, 자신의 재능도 키울 수 있고 이것이 교회의 봉사와 연결될 수도 있다. 예를 들어, 영상에 취미가 있는 청소년들 대상으로 "영상팀"이라는 동아리를 만들면 함께 재능을 키울 수도 있고 청소년부에서 영상으로 봉사할 수 있다. 댄스에 취미가 있는 청소년들 대상으로 "댄스팀"이라는 동아리를 만들면 재능도 키우면서 청소년부에서 정기적으로 워십댄스 공연을 할 수 있다. 이 외에 "축구팀," "볼링팀," "독서팀" 등도 만들 수 있다.

내용

첫째, 삶의 이야기이다.

학년 별 공과 모임에서, 연합 소그룹 모임에서 삶의 이야기를 나눈다. 학년 별 공과 모임 안에서, 연합 소그룹 모임 안에서 다양한 삶의 이야기를 들으면서 서로 공감하고, 위로해주고, 조언해주기도 한다. 좋은 상담은 "Art of Listening"이다. 청소년들의 이야기를 서로 들어주면서 자연스럽게 치유가 이루어지고 회복으로 연결될 수 있다.

둘째, 은혜 받은 이야기이다.

학년 별 공과 모임에서, 연합 소그룹 모임에서 하나님께서 베풀어주신 은혜를 나눈다. 학년 별 공과 모임에서, 연합 소그룹 모임에서 청소년 각자에게 하나님께서 베풀어주신 은혜, 감사의 이야기를 나누면 공동체 안에 큰 회복의 역사가 일어날 수 있다.

셋째, 재능이다.

동아리 모임을 통해서 자신의 재능을 나누고, 그리고 더 연마에서 더 좋은 재능이 될 수 있도록 인도할 수 있다. 더 나아가 재능이 사명으로 연결되어 진로를 결정하는 데 도움이 될 수 있다.

방법

첫째, 참여이다.

예배만 참석하고 모임에 참석하지 않는 청소년들이 있다. 그러나 예배에 참석하고 모임에 참여해야 소속감도 느끼고 하나님의 사랑을 공동체 안에서 더 강하게 느끼고, 더 큰 배움으로 연결될 수 있다. 학년 별 공과 모임, 연합 소그룹 모임, 동아리 모임에 참여하는 것이 중요하다.

둘째, 대화이다.

모임 안에서 다양한 대화가 오고 간다. 그 대화 속에서 좋은 교제가 일어나는 것이고, 그 대화 속에서 인간관계를 아름답게 세워갈 수 있는 것이다. 교회 청소년부 안에서 이루어지는 대화는 좋은 대화여야 한다. 신앙의 대화, 인격의 대화, 배려의 대화, 위로의 대화, 감사의 대화를 통해서 아름다운 교제가 이루어질 수 있다.

셋째, 나눔이다.

모임 안에서 자신의 삶의 이야기를 나누고, 하나님께서 베풀어주신 은혜와 감사의 제목을 나누고, 기도 제목을 나누고, 자신의 재능을 나눌 수 있다. 더 나아가 음식도 서로 나눌 수 있다. 요즘 "먹방"이 유행하고 있는 시대에 청소년부 안에서 선생님들과 함께 음식 만들고 나누는 이벤트를 정기적으로 시행하면 좋은 교제 프로그램이 될 수 있다.

넷째, 공동체 놀이이다.

요즘 청소년 세대들에게는 건전한 놀이문화가 없다. 그렇기 때문에 교회는 건전한 놀이문화를 형성하기 위해 노력해야 한다. 두 달에 한 번이든지, 분기에 한 번 정도는 소그룹 모임이 아니라 청소년부 전체로 모여서 함께 하는 공동체 놀이를 하면 좋다. 예전 텔레비전 프로그램이었던 가족오락관에서 나왔던 놀이라든가, 아니면 인간 윷놀이 등의 놀이를 하면 재미있기도 하고, 서로 친해지는 좋은 교제의 시간이 될 수 있고, 건전한 공동체 놀이를 경험하는 의미 있는 시간이 될 수 있다.

5. 청소년들을 위한 봉사와 섬김(디아코니아)

목표

첫째, 예수님 믿는 자로서의 자기정체성을 확고히 하고 예수님을 닮기 위해 노력하는 것이다.

예수님께서는 하늘의 모든 권세와 영광을 버리고 우리를 구원하시기 위해 이 땅에 오셨다. 예수님의 성육신 사건과 십자가 사건은 우리를 향한 진정한 사랑과 희생을 보여주신 것이다. 예수님께서 제자들의 발을 씻겨주신 이유는 제자들도 예수님처럼 사랑과 희생을 실천하며 살라는 것이다. 요한복음 13장 14절에 보면, “내가 주와 또는 선생이 되어 너희 발을 씻었으니 너희도 서로 발을 씻어 주는 것이 옳으니라.”고 나온다. 예수님을 구주로 믿는 청소년들은 예수님의 제자라는 자기정체성을 확고히 해야 한다. 그리고 예수님의 삶을 닮기 위해 노력해야 한다.

둘째, 이기주의에서 벗어나는 것이다.

요즘 젊은 세대의 특징은 개인주의적인 경향을 가지고 있다는 것이다. 개인주의에서 더 나가면 이기주의가 되는 것이다. 많은 청소년들과 이야기를 나누다 보면 “나 중심” 적인 경향이 있다. 물론 세상이 각박하고, 경쟁적인 환경 속에 대학에도 진학해야 하고, 사회에서 살아 남아야하기 때문에 나 중심적인 경향을 띄는 것은 어찌 보면 당연해보이지만, 예수님을 믿는 청소년 크리스천들은 이기주의에서 벗어나서 타인 중심의 삶을 살아야 한다. 이웃을 품고 배려하고 도와주고 섬기는 삶을 살아가야 한다.

셋째, 사명을 발견하는 것이다.

봉사와 섬김을 통해서 자신의 사명과 진로를 발견하고 깨달을 수 있고, 구체적으로 준비해서 그 사명과 진로로 나아갈 수 있다. 예를 들어, 교회와 연계된 NGO 기관에 정기 봉사로 계속 참여하다가 이 NGO 사역이 하나님께서 본인에게 원하시는 사명임을 깨닫고, 나중에 NGO 진로분야로 나아갈 수도 있다.

내용

첫째, 교회 안에서의 궂은 일 봉사이다.

교회 안의 봉사 중에서도 궂은 일들이 있다. 화장실 청소하기, 쓰레기 치우기, 교회 화단 정리하기, 교회 청소하기 등 쉽게 하기 힘든 봉사들이 있다. 이러한 봉사에 청소년들이 한 달에 한 번이라도 예배와 모임 마친 후에 참여할 수 있다면 교회 공동체를 위한 좋은 봉사, 예수님의 사랑을 교회 안 형제, 자매들에게 전해줄 수 있는 귀한 봉사가 될 수 있다.

둘째, 교회 주변에 어려운 이웃돕기 봉사이다.

교회 주변에는 독거노인, 소년소녀가장, 장애인, 노숙자 등 어려운 이웃들이 많이 있다. 그분들을 정기적으로 만나서 도움을 손길을 드릴 필요가 있다. 주민센터나 구청에 가면 교회 주변 지역에 거주하는 어려운 분들에 대한 정보를 들을 수 있다. 교회 절기 때 음식이나 필요한 생필품을 준비하고 그분들에게 방문해서 드림으로 예수님의 사랑을 전할 수 있다.

셋째, 교회 주변에 있는 기관 방문 봉사이다.

교회 주변에 사회복지기관이나 NGO기관들이 있다. 이럴 때 교회 청소년들이 앞장서서 도움의 손길을 주면 예수님의 사랑을 실천하는 좋은 방법이 될 수 있다.

넷째, 미자립 교회 및 그 교회 주변지역 봉사이다.

방학 때 수련회를 지방에 있는 미자립 교회로 갈 수 있다. 미자립 교회에서 숙식하면서 그 교회에 필요한 봉사를 청소년들이 하는 것이다. 교회에 새로 페인트칠을 해야 하면 그 봉사를 해 드리고, 아동부 여름성경학교를 진행해야 한다면 청소년들이 미자립 교회 아동부 아이들을 위해 선생님들과 함께 준비해서 여름성경학교를 진행하는 것이다. 더 나아가 미자립 교회 주변 지역에 들어가서 마을 이장과 상의해서 그 지역에 필요한 다양한 봉사를 해 나갈 수 있다. 이러한 봉사가 미자립 교회에는 큰 힘이 되고, 그 교회 주변지역에도 전도의 효과를 볼 수 있다.

방법

첫째, 참여이다.

봉사와 섬김의 활동은 이론으로서 이해되는 것이 아니다. 실제로 뛰어들어서 참여해야 한다. 교회 안에서의 궂은 일 봉사에 참여해야 하고, 교회 주변에 어려운 이웃을 찾고 돕는 일에 참여해야 하고, 교회 주변에 있는 사회복지시설이나 NGO 기관에 가서 봉사하는 일에 참여해야 하고, 미자립 교회 및 그 교회 주변지역의 봉사에 참여해야 한다. 참여를 통해 봉사의 기쁨을 맛보게 되고, 참여를 통해 예수님의 사랑과 희생을 몸으로 느끼고 체득할 수 있다.

둘째, 강의이다.

봉사를 할 때도 봉사에 대한 지식이 있어야 한다. 많은 청소년들이 대학입시준비를 위해, 봉사점수를 확보하기 위해 봉사를 하는 경향이 있다. 그러나 기독 청소년들은 자신의 개인적인 이익을 위해 봉사를 하는 것이 목적이 되어서는 안 된다. 따라서 온전한 봉사를 하기 위해 예수님의 사랑과 섬김의 모습은 어땠는지, 우리가 봉사를 왜 하고 어떻게 해야 하는지, 기독청소년으로서 봉사에 대한 마음가짐은 어때야 하는지 등을 목회자가 강의하면서 설명해주어야 한다. 봉사에 대한 준비를 확실히 하고 봉사를 해야 봉사에 참여하는 청소년들에게 더 큰 배움이 있게 되고, 봉사의 수혜를 받는 사람들에게도 구체적인 도움이 될 수 있다.

셋째, 토론이다.

청소년들이 "봉사," "섬김"이라는 주제를 가지고 토론하면서 어떻게 하면 더 의미 있고 좋은 봉사와 섬김이 될 수 있는지를 찾아낼 수 있다. 봉사대상의 경우에도 목회자나 교회가 정해주기보다 목회자가 가이드라인을 제공해주고 기본적인 봉사에 대한 정보를 알려주면, 청소년들 스스로 다양한 토론과 그 이후 정보 검색 등을 통해서 청소년들 스스로가 찾을 수 있다. 우리는 청소년들이 아직 어리다고만 생각하는데, 스스로 할 수 있게끔 도와주고 격려하면 어른들이 생각하는 것 훨씬 이상으로 잘 해낼 수 있다.

IV. 마무리하면서

청소년들이 행복한 교회, 이제 우리가 꿈꾸어야 하는 교회이다. 청소년들은 열정이 있는 세대이다. 청소년들은 헌신의 대상을 찾으면 무섭게 헌신하는 세대이다. 청소년들은 변화의 가능성이 많은 순수함 가득한 세대이다. 이러한 청소년들이 교회를 떠나고 있는 안타까운 모습을 바라보며 우리가 다시 정신 차리고 일어서야 한다. 청소년들을 뜨겁게 사랑하고, 그들의 눈높이를 맞추면서 믿음 안에서 잘 양육하고, 친절하게 바른 길로 인도해야 한다. 청소년 사역자들은 청소년 교육목회가 이루어질 수 있도록 연구하고 실천해야 한다. 목회의 전 영역에서 체계적이며, 본질적이며, 실천적인 교육이 이루어져야 한다. 이러한 열망을 가지고 필자는 청소년들을 위한 말씀의 선포와 전도(케리그마), 청소년들을 위한 예배와 예전(레이투르기아), 청소년들을 위한 가르침과 훈련(디다케), 청소년들을 위한 친교와 교제(코이노니아), 청소년들을 위한 봉사와 섬김(디아코니아)의 실제를 제시해 보았다. 이것은 큰 숲이다. 이 큰 숲을 가지고 개별 교회에 맞게끔 숲 안의 나무와 같은 구체적인 프로그램을 만들고 실천해 나가기를 소망한다. 청소년들을 위한 맞춤식 교육목회를 통해서 청소년들이 교회 안에서 희망을 얻고 사명을 발견하고 본질을 추구하는 가운데 참된 행복을 얻기를 간절히 소망하고, 그로 말미암아 한국교회 청소년부가 양적으로나 질적으로나 더욱 성장하기를 소망하는 바이다.

참고문헌

강용원. 『기독교교육 방법론』. 서울: 기독한교. 2008.

김성중. 『기독교교육행정학의 이론과 실제』. 서울: 민영사, 2015.

대한예수교장로회총회교육부 편. 『교육과정 이론지침서(Ⅰ)/이론』. 서울: 한국장로교출판사, 2001.

박봉수. 『교육목회의 이해』. 서울: 한국장로교출판사, 2008.

신현광. 『교육목회와 교회성장』제3판. 서울: 민영사, 2016.

정장복. 『예배학 개론』. 서울: 예배와설교아카데미, 2003.

e-나라지표, "전국 청소년 상담 내용 및 대상 현황," 통계청 온라인, 2018년 2월 12일, http://www. index. go. kr/potal/main/EachDtlPageDetail. do? idx_cd=1600.

Maria Harris. 『교육목회 커리큘럼』 고용수 역. 서울: 한국장로교출판사, 1997.

Paulo Freire. *Pedagogy of the Oppressed*. New York: Continuum International, 1993.

Richard Robert Osmer. 『교육목회의 회복』박봉수 역. 서울: 한국장로교출판사, 1994.

청소년 사역자를 위한 기독(목회)상담과 진로코칭

이신형

이번 순서에서는 청소년 사역자들이 가져야 하는 기독(목회)상담17)에 대한 기본적인 자세와 역량에 대해서 생각해 보고자 한다. 목회자가 기본적으로 수행하는 직무는 설교와 심방, 그리고 기독(목회)상담이라고 많은 이들이 생각하고 있다. 설교는 신학수업이 진행되는 학교를 통해서 학습할 수 있고, 심방은 사역의 현장에서 시간이 지나면서 점차 능숙해지는 직무들이라 할 수 있다. 하지만 '기독(목회)상담'은 학습도, 그리고 시간이 지나며 능숙해지는 직무로 보기도 어렵다.

사람의 마음을 다루는 작업인 '기독(목회)상담'은 이론과 임상(실천)이 병행되는 가운데 긴 시간 배움의 과정이 필요한 영역이다. 이런 영역을 전혀 배움의 과정도 없고, 능숙해진다는 연습의 과정도 없이 실전에 들어가 전문가라고 활동을 한다는 것은 상당히 위험성이 높다고 볼 수 있다. 특별히 감정적 변동이 큰 청소년을 대상으로 하

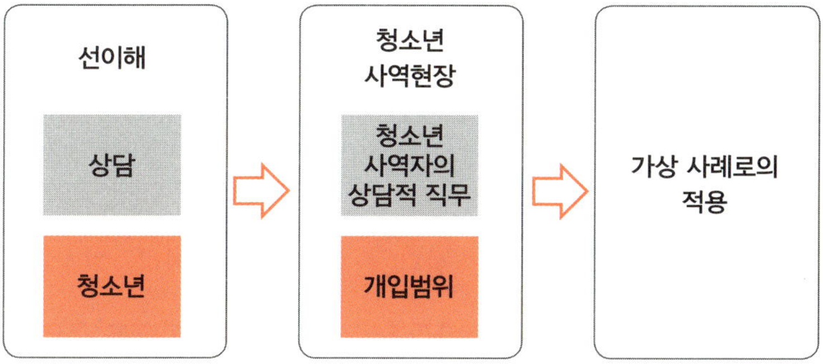

17) 기독(목회)상담을 병행해서 기술하는 이유는 이번 장에서 '청소년 사역자'의 범위를 일반적인 목회자를 넘어 교회학교를 운영할 수 없는 작은 교회, 미자립 교회에서 활동하는 평신도 사역자들을 감안하여 상담의 명칭을 기독(목회)상담으로 병행기술했다.

는 사역에서 충분한 고민과 선행학습이 없는 상태에서의 무분별한 기독(목회)상담은 '상담'이 아닌, '지시적 교육'의 연장이 될 가능성이 높다.

청소년 사역자들에게 있어서 기독(목회)상담은 과연 어느 정도까지 필요한 것인지 그 기준을 이번 기회를 통해서 함께 고민해 보고자 한다.

1. 청소년 사역자에게 기독(목회)상담이란?

상담은 조언하는 것? 그것은 착각이다.

청소년 사역자들에게 상담에 대한 정의나 기본적인 내용을 설명하는 것은 보다 전문적인 상담학 서적들을 통해 도움받는 것이 더 정확할 것으로 생각된다. 이번 파트에서 핵심적으로 언급하고자 하는 '상담'은 일반적인 상담학 교과서에서 이야기하는 그런 정의보다는 자세와 마음가짐의 관점에서 상담을 설명하고자 한다.

청소년 사역자에게 있어서 '상담'은 '머물러 줌'이다. 청소년들을 상담하는 교회의 교역자나 교사들은 '상담'이라는 시간은 무언가 답을 주어야 하는 시간이라고 생각한다. 그래서 학생들이 '저 상담 좀 해주세요'라고 하면서 찾아오면 쉽게 이런 생각을 한다.

'그래... 뭐 간식이나 좀 먹으면서 고민이 뭔지 들어주고, 뭐라고 격려하고 얘기해주면 되겠지!'

이 생각이 모두 틀린 것은 아니다. 정확히 말하면 반만 맞았다고 할 수 있다.

'그래... 뭐 간식이나 좀 먹으면서 고민이 뭔지 들어주고...'

여기까지는 너무나 완벽한 청소년 사역자가 가지는 기독(목회)상담자로서의 자세이다. 하지만 문제는 그 뒤에 있는 부분에 있다.

'뭐라고 격려하고 얘기해주면 되겠지!'

바로 이 부분이다. 대부분의 교역자나 교사는 들어주기보다는 이야기해줘야 하는 것에 부담을 갖는다. 그리고 실제로 청소년들을 만나서 자신의 이야기를 더 많이 하고 나오는 경험을 하게 된다. 이런 시간을 경험한 청소년들은 물론 그 순간은 좋은 느낌을 가질 수도 있다. 하지만, 과연 청소년들이 가져왔던 고민은 얼마나 해결되었을까?

청소년들은 자신들의 이야기를 하고 싶어서 누군가를 만나자고 하는 것이다. 어떤 조언을 듣기 위해 만나고 싶은 것이 아니다. 엄밀히 말하면, 자신의 이야기를 들어주는 사람이 주변에 아무도 없기 때문에 이야기를 들어달라며 만나자고 하는 것이다. 그런 청소년들에게 이야기를 들어주기는커녕, 조언이라는 명목으로 더 많은 말을 한다면 청소년들은 잔소리만 듣고 돌아오게 되는 것이다.[18)]

그냥 들어주기만 하면 된다. 상담에서 상담사가 말하는 부분은 최대 30%가 넘어가지 않아야 한다. 두 사람 사이에서 상담사가 70% 이상 말했다면, 그건 교육이다.

난 상담해줄 준비가 되어 있지 않은걸요?!

필자가 기독(목회)상담 임상수련 인턴과정을 경험할 때의 일이다. 그룹 수퍼비전을 받을 때, 평소에 존경하던 수퍼바이저(지도감독자) 선생님께서 나의 상담 스타일을 보시고 해주셨던 이야기이다.

> "저는 상담실로 상담을 들어가기 전에 내담자가 어떤 말을 할지 많이 고민하고 생각하고 들어가는 것 같아요. 그리고 뭔가를 꼭 말해줘야만 한다는 일종의 의무감도 있는 것 같아요."

이 말을 들은 수퍼바이저께서는

> "완전히 무방비 상태로 상담실에 들어가 보세요. 너무 준비하고

18) 권수영, 『공감육아』(서울: 21세기북스, 2013), pp. 126~128.

경직된 자세나 마음으로 들어가기 보다는 내담자가 하는 말을 그 순간마다 들어보면서 충분히 젖어들어 보세요. … (중략) … 또 상담 중에 내담자가 말하지 않는다면, 그 침묵을 즐겨보세요."

청소년 사역자가 상담에 대해 생각해야하는 가장 기본적인 자세이다. 사역자가 상담을 해야 하는 대상자에 대해서 어떨까 미리 예측하기보다는, 그래서 어떤 답을 해줘야지라는 자세를 갖기 보다는 청소년들이 말하는 순간순간에 충분히 함께 젖어가는 것이 청소년 사역자들이 해야 하는 상담인 것이다. 청소년들은 자신의 이야기를 어른들에게 잘 이야기하지 않는다. 즉, 청소년 사역자인 어른들에게 먼저 할 말이 있다고 이야기하는 것 자체가 청소년 사역자들이 경청해야 하는 분명한 이유가 되는 것이다.

2. 청소년 사역자들에게 청소년이란?

'질풍노도(疾風怒濤)의 시기' 인 사춘기에 해당하는 발달과정에 속해 있는 존재라는 정의는 우리가 청소년에 대해서 교과서를 통해 보는 가장 보편적인 정의이다. 하지만 청소년 사역자들에게 청소년은 '무언가를 감추고 있는 대답없는 너' 라고 생각하는 것이 가장 쉬운 정의가 아닐까 싶다. 즉, 자신이 관심없는 상황이나 사건에는 어떤 말도

하지 않는 대상들이 바로 청소년들이라는 점이다.

상담은 '대화'가 매우 중요하다. 대화는 말을 한다는 것을 의미한다. 즉, 2명 이상이 모여 앉아서 어떤 말을 해야 대화가 가능한 것이다. 하지만 청소년들은 쉽게 말하지 않는다. 필자가 임상수련에서 들었던 '침묵을 즐겨보라'는 적용이 필요한 대상들인 것이다. 청소년 사역자들은 청소년들이 말이 없을 때에 한가지 중요한 부분을 생각해야 한다.

① '침묵' 속에 담겨 있는 '숨어있는 메시지(hidden message)'가 존재함을 항상 기억해야한다.
② 청소년들이 하는 전혀 엉뚱한 말과 행동을 액면 그대로 받아들이지 않아야 한다.

이 두가지의 원칙을 가지고 청소년들을 만나야 한다. 청소년들이 흔히 하는 '몰라요', '귀찮아요'라는 표면적으로 드러난 말은 때로는 쉽게 넘겨들어야 하는 말이 아니라는 것이다.

"너, 왜 요즘 걔랑 잘 안다녀?"

"몰라요."

쉬운 예로 받아들일 수 있지만, 이 이야기가 정형화된 공간에서 이뤄지는 상담의 시간이라면 접근은 분명히 달라야 한다. 청소년에게 '몰라요'는 앞뒤고 숨겨져 있는 문장들이 있을 수 있다. 그리고 그 앞뒤의 숨겨진 문장이 때로는 청소년들이 힘들어하는 고민의 주된 요소일 수도 있는 것이다.

청소년사역자에게 있어서 '청소년'은 스무고개를 하듯 접근해야하는 대상이다. 스무고개의 답을 알아내겠다는 듯이 급하게 달려들면, 포기해버리고 피해버리는 대상들이 청소년이라는 점을 기억해야 한다. 이런 장면이 펼쳐진다면, 상담은 커녕 단순한 대화조차도 불가능하게 되는 최악의 상황을 만들어버릴 수도 있다. 질문하고 답을 듣는 아주 단순한 대인관계의 과정, 이 과정이 청소년에게는 조심스럽고 신중해야 한다는 점을 기억해야 하겠다.

3. 청소년 상담의 형태

상담은 크게 개인상담과 집단상담으로 구분할 수 있다. 개인상담은 우리가 흔히 알고 있는 상담사와 내담자가 1:1로 만나는 상담을 말한다. 집단상담은 보통 12명 이하의 소그룹이 모여서 집단리더와 함께 상담을 하는 것으로 때에 따라 보조리더가 함께 참여하는 경우도 있다. 이번 부분에서는 상담의 형태에 따른 청소년사역에서의 상담의 실시방법을 이야기해보도록 하겠다.

개인상담

개인상담은 가장 기본적인 상담의 형태이다. 개인상담은 반드시 상담의 비밀이 잘 보장될 수 있는 공간에서 실시되어야 하며, 상담자로서 내담자의 비밀을 보장할 수 있는 약속상태에서 실시 되어야 한다. 개인상담을 한다고 하면서 모든 사람들에게 개방된 공간에서 할 수는 없다. 이유는 개인상담을 하는 내담자(청소년)가 자신의 이야기를 정서적으로 편안하고 안전하게 말할 수 있는 상황에서 이야기해야 하는데 개방된 공간은 이런 부분들이 불가능하기 때문이다.

이러한 공간의 문제와 함께 중요한 것이 바로 '비밀보장'의 부분이다. 흔히 목회자들은 자신의 설교에서 예화라며, 누군가와 한 이야기들을 아주 쉽게 이야기한다. 특히 개인상담을 했다고 말하며, 그 내용을 당사자들의 동의도 없이 함부로 말하는 경우가 있다. 이런 행동은 절대 해서는 안되는 행동이며, 이러한 부분을 지킬 수 없다면 자신의 사역에서 결코 개인상담을 실시해서는 안되겠다. 청소년들이 사역자들에게 상담을 하는 것은 그 누구도 알아서는 안 된다. 청소년들 자신이 스스로 이야기하는 것은 어쩔 수 없지만, 청소년 사역자가 'OOO가 나와 상담받고 있다'고 이야기하는 것은 이미 비밀보장이 되지 않는 것을 반증하는 것이다. 이런 부분을 입장 바꿔 생각한다면, 과연 누가 그런 청소년사역자들에게 상담받고 싶어할지 질문해 보자.

또 한 가지 주의해야할 점은 이성간의 개인상담이다. 교회학교에서 이런 청소년사역자들이 상담을 하게 될 경우, 무조건 동성간 상담을 실시할 수 있는 환경을 만들어야 한다. 비밀이 보장되는 공간과 내용들을 다뤄야하는 청소년사역에서는 혹시나 있을지 모르는 불미스러운 일들에 대해서 제도적으로 기준을 정할 필요가 있다.

집단상담

집단상담은 한국교회에서 가장 활발하게 적용될 수 있는 영역이다.[19] 교회학교의 분반, 구역문화 등 이미 한국교회에서는 집단상담의 형태를 가진 소그룹 모임들이 활발하게 진행되어 왔기 때문이다. 이러한 문화 속에서 교회에서의 집단상담은 개인상담보다 훨씬 효과적인 접근이 될 수 있으며, 개인상담에서 유의해야하는 부분들을 해결할 수 있는 구조적 장점도 가지고 있다고 볼 수 있다.

집단상담에서 청소년사역자는 집단리더의 역할을 맡는 것이 적절하다. 집단에서 대화를 진행하며, 어느 한쪽으로 대화가 치우치는 부분들을 중간자적인 입장에서 균형을 맞추고 분배해주는 역할을 맡아야 한다. 집단에 참여하는 청소년들이 균등하게 대화할 수 있도록 진행하며, 그 속에서 발생하는 긍정적인 역동(dynamics)를 적절히 활용하여 집단원(청소년 내담자)간에 서로의 문제를 함께 공감하고, 수용하며, 이해해 나갈 수 있도록 촉진해주어야 하겠다.

---

19) 유영권. 『기독(목회)상담학 영역 및 증상별 접근』(서울: 학지사, 2008), pp. 105~132.

상황에 따라 보조리더와 함께 집단을 구성하고 참여해도 무방하다. 보조리더의 역할은 집단리더가 미처 다 확인하지 못하는 집단속에서의 여러 상황과 역동을 파악하고, 적절하게 개입하여 집단상담을 진행해 나가는 역할을 맡는다. 집단리더가 모든 사람의 감정과 상황을 잘 읽어낼 수 있는 것은 아니다. 그렇기 때문에 보조리더의 참여는 집단상담의 내용을 더욱 풍부하게 해줄 수 있는 촉매가 될 수 있다.

청소년사역에서 기독(목회)상담의 주의할 점

상담은 우리 생활에서 쉽게 사용하는 단어이며, 내용이다. 하지만 기술적인 측면에서 상담은 매우 난해한 작업이다. 난해하다는 것은 우리가 쉽게 하기에는 어려운 기술이라는 내용을 포함한다. 그 이유는 한 개인의 정서와 감정을 다루는 것이기 때문이다. 우리는 누구나 한 개인의 정서와 감정을 재단할 권리를 가지고 있지 않다. 하지만 사역자라는 자리, 그리고 교육적 기능을 함께 담당하는 목회자와 교사라는 자리가 때로는 상담이라는 명목하에 함부로 누군가의 삶을 평가하고 강제로 고치려하는 경우도 있다는 점을 항상 기억해야하겠다.

청소년사역자로서 기독(목회)상담을 하는 이들이 기억해야하는 몇 가지를 아래와 같이 기록하고자 한다.

① 기독(목회)상담자는 전지전능한 존재가 아님을 항상 기억하라.

② 해결해주려고 하지 말고, 깊이 개입하지 말고, 상황만 파악하라.

③ 주변에 연계할 수 있는 상담전문가와 교제하거나, 상담전문기관들[20]을 준비하라.

청소년사역의 모든 상황이 상담의 상황이다. 이때 청소년사역자는 위의 세가지를 항상 기억하고, 청소년들이 실제적인 도움을 받을 수 있도록 안내하는 가이드가 되어야 한다. 자칫 너무 과한 개입과 도움은 때로 청소년들을 더욱 힘들게 할 수 있는 상황을 만들어줄 수도 있음을 기억해야 하겠다.

4. 청소년 사역에서의 진로코칭

코칭(coaching)은 상담(counseling)과 분명히 다른 관점을 가지고 있다. 상담이 과거의 사건을 중심으로 '지금, 현재(here & Now)'를 비교하는 과정이라고 한다면, 코칭은 현재를 중심으로 미래에 대한 '설계와 변화(plan & change)'에 초점을 맞추어 진행하는 과정이라고 볼 수 있다. 상담과 코칭은 많은 부분에서 이론적인 배경을 공유하는 부

20) 한국의 청소년들은 청소년기본법에 따라 '청소년상담복지센터'에서 심리상담을 지원받을 수 있다. 국가가 많은 부분 지원하고 있어서 저렴한 가격으로 상담과 심리검사를 받을 수 있는 제도가 마련되어 있다. 다만, 한정된 공간과 서비스제공에 희망자가 많아 다소 대기자로 오랜시간 시간이 필요하다는 점을 고려해야한다. '청소년상담복지센터' 전국에 약 200여 곳이 위치하며, 시·군·구별로 위치하고 있어서 거주지 주변에서 쉽게 찾아갈 수 있다.

분이 있다. '질문'이라는 대화도구를 통해서 한 사람의 인생의 여정(history)을 듣기도 하고, 한 사람이 가진 변화하기 위한 욕구(need)를 확인하기도 한다.

특별히 청소년 사역에서 코칭으로 접근하기에 가장 좋은 부분은 신앙생활과 진로에 대한 부분이다. '설계와 변화(plan & change)'에 초점을 맞추어 진행하는 과정인 코칭은 과거에 잘 실행하지 못하는 여러 가지 행동적 측면을 수정하여 자신이 생각한 이상적인 측면으로 전환할 수 있는 도움을 줄 수 있다. 이런 코칭을 실시하기 위해 청소년사역자들에게 소개하고 싶은 내용은 '정적강화(positive reinforcement)'와 '관찰학습(observation learning)'이다.

첫 번째로 정적강화는 행동의 결과에 대해 유쾌한 자극을 주는 것이다.[21] 유쾌한 자극의 대표적인 예는 '칭찬'이 될 수 있다.

"저 지난 한주간 몇 번 못하기는 했지만, QT를 좀 해봤어요."

"오! 그래~ 그렇게 한두번 해보는게 중요해! 너무 잘했다!"

어떤 본문을 가지고 얼마나 QT를 했는지에 대한 내용이 중요한 것이 아니다. QT를 시도했다는 행동자체에 대한 칭찬이 중요하다. 코

21) Spiegler, M. D. & Guevremont, D. C./강영심, 황순영 옮김. 『제5판 최신행동치료』(서울: 센게이지러닝코리아, 2011), 108.

칭을 통해서 이런 정적강화를 반복적으로 시도하게 할 수 있도록 해주는 과정이 필요하다. 이런 과정들이 반복되었을 어느 시점이 되었을 때에 청소년이 스스로 청소년사역자에게 이렇게 말하는 시점까지 지지하고 기다려줘야 한다.

"저 이제는 매주 꾸준히 QT를 잘 하게 되는 것 같아요."

"그래! 역시 잘 해낼 줄 알았어! 혹시 QT했던 말씀 중에 한주간 가장 생각에 남았던 부분이 있었니?"

청소년들이 잘 할 수 있을 만큼만 자신의 목표를 설정할 수 있도록 해주어야 한다. 청소년사역자는 코치로서 청소년들이 잘 해낼 수 있도록 지지하고 응원해주는 자세가 중요하다. 때로는 청소년들이 해낼 수 없는 목표를 설정하더라도, 그것을 무조건 반대하지 말아야 한다. 청소년들이 실제로 시도해보고, 자신이 세운 목표를 스스로 수정할 때까지 기다려주어야 한다. 실패가 반복될 때, 청소년들은 스스로 자신이 세운 목표가 과도했음을 깨닫게 될 것이다. 이때 청소년사역자들은 그 목표를 책망하는 것이 아니라, 실현 가능한 목표를 세울 수 있는 코치로 그들과 함께 달려갈 수 있어야 한다.

두 번째로 관찰학습은 사람들이 누군가의 행동을 관찰함으로써 영향을 받는 과정이다. 이 과정은 크게 세 단계로 진행되며, 아래의 그

림과 같은 형태로 진행되게 된다.[22]

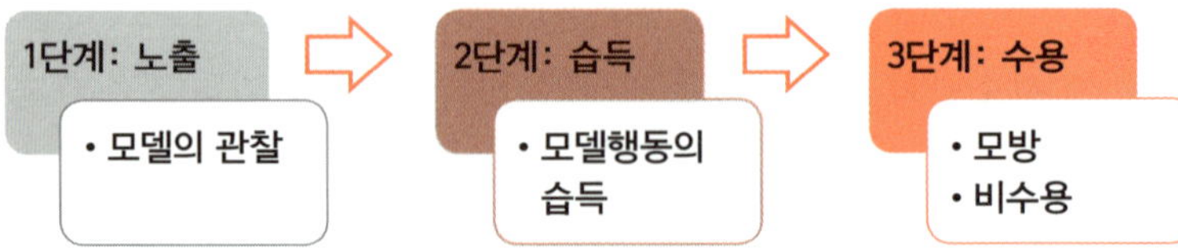

청소년들로 하여금 진로와 관련된 일들을 확인하게 하고, 그 일에서 탁월한 성과를 올리고 있는 인물 또는 단체 등 상징적인 대상들을 발견하게 한다. 이후 이들과 관련된 여러 자료들을 청소년들과 함께 찾고, 그 자료들을 바탕으로 위의 3단계를 적용하게 해보는 방법이다.

예를 들어, 야구를 하는 것은 재미있는데, 훈련이 너무 힘들어서 그만두고 싶다고 말하는 청소년을 청소년사역자가 코칭을 하게 된 상황을 가정하여 설명해보도록 하겠다.

"저 야구는 좋은데, 훈련이 너무 힘들고... 제가 잘 할 수 있을까 걱정도 되고 그래요."

"음... 그렇구나. 내가 좋아하는 야구선구가 요즘 책을 하나 냈던데. 나랑 같이 한번 읽어보지 않을래? 네가 하는 고민에 조금 도움이 될 것 같기도 한데..."

"네! 한번 읽어볼께요."

22) 위의책, pp. 217~218.

자신이 관심있어 하는 관심사에 대한 책은 코칭을 받고자 하는 청소년들에게 호기심을 일으킬만한 내용이 될 수 있다. 이런 관심사를 충족할 수 있는 소재들을 통해서 청소년들로 하여금 자신의 모델을 설정할 수 있도록 하고, 그 모델을 관찰할 수 있도록 해줄 수 있다.

> "한주간 책을 조금 읽어봤는데요. 아직은 조금만 읽어서 잘 모르겠지만... 어느 부분이 저랑 많이 비슷한 경험이 있는 것 같더라고요."

책속에 있는 자신의 모델의 삶과 자신의 삶을 비교하며, 그 사람이 이겨나갔던 내용들을 습득하게 된다. 이후 그 습득한 내용을 자신의 삶에 적용해보고 자신에게 맞는지 맞지 않는지를 확인하는 과정을 경험하게 된다.

> "훈련이 힘들 때, 그 선수는 야구장에 갈다고 하더라고요. 그런데 저는 야구장에 가는 것보다는 야구이야기로 만든 야구만화책을 보니까 훨씬 더 좋았던 것 같았어요."

자신의 삶에 모델의 삶의 방식들을 적용해보고, 훈련이 힘들 때 다른 일들을 한다는 방식은 모방했다. 하지만 모델이 했던 '야구장에 가는 행위' 는 비수용하고, '야구만화책' 을 본다는 자신만의 방식을 적용하여 수용하는 과정을 만들어냈다. 즉, 자신의 진로에 이러한 과정을 통해서 도움이 되는 상황들을 만들어가게 되는 것이다. 청소년 사역자는 코치로서 이런 과정들을 함께 하면서 청소년들이 자신의 진로에 대한 구체적인 실천 계획들과 방식들을 세워나갈 수 있도록 함께 고민하며 나갈 수 있어야 한다.

5. 청소년사역에서 기독(목회)상담과 진로코칭의 주안점

청소년사역에서 기독(목회)상담과 진로코칭을 하면서 가장 중요하게 생각해야하는 점은 '기다림'과 '동행'이다. 앞에서도 언급했지만, 함부로 해결책을 주는 개입은 청소년들에게 바람직한 기독(목회)상담과 진로코칭의 자세가 아니다. 청소년들이 자신의 삶에 주체가 되고, 자신의 인생의 과정을 스스로 결정할 수 있는 힘을 길러주는 조력자(assistant)로서의 자세가 바람직한 자세라 할 수 있다.

'기다림'과 '동행'은 쉽지만 매우 어려운 작업이다. 많은 시간과 노력, 그리고 정성이 필요한 과정이기 때문이다. 청소년사역자들에게 있어서 쉽게 포기하게 하는 부분이 될 수도 있다. 청소년사역에서 기독(목회)상담과 진로코칭에서 실패라는 것은 절대 존재하지 않는다. 다만 우리가 조금 더 기다림이 미숙했고, 동행함에 난항을 겪고 있다라고 생각할 수 있어야 한다.

보통 상담과 코칭의 임상현장에서는 10회기 이상 진행해야 상담자(코치)와 내담자(고객)이 변화를 느낄 수 있다고 본다. 10회기란, 정기적으로 주 1회 만나서 총 10주를 만나는 것을 의미한다. 10주는 2개월 이상의 결코 짧지 않은 기간이다. 그리고 1회기는 상담을 기준으로 보통 50분을 의미하고, 코칭에서는 30분에서 120분을 말한다. 즉, 상담이나 코칭 모두 '기다림'과 '동행'의 과정일 수밖에 없는 것이다.

상담과 코칭은 마라톤으로 생각해야 한다. 육상 단거리가 아니라, 42.195km를 달려가야 하는 마라톤과 같다. 마라톤은 중간중간 체력을 안배하고, 오르막과 내리막의 코스에서 나름의 작전과 기술이 필요하다. 중간에 작전타임도 없고, 코치가 뛰고 있는 레이스에 개입할 수도 없다. 인생을 살아가는 청소년들에게 청소년사역자들 역시 마라톤의 코치와 같은 존재이다. 다만 경기 전과 후, 훈련의 과정에서 이야기할 수 있다. 이렇게 경기 전과 후에 훈련이나 자신의 경기에 대해서 이야기하는 과정이 상담과 코칭에 비교될 수 있을 것이다.

개인적인 소견으로 교회에서의 상담보다는 코칭을 추천한다. 이유로는 상담보다는 코칭이 초기 라포형성에 훨씬 수월하며, 상담은 상담전문가에게 맡겨서 충분히 다룰 수 있도록 하는 것이 청소년사역자와 청소년 모두에게 효과적일 수 있다. 상담은 상당히 과거의 이야기들부터 현재까지 상당히 깊이 있는 대화를 통한 탐색이 필요한 과정인데, 이 속에서 기존에 쌓여져 있던 신뢰관계가 무너져버릴 수도 있기 때문이다. 하지만 코칭은 일상적인 대화를 통해서도 충분한 대화가 가능하고, 청소년사역자와 청소년 모두가 변화하는 모습들을 확인쪽으로 관점이 맞춰져 있기 때문에 진로코칭 중심의 대화를 추천한다.

6. 사례를 통해 보는 청소년사역에서의 기독(목회) 상담과 진로코칭

사례에 대한 기본정보

이번 장에서는 실제 청소년사역 현장에서 있었던 기독(목회)상담과 진로코칭의 내용을 재구성하고자 한다. 본 사례는 필자가 서울시내 모 교회 고등부를 담당하며 함께 신앙생활 했던 학생과 있었던 사건으로, 사례의 대상자에게는 서적으로 출판함에 있어 모든 내용에 대한 동의를 구하고 정리하게 되었다.

기독(목회)상담을 바탕으로 시작되어 진로코칭까지 진행한 사항으로, 약 1년 6개월 가량의 기간동안 사역하며 틈틈이 만나 진행한 내용이다. 앞선 소개와 같이 구조화된 시간을 통해서 진행하지는 못했다. 하지만, 비밀이 비교적 보장되는 공간에서 청소년사역자와 청소년 간 두명, 또는 청소년사역자와 청소년 2명이 함께 모여 상담과 코칭을 진행한 경우가 많았다.

대상자명	J
성 별	남
학 년	고1
가족사항	2남 1녀 중, 장남(PK)

[사례대상자의 기본사항]

현재, 상기 사례대상자는 한국의 유명대학에 진학하여 학교생활을 하고 있다. 또한 필자와도 종종 연락을 주고받고 있다. 사역자로서 교회를 사임한 후, 사역했던 교회의 청소년과 연락을 주고받는 것은 그리 바람직하지 않다고 볼 수 있다. 하지만 사례대상자가 떠난 청소년사역자와의 충분한 거리를 유지함을 인지하고 있었고, 이런 배경들을 바탕으로 사례대상자의 부모와 합의하여 연 1~2회 가량 안부인사를 통한 근황만 확인하는 정도로 연락을 이어가고 있다.

일반적인 사역의 현장에서는 가능하면 추천하지 않는 관계이다. 가능하다면 청소년사역자가 후임 청소년사역자에게 청소년들에 대한 상황을 청소년들의 허락 하에 잘 인계하여 관계를 형성할 수 있도록 하는 부분이 적절하다고 보인다. 청소년이라면, 회자정리(會者定離)에 대한 개념을 충분히 인지하고 적응할 수 있는 대상들이기 때문에 이런 과정이 충분히 가능하리라 생각된다.

사례분석

내담자의 배경과 상담자의 상황

J는 PK(목회자 자녀)이다. 아버지는 서울시내의 자립교회에서 담임목회를 감당하다가 교회의 분쟁으로 사임 후, 자녀들에게 거주지와 가까운 곳에서 친구들과 신앙생활을 할 것을 권하여 교회를 선택하게 했다. 중3이었던 J와 중1이었던 J의 남동생은 필자가 사역했던 교회의 중등부를 선택하고 출석하게 되었다. J가 교회를 선택하고 6개월 여쯤 출석했을 때에 고등학교에 진학함에 따라 고등부로 올라가게 되었다.

J와 처음으로 대면한 청소년사역자는 자신과 많은 부분에서 일치시켜 가려하는 J와 약간의 거리를 두기 시작했다. 이유는 청소년사역자가 이미 여러 상담에서 PK에 대한 역전이[23]를 경험하여 PK에 대한 거리감을 두고 있는 상황이었기 때문이다. 하지만 임상수련 중, 다른 PK들을 만나 상담을 하면서 교육분석(내담자 경험)과 수퍼비전(지도감독)[24]을 병행하며, 이런 역전이의 부분들을 많이 해결하게 되

23) 과거 인간관계로부터의 느낌을 현재의 치료자와의 관계로 옮겨 놓는 '전이(transference)'의 반대 개념으로 치료자가 내담자를 대상으로 자신의 과거 인간관계의 느낌을 현재 상담에서 내담자와의 관계로 옮겨놓는 것을 말한다. St. Clair, M./안석모 옮김. 『대상관계이론과 자기심리학 제4판』(서울: 센게이지러닝코리아, 2009), 345.

24) **교육분석(내담자 경험)**은 상담자가 자신보다 많은 상담경험을 가진 수퍼바이저(지도감독자)에게 내담자의 위치에서 자신의 상황에 대해 교육적인 분석을 받는 과정을 말한다.

수퍼비전(지도감독)은 상담자가 자신의 상담이 객관적으로 잘 이뤄지고 있는

었다. 이를 통해서 J와의 기독(목회)상담과 진로코칭을 실시했다.

기독(목회)상담의 과정

J와의 대화에서 기독(목회)상담적인 이야기를 나눌 수 있는 기회들이 있었다. 특별히 J가 자신의 가족에 대한 이야기를 할 때에는 기독(목회)상담적 관점에서 이야기를 할 기회가 많았다. J는 늘 자신있는 목소리였지만, 가끔 하는 이야기들에서는 J가 가진 깊은 고민들에 공감할 수 있는 기회들이 있었다.

"학교는 잘 다니고 있어?"

"당연하죠. 저, 완전 모범생이에요!"

"에휴... 요즘은 여자친구 없어서 외롭고 그런건 없는거 확실하지?"

"아! 참! 전도사님도... 저 이제 그런거 없습니다. 공부에만 완전히 집중중이에요!"

"그럼 다행이고... 하하하!"

… (중략) …

"저, 요즘 드는 생각이 있어요."

"그래, 뭔대?"

지, 그리고 내담자에게 적절한 질문들을 통해 상담을 잘 진행하고 있는지 평가받는 과정이다.

"제가 공부를 잘해야 겠다는 생각... 그리고 제가 장남이니까... 동생들도 돌봐야한다는 그런 생각이 들더라고요. 제가 진짜... 저희 집안을 일으켜야 하더라고요..."

"그래... 충분히 그런 생각이 들 수도 있지. 그런데 왜 그런 생각을 하게 된거야?"

"전도사님도 아시지만, 저희 아버지도 그러시고... 뭔가 해야겠다는 생각이 들더라고요."

"음... 그래 뭘 하고 싶은데?"

"돈을 벌어야죠."

"돈... 돈 어떻게 벌껀데?"

"사업을 할지... 요즘 OOO 장사가 잘된다고... 하하하!"

"장사하려고?"

"그렇다고 하더라고요."

"그래... 넌 진짜 장사하고 싶은거니?"

"잘 모르겠어요."

… (중략) …

"그럼 J가 지금 제일 잘 할 수 있는 건 뭔거 같아?"

"제가 지금 하고 있는 것 중에서요?"

"그래."

"음... 공..... 부?"

"공부 말고 다른건?"

"글쎄요... 없는 것 같아요."

"그래? 정말 없는 것 같아?"

"네."

"그럼, 아주 단순하지 않나?"

"그러네요!"

… (후략) …

더 깊숙한 이야기를 담기는 어렵지만, J는 자신이 가지고 있었던 '가족' 특별히 목회자인 아버지로 인한 어려움에 대한 걱정을 이야기했다. J는 본인이 '장남'이고, 장남으로서 책임감을 가진다는 이야기를 했다. 상담자인 청소년사역자는 이 부분에 대해서 J의 입장에서 공감하며, J가 가진 생각을 존중하며 이야기를 계속해 간다. 이때, J로 하여금 자신이 가진 문제를 해결하기 위한 추상적인 방법을 전환하여 구체적이고, 현실적인 방법을 찾아낼 수 있도록 대화를 이어갔다.

진로코칭의 과정

J가 가지고 있던 '가족'과 관련된 개인적인 심리·정서적인 부분에 대해서 충분히 대화를 통해 추상적이던 부분을 현실적인 부분으로 구체화하는 과정을 반복하는 상담을 실시했다. 이런 과정 속에서 J는 자신이 가졌던 불안 등의 부정적 감정을 스스로 잘 조절하는 경험을

하게 되었다. 감정에 대한 부분이 어느 정도 해결된 후에 J와의 대화는 '진로코칭' 의 부분으로 전환되어 이어지게 된다.

"전도사님, 이건 그냥 돌리지 않고 바로 여쭤보는 건데요. 공부 잘하려면 어떻게 해야 하나요?"

"넌 어떻게 하면 공부를 잘 할 것 같은데?"

"글쎄요. 잘 모르니까... 저도 여쭤봤죠. 하하하!"

"내가 했던 방법이 너한테도 좋겠다는 보장은 없으니... 나도 어떻게 좋다고 '딱' 하고 이야기해줄 수는 없거든. 공부하면서 제일 어려운게 어떤 거야?"

"음... 저는 공부하는 시간이 절대적으로 많다고 생각하는데요. 그래도 시간이 모자라요."

"시간이 모자란다... 어떤 부분에서?"

"진짜 6시간만 자면서 공부하거든요? 그런데 항상 공부하는 시간이 모자라요."

… (중략) …

"공부하는 시간이 많다고 꼭 절대적으로 공부를 많이 했다고 할 수 있을까?"

"그렇지 않나요?"

"그럴 수도 있겠지만, 내가 얼마나 앉아있는 동안 집중하느

냐가 더 중요할 수도 있지 않을까?"

"아...! 그렇네요."

"집중해서 공부하는 너만의 시간을 만들어봐! 혹시 그냥 보내 버리는 시간들 없어?"

"음..(10초 정도 고민) 있는 것 같아요. 아침에 자율학습시간? 그 시간에 저는 보통 학교에 일찍 가니까 자는 것 같아요."

"그 시간에 뭘 하면 좋을까?"

"조금 저한테 남는 걸 했으면 좋겠어요."

"그래... 남는 거라... 너 혹시 신문은 보니?"

"네. 보긴 하는데... 선생님들이 보라고 하시니까 그냥 좀 보긴해요."

"그래 그럼 그걸 아침에 보면 어때?"

"인터넷으로 보는데... 그걸 어떻게 봐요? 학교에 가면 폰들은 다 내야하는데요?!"

"그럼, 종이 신문 보면 안되나? 한달 구독료 얼마 안할텐데... 그 정도 투자하는게 어렵나?"

"아! 그렇네요!"

"그럼 당장 조간 일간지 하나 구독신청해서 학교가면서 가지고 가고, 아침 자율학습시간에 보는거야. 친구들한테는 스포츠면 주고, 너는 1면부터 훑어보면서 관심가는 주제들만 좀 보는거지."

… (후략) …

진로코칭의 관점에서 J와의 대화는 상당히 순조로운 편이었다. 비교적 실행력이 있었던 J는 코치의 역할을 했던 청소년사역자와 세운 계획들을 잘 실행하여 자신의 행동과 생활에 변화를 많이 경험하고, 경험한 부분들을 청소년사역자와 나누었다. 나누는 과정에서 자신이 실패한 경험, 그리고 성공한 경험들을 잘 나누어서 자신의 행동을 보완하거나 수정하는 과정도 스스로 적용하며 나갔다.

7. 청소년사역에서의 기독(목회)상담과 진로코칭의 필요성과 능력

청소년사역에서의 기독(목회)상담과 진로코칭은 청소년사역 역시 '목회' 라는 관점에서 보았을 때에 상당히 중요한 부분이라고 할 수 있다. 이전까지 청소년사역이 소수의 사역자가 다수의 청소년들을 상대로 하는 '대중상대' 적인 사역이었다면, 최근의 청소년사역은 소수의 사역자가 과거에 비해 상당히 소수인 청소년들을 상대로 하는 '소그룹' 적인 사역으로 변화하고 있다. '소그룹' 적인 사역에서 청소년사역자에게 가장 필요한 덕목은 잘 듣고 이해할 수 있는 '공감' 과 '경청' 의 능력이다.

청소년사역자들이 쉽게 하는 실수는 자신이 잘 '공감'하고 '경청'하고 있다고 생각하고 있다는 점이다. 내가 잘 '공감'하고 '경청'하고 있음을 확인하는 방법은 매우 간단하다.

나는 말을 많이 한다 / 나는 말을 많이 듣는다

이 부분을 내가 청소년들과 만나는 자리에서 확인해 본다면, 청소년사역자로서 '공감'과 '경청'을 잘하고 있는지 현실을 파악할 수 있게 될 것이다. '듣는 것'은 절대 쉽지 않다. 상담사들이 '듣는 것'을 훈련하기 위해 수많은 댓가를 지불하며 많은 임상훈련을 받는 것을 보면, '듣는 것'이 절대 쉽지 않은 것임이 확인된다. '잘 듣는 사람'이 되기 위해 많이 노력해야 한다. 청소년사역자로서 '잘 듣는 사람'이 되려면, 우선 청소년들에 대한 관심이 많아야 한다. 그리고 그런 기독청소년들을 사랑하는 마음이 필요하다.

오늘도 수많은 청소년들은 자신의 이야기를 들어줄 청소년사역자를 기다리고 있다. 청소년사역자는 청소년들의 이야기들을 잘 들어주면서 항상 옆에 머물러주는(sustaining) 사람이 되어야 한다. 무언가 답을 주기보다는, 그 자리에 머물러주고, 함께 같은 방향을 바라보는 그런 사람이 청소년사역자이다. 청소년을 위한 기독(목회)상담도 진로코칭도 모두 이런 마음과 자세를 가진 청소년사역자가 할 수 있어야하지 않을까라고 생각해 본다.

추천상담센터

센터명	전화번호	지역
연세대학교 상담·코칭지원센터	02-2123-6244	서울특별시
강남 GEM 아동가족상담센터	02-543-1004	
브릿지 상담센터	031-401-3351	경기도
새중앙상담센터	031-420-8537	
해피인상담연구소	070-8831-0405	대구광역시
글로벌상담코칭센터	032-547-0003	인천광역시
광주심리상담코칭센터	062-955-3376	광주광역시
호산나 상담실	051-209-0155	부산광역시
대전중앙가족상담센터	042-721-0691	대전광역시

※ 기독(목회)상담을 기본으로 제공하는 상담센터를 중심으로 소개되었으며, 기독(목회)상담전문가들이 상담제공이 가능한 상담센터들임.

참고문헌

권수영.『공감육아』. 서울: 21세기북스, 2013

유영권.『기독(목회)상담학 영역 및 증상별 접근』. 서울: 학지사, 2008

Spiegler, M. D. & Guevremont, D. C./강영심, 황순영 옮김.『제5판 최신행동치료』. 서울: 센게이지러닝코리아, 2011.

St. Clair, M./안석모 옮김.『대상관계이론과 자기심리학 제4판』. 서울: 센게이지러닝코리아, 2009.

청소년 사역자를 위한 성경공부

이재면

1. 성경을 공부해야 하는 이유

그리스도인이라면 아니 그리스도인이 아니어도 누구에게나 너무나도 익숙한 단어(명사)가 있다. 항상 세계 베스트셀러 1위인 바로 "성경"이다. 필자는 모태신앙이다. 어렸을 때부터 주일이면 한 손에는 작은 성경 하나를 들고 주일학교에 다녔다. 아동부, 중.고등부, 청년부 시절을 그렇게 "성경"과 함께 보냈다. 그리고 세월이 흘러 사역자가 되기 위하여 그토록 익숙한 "성경"을 다시 한 번 손에 들고 본격적으로 공부하기 시작했다. 그런데 왠걸? 23년 동안 성경을 들고는 다녔지만, 성경에 대해서는 전혀 모른 다는 사실을 알게 되었다. 성경이 내 손에 들린 지 24년째 되어서 나는 비로소 "여호수아"와 "갈렙"이란 성경의 사람들을 알게 되었다. 나는 나와 같은 그리스도인들이 "적지 않을 것" 이란 것을 그때야 깨닫게 되었다.

성경의 내용을 100% 다 모른다고 하여서 구원받지 못하는 것은 아니다. 우리는 예수 그리스도를 믿음으로 구원을 받기 때문이다. 그렇지만 하나님께서 우리를 창조하시고 이 땅에 보내셔서 예수님을 믿게 해주신 이유는 구원만이 최종 목적은 아니다. 만약, 그것이 목적이라면 예수님을 믿게 된 사람은 이제 이 세상에서 살아갈 이유가 없기 때문이다.

사도행전 9장 전체의 "주연배우"인 "사울"의 이력은 이렇다. 약 27세의 나이에 다메섹에서 예수님을 만났다고 추측해본다면 AD 5년생이다. 약 AD32년에 다메섹에서 예수님을 만나고 예수님을 믿은 후 약 27년 동안, 약 2만 5천 킬로미터를 걸어 다니며 미친 사람처럼 전도했던 사람이다. 또한 기독교 핵심 교리들의 뼈대를 세울 수 있었던 신약 성경 중 13권의 글을 쓴 사람이고, 죽기 전 까지 복음을 전하다가 순교한 사람, 아직도 우리 그리스도인들에게는 예수님을 무척이나 사랑했던 사람으로 기억되는 사람이다. 만약 우리 인생의 목적이 예수님을 믿음으로 구원받는 것이 전부였다면 사울은 사도행전 9장에서 그 목적을 이룬 것이고, 이후 그의 삶은 아무런 의미가 없게 되는 것이다.

요한복음 5장 39절에서 예수님은 바리새인 서기관 율법 교사들에게 "너희가 성경에서 영생을 얻는 줄 생각하고 성경을 연구 하거니와 이 성경이 곧 내게 대하여 증언하는 것이다." 라고 말씀하셨다. 당시 유대인들은 자신들에게 주어진 성경(즉, 기독교 성경 66권 중 구약이라고 불리는 39권)을 연구하는 것을 통해 영생을 얻는 줄 생각하였지만, 예수님께서는 그 성경이 곧 나에 대하여 증언하고 있다고 말씀하셨다.

성경의 모든 내용은 예수님에 대해여 증언하는 내용이다. 그렇다면 예수님을 믿는 우리 그리스도인들이 내가 믿는 예수님에 대해서 가장 잘 알 수 있는 방법은 "성경"을 공부하는 것이다. 성경을 공부함으로 우리에게 구원이 주어진다는 말이 아니다. 성경을 공부함으로써 우리가 믿는 하나님, 예수님, 성령님, 곧 삼위일체 하나님에 대해서 더 자세히 알아갈 수 있고, 그렇게 할 때, 우리의 믿음이 흔들리지 않고 더욱 단단해 질 수 있기 때문이다.

2. 성경공부에 대한 현실적인 문제

지금까지는 누구나 쉽게 공감할 수 있는 내용일 것이다. 그렇다면 어떻게 성경을 공부해야 하는가? 라는 질문이 생길 것이다. 필자가 지금까지 사역을 포함해서 다녔던 교회는 약 다섯 군데이다. 이들 교회는 크기도 다르고, 지방과 수도권이라는 지역적 특성도 다르고, 신앙생활을 하는 성도들의 수준도 많이 달랐다. 그런데 한 가지 공통점이 있었다. "성경"을 체계적으로 가르치지 않는 다는 것이었다. 교회의 성도들이 성경의 내용을 배우고 이해하는 하나의 통로는 "설교 시간"이었다. 비단 다섯 교회만의 공통점이라고 말 할 수는 없을 것이다. 이러한 공통점이 현재의 모든 한국교회를 대변한다고 말 할 수는 없지만, 대부분의 교회들이 이러한 "성경공부의 부재"의 어려움에 처해있다고 필자는 생각한다.

장년, 청년, 중. 고등부, 아동부, 유치부에게 모두 알맞는 방식으로 "성경"을 가르치기란 상당히 어려운 부분들이 있다. 또한 모든 연령층을 포괄할 수 있는 성경공부 스킬 또한 한마디로 규정할 수 없다. 그렇다면 필자의 생각으로는 이미 성경공부에 대한 정답은 나왔다고 본다. 흔히 공부를 잘하는 사람에게 어떻게 공부했냐고 질문을 한다면, 한 가지 동일한 답변을 듣게 될 것이다. "공부에는 왕도가 없어요."라는 답변이다. 성경공부도 마찬가지다. 성경이 생소하고 어렵다고 해서 "쉽게 가르치려 하고, 가볍게 가르치자." 라는 식의 사역자(교사)의 태도라면 우리에게 더 이상의 성경공부는 따분하고, 어렵고, 하기 싫은 또 하나의 짐이 될 것이 분명하다.

3. 성경공부의 실 사례

필자의 경험상 "성경공부에는 왕도가 없다." 라는 결론을 내리게 된 것은 예전에 초등학생(1학년~6학년) 사역을 했을 때였다. 이 때, 초등학생들을 대상으로 "성경과거시험"과 "히브리어 성경 암송 대회"를 한 적이 있다.

성경과거시험

"성경과거시험" 의 경우는 6개월 이상의 프로젝트였다. 6개월 동안 매주 주보와 함께 성경공부지를 아이들에게 나눠주었다. 그리고 공

과공부시간을 통해서 선생님들과 아이들이 함께 공부할 수 있도록 했다. 주의해야 할 점은 한 주, 한 주의 성경공부 내용이 많지 않아야 한다는 것이다. 예를 들자면 이런 식으로 매주 성경공부지를 만들어야 한다. (파워포인트를 사용)

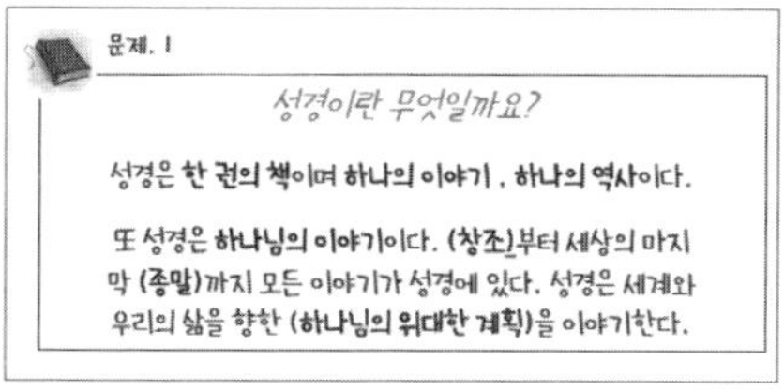

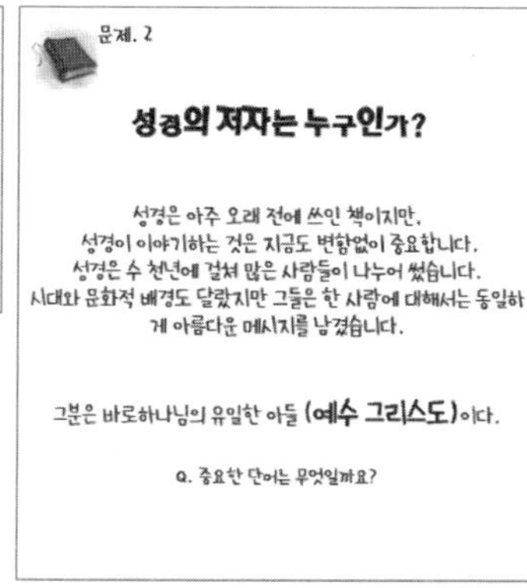

문제. 5

구약 39권

차례대로 써보세요^^

창세기 -

신약 27권

차례대로 써보세요^^

마태복음 -

문제. 6

창세기는 어떤 책일까요?

창세기는 크게 두 부분으로 나눌 수 있습니다.

(1장-11장)의 내용은 (원시 역사)라고 해요.
(12장-50장)까지의 내용은 (족장의 역사)라고 부릅니다.

첫번째 부분인 원시역사에서는 하나님께서 세상을 창조하시고 사람을 만드셨지만, 사람이 그만 하나님의 말씀을 듣지 않아서 (죄)를 짓고 말았어요. 그렇지만 하나님은 사람을 (용서)해 주셨어요. 하지만 또다시 사람들은 죄를 짓고 살아가서 하나님께서 홍수로 세상을 (심판)하셨어요. 하나님은 그 중에 (노아)라는 사람을 사랑하셔서 노아의 가족들은 살려주셨어요. 그리고 (무지개)를 보여주시면서 다시는 이 땅을 물로 심판하지 않겠다고 약속해주셨어요. 하나님께서는 그렇게 용서해주셨지만 사람들은 다시 또 (바벨탑)을 쌓고 하나님을 떠나 자신들만의 도시를 만들어 살아갔어요.
두 번 째 부분인 족장의 역사에서는 네 명의 중요한 사람들의 이야기가 시작되요. (아브라함), (이삭), (야곱), (요셉)이라는 사람들을 통해서 하나님이 사람을 얼마나 사랑하시는지 재미있는 이야기를 통해 알려주신답니다.

문제. 15

구약성경의 (네 번째) 책

민수기에 대해 알아볼까요?

민수기의 뜻은 (**인구를 세다.**) 라는 뜻 이에요. 모세와 함께 출애굽 한 이스라엘 백성은 시내 산에 이르러서 하나님께 (**십계명**)과 (**율법**)을 받았어요. 하나님의 교육을 받은 이스라엘은 하나님께서 약속하신 땅인 가나안 땅으로 출발했어요. 민수기의 내용은 (**시내 산**)에서 (**가나안 땅**)까지 어떤 일들이 있었는지를 기록하고 있어요. 민수기에는 모세처럼 유명한 사람들이 나오는데 그 사람들의 이름은 (**여호수아**)와 (**갈렙**)이에요. 여호수아와 갈렙은 하나님의 말씀에 순종하여서 하나님이 기뻐하시는 일을 했어요.

중요한 것은 꾸준함이다. 왕도가 없다. 매주 매 주 성경공부지를 만들어야 한다. 3개월 쯤 지났을 때, 한 번은 2부 순서로 달란트 잔치 때문에 공과 공부를 안하는 날이 있었다. 그 때, 한 아이가 "왜 오늘은 성경공부지 없어요?" 라고 물어봐서 당황한 적이 있었다. 아이들이 성경공부를 지루해 할 것 같고, 내용이 어려워서 모를 것 같다는 사역자(교사)들의 생각은 착각일 경우가 많다.

성경공부지를 만들 때에 아주 중요한 팁이 있다. 사진에서 보아서 알겠지만, 성경과거시험 문제를 출제할 때, 아무렇게나 문제를 만들게 된다면 그동안 열심히 공부한 아이들이 점수가 낮아서, 그리고 자신들이 공부했던 문제가 안 나왔을 때의 당황스러움 까지 배려해서 만들어야 한다는 것이다. 성경공부지를 만들 때, 이미 중요하고 출제 가능한 곳에 (괄호)를 만들어서 진한 글씨로 만드는 것이다. 그리고 그 부분을 중심으로 공부할 수 있도록 지도하는 것이다.

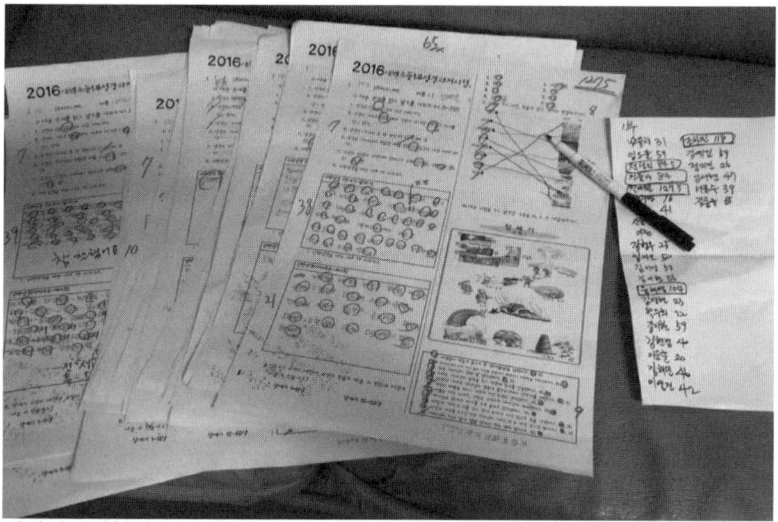

성경과거시험지 채점 결과

결론적으로 "성경과거시험"을 통해서 필자가 배운 것은 아이들을 위한 다양한 컨텐츠들(예를 들면 영상이나, 놀이, 교재)도 아주 중요하지만 "사역자(교사)들의 꾸준함과 왕도 없음."이다. 아이들에게 곧 바로 성경공부의 결과를 보는 것이 중요한 것이 아니라, 꾸준히 하나님의 말씀을 반복하여 가르치고 심어주는 것이다. 결국, 때가 이르면 하나님께서 아이들의 마음 속에 말씀이 깊숙이 박히고 자라게 해 주실 것을 믿고, 왕도 없이 가르쳐야 한다. 왜냐하면 우리는 다 하나님의 동역자이기 때문이다.

(고전3:5~7 그런즉 아볼로는 무엇이며 바울은 무엇이냐 그들은 주께서 각각 주신 대로 너희로 하여금 믿게 한 사역자들이니라. 나는 심었고, 아볼로는 물을 주었으되 오직 하나님께서 자라나게 하셨나니. 그런즉 심는 이나 물 주는 이는 아무것도 아니로되 오직 자라게 하시는 이는 하나님뿐이니라.)

쉐마암송페스티벌

또 한 예로는 "쉐마암송페스티벌"이다. 이때의 주제 말씀은 신명기 6장 4절에서 5절 말씀이었다.

> "이스라엘아 들으라 우리 하나님 여호와는 오직 유일한 여호와이시니 너는 마음을 다하고 뜻을 다하고 힘을 다하여 네 하나님 여호와를 사랑하라."(신6:4-5)

이 말씀은 "쉐마" 라는 유명한 이름으로 불리는 구약성경의 아주 중요한 구절이다. 유대인들은 이 말씀에 근거하여서 아직도 하나님의 말씀을 자녀에게 부지런히 가르치고 집에 앉아있을 때든지, 길을 갈 때든지, 누워있을 때든지, 일어날 때든지 이 말씀을 강론하고, 또

손목에 매어 기호로 삼고 미간에 붙여 표로 삼고 집 문설주와 바깥 문에 기록하고 있다. 필자가 이스라엘에서 1년 동안 선교사로 있을 때, 유대인들 중 정통 종교인들이 정말 이렇게 삶을 살아가면서 하나님을 섬기고, 묵상하고, 나아가는 모습을 보게 되었다.

"히브리어암송페스티벌" 도 역시 장기 프로젝트이다. 이유가 있다. 사실 생각해보면 암송 구절을 나눠주고 몇 주 시간을 주고 시험을 보면 그만이다. 그렇지만 성경공부(기독교교육)의 목적은 단지 거기에서 끝나는 것이 아니다. 아이들의 마음 속에 하나님의 말씀이 깊이 뿌리 박히고 심어져서 세상을 살아갈 때, 하나님의 말씀이 그의 삶을 인도하시도록 하는 것이다.

그래서 고안해 냈던 방법이 있다. 바로 예배시간에 "쉐마기도문" 시간을 추가 하는 것이었다. 흔히 예배시간에 사도신경과 주기도문을 사용한다. 교회마다 다르겠지만, 예배시간 한 부분에 히브리어로 "쉐마기도문"을 함께 낭독하는 기도를 실시하는 것이다.

예배시간에 PPT를 활용하여 함께 "쉐마기도문"을 낭독했다. 처음에는 사역자(교사)가 한 단어씩 먼저 낭독하면 아이들이 따라하는 방식으로 진행을 했다. 그런데 한 달이 지날 쯤 되어 기도문을 다 외우는 아이들이 생겨나기 시작했다. 저학년일수록 빨리 암송하는 모습을 볼 수 있었다. 그리고 교회 게시판을 활용하여 예배당에 들어올 때마다 쉐마의 말씀을 상기시켜주었다.

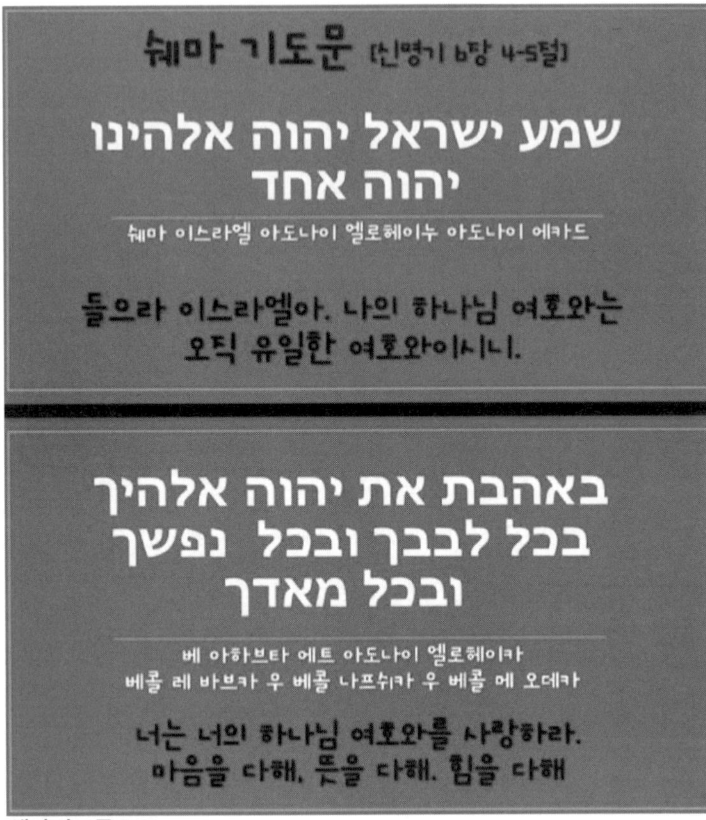

쉐마기도문PPT

쉐마기도문 게시판

3개월 정도 "쉐마기도문"을 함께 낭독한 후에 "쉐마암송페스티벌"를 개최했다. 3주 전에 광고를 하여서 부모님들도 관심을 갖게 하는 것이 중요하다.

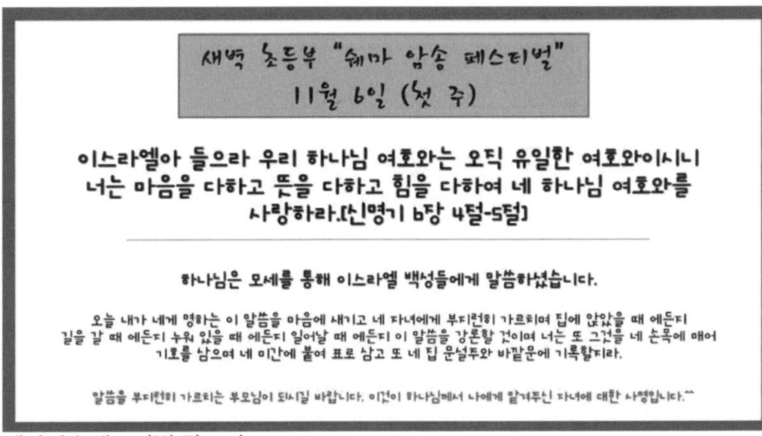

쉐마암송페스티벌 광고지

쉐마암송하는 모습

쉐마암송페스티벌을 보면 자칫 교회에서 유대인들을 따라 하는 것이 아니냐? 라는 의문이 생길 수 있다. 하지만 그것이 목적이 아니다. 유대인들이 그토록 하나님의 말씀을 귀하게 생각하고 매 순간 하나님의 말씀을 읽고 암송하고 묵상하는 방법을 기독교교육의 관점에서 재해석해보려는 방식이라고 생각해 본다면 아이들에게 성경을 교육하는 방법은 참으로 다양할 수 있다고 생각하다. 꼭 성경책을 펴놓고 성경을 읽게 하는 것만이 정답은 아니다.

4. 사역자(교사)의 역량 문제.

이쯤 되면 이런 질문을 할 수 있다. "저는 교사인데 성경을 잘 몰라요." "저는 사역자이지만 센스가 없어서 아이디어가 잘 떠오르지 않아요." 라는 질문들이 있을 것이다.

필자 역시 똑같다. "이런 프로그램을 해야겠다." 라는 것은 책상에 앉아 있다고 떠오르지 않는다. 문득 길을 가다가, 노래를 듣다가, 텔레비전을 보다가, 친구들과 이야기를 하다가 생각날 수 있는 것이다. 센스 있는 사역자(교사)가 되려면 매순간 하나하나의 사건들을 사역과 연관시켜보려는 자세가 중요하다. 그 중에 한 부분이 바로 패러디를 하는 것이다. 유행을 타는 텔레비전 프로그램이나 대중적으로 인기 있는 자료들을 기독교교육의 관점으로 바꾸고, 또 자신들의 교회에 맞도록 각색하는 것이 바로 그런 것이다. 그런데 중요한 문제는 여기에 있지 않다. 아무리 좋은 도구(프로그램)가 있을지라도 기독교 교육의 핵심이라고 할 수 있는 "성경"에 관해서 잘 준비되지 못한 다면 아무 소용이 없다.

대부분 교회의 교육부서에서는 성경공부를 하고 있을 것이다. 성경공부의 방법은 다양하다. 성경 개관을 하는 곳도 있고, 성경 통독을 하기도 한다. 그리고 Q.T책을 이용해서 성경공부를 하기도 한다. 1시간동안 성경공부 계획을 잡고, 30분 찬양하고, 성경 몇 줄 읽고 끝내는 식의 성경공부는 정말 비효율적이며, 아이들로 하여금 사역자(교사)들의 역량을 의심하게 만드는 안 좋은 예이다. 방법이야 뭐든 좋다. 그렇지만 필자가 생각하기에 가장 중요한 것은 "성경 학" 적인 접근이다.

"성경 학"이란 성경 자체에 대한 공부이다. 지금의 성경 66권은 어떻게 만들어지게 되었는지? 구약은 어떤 책들로 구성되었는지? 신약은 어떤 책들로 구성되었는지? 각 책의 기록자는 누구며, 메시지는 무엇인지? 각 책의 구조와 중요 구절들을 공부하는 것이다. 먼저 "성경 학" 적인 공부를 하고 난 뒤에야 성경을 통독하거나 Q.T를 했을 때, 바른 성경해석과 적용이 나오기 때문이다. 성경 학적인 정보를 제공하는 자료는 셀 수 없이 많다. 그렇지만 자료를 잘 활용하지 못한다. 그 이유는 너무나 자료가 많아서 고민하는 경우이다. 이게 좋을까? 저게 좋을까? 생각만 하다가 그냥 끝나는 경우가 많다.

다음 페이지부터는 교회에서 성경을 실제적으로 강의 할 수 있는 정보를 제공하려고 한다. 필자가 수년 동안 연구한 내용을 나름대로 쉽게 가르칠 수 있도록 정리해보았다. 실제 사역 가운데 많은 도움이 되길 바라는 바이다.

5. 성경 학 강의 안(참고)

성경이 우리 손에 주어지기까지

먼저 "성경"이란 책은 하나님께서 우리들에게 친히 기록 하셔서 툭 하고 던져주신 책일까?

많은 성도들 이하 그리스도인들 대부분이 이 부분에 대해서 잘 모르고, 간과하고 넘어가는 경우가 많다. 그렇지만 성경을 공부할 때, 이 부분이 가장 중요하다고 생각한다. 왜냐하면 보이지 않는 하나님께서 우리들에게 그 하나님에 대해 잘 알 수 있도록 선물로 주신 것이 바로 "성경"이기 때문이다. 현재 개신교의 성경(구약39권, 신약27권)이 우리 손에 주어지기까지의 역사를 살펴보면 수많은 사람들의 피와 희생과 노력이 있었다는 것을 알게 된다.

성경은 약 42명의 인간 저자들(보통은 유대인들)에 의해서 구약은 히브리어, 신약은 헬라어로 기록되었다. 기원전 3세기경 흩어진 유대인들이 모국어인 히브리어를 잊어버리고 헬라어를 사용하는 상황 가운데 그들은 자신들의 신앙을 유지하기 위해서 히브리어 성경을 헬라어로 번역하는 작업을 하였다. 이렇게 해서 번역된 헬라어 성경을 "70인경" 또는 "칠십인 역" 성경이라고 한다. 당시에 70명의 유대인 성경학자들이 이집트의 알렉산드리아에 모여서 작업을 했다고 해서 "알렉산드리아 정경" 이라고도 한다.

중요한 것은 예수님 당시에는 지금의 "구약성경" 밖에 없었다. 한 예를 들자면 신약성경 "디모데후서 3장 16절" 에서 바울이 말하고 있는 "모든 성경은 하나님의 감동으로 되었다고" 하는 이 성경은 "구약" 성경을 말하고 있는 것이다. 당시에는 신약성경이 모아지지 않았던 시기이기 때문이다.

AD 90년경 "얌리아"라는 곳에 유대인들이 모였다. 이 때 구약의 39권을 유대교 정경으로 확정하는 일을 했다. 그 이후 초대교회는 유대교의 구약성경 39권을 그대로 받아드려서 기독교(개신교)의 구약성경으로 받아드렸다. 이렇게 기독교의 구약성경이 탄생되었다. AD150년 경에 아주 중요한 한 인물이 나타나게 되는데 "마르시온" 이라는 교부이다. 이 사람은 영지주의에 영향을 받은 사람이었다. 영지주의라는 것은 기본적으로 물질은 악하고, 영적인 것은 선하다는 이원론적 사상이다. 그러기에 구약의 하나님은 물질을 창조하셨기에 악하다고 보았다. 또한 예수님도 육체(물질)를 입고 왔기 때문에 악하다고 보았고, 예수님은 육체를 입었기 때문에 신이 아니라고 보았다. 결국 삼위일체를 부정했다. 마르시온은 구원에 대한 지식은 "사도 바울" 에게만 전수됐다고 보았다. 그래서 "바울의 서신"과 "누가복음"만 정경으로 주장했다. 이에 혼란스러운 상황을 정리하기 위해서 이레니우스와 아타나시우스 등 정통교회의 신학 교부들이 지금의 신약 27권 외에 다른 것은 이단이라고 선포했다. 결과적으로 AD 397년 "카르타고 공의회" 때 지금의 구약 39권, 신약 27권이 기독교의 정경으로 확정되었다.

지금까지의 말만 들어보면 구약과 신약을 결정하는 데에 있어서 소수의 사람들의 주관적인 생각에 의해 결정된 것이 아닌가? 라는 의문이 생긴다. 이에 대한 대답은 "성경은 몇가지 기준"에 의해서 확정이 되었다. 첫째는 사도 저작의 원리이다. 둘째는 신앙의 규칙, 셋째는 그리스도 부각의 원리, 넷째는 교회의 공통적인 의견 일치, 다섯째는 교회의 공중 예배 때 낭독이 되었는가? 라는 기준이다.

성경 66권이 확정되기까지는 약 300~400년이라는 긴 세월 동안 많은 신학적 고민과 싸움을 통해서 우리의 손에 주어지게 되었다. 현재 시세 만 오천 원이면 성경을 사서 읽을 수 있지만, 초대교회 성도들은 성경을 한번도 읽어보지 못하고 죽은 사람들도 많았다. 원래의 성경은 양피지나 파피루스에 사람들의 필사로 쓰였기 때문에 회당이나 특정 성당과 교회에만 소지할 수 있었기 때문이다.

성경에서 400년이란 시간은 많은 이야기들을 말해준다. 이스라엘 백성들은 400년 동안 이집트의 노예로 살았다. 그 시간 동안 하나님께서는(출애굽기2:24-25) 이스라엘의 고통 소리를 들으시고 그들과 맺은 언약을 기억하시고 이스라엘 자손들을 돌보셨고, 그들을 기억하셨다고 말씀하고 있다. 하나님은 400년 동안 그들을 떠난 것이 아니라, 이제 때가 되어서 그들을 해방시켜 주셨다.

말라기 4장에서는 여호와께서 정하신 날을 말씀하신다. 말라기 예언자의 시기가 약 BC430년경이다. 그리고 이때 구약성경의 역사는 끝이 난다. 그로부터 약 400년 후인 AD4년경에 예수님께서 마리아를 통해 이 땅에 성육신 하셨다. 보통 신학자들은 이 시기를 "신구약 중간기" 또는 "침묵기"라고 말한다. 그렇지만 이 시기에 하나님께서는 "출애굽"과 마찬가지로 "예수님의 오실 길"을 준비하고 계셨다. 그리고 우리에게 오직 구원의 "한 길"이신 메시아를 보내주셨다.

그렇다면 예수님이 십자가에서 모든 인류의 죄를 사하시기 위해 희생 당하시고 부활하시고 승천하신 후 약 400년에 걸쳐 하나님의 말씀, 곧 성경이 완성되었다는 것은 무엇을 이야기할까? 출애굽과 예수그리스도의 오심과 성경을 우리에게 주심. 약 400년의 시간에 걸쳐 우리들에게 성경을 주셨다는 것을 생각해본다면 지금 우리의 손에 들려 있는 성경이 얼마나 귀중한 지 알 수 있다. 우리 학생들에게 수학책과 영어책, 과학책보다 더 하찮게 여겨지고 있는 것이 성경책이 아닌가 생각해본다. 약 400년 이란 긴 세월 동안 하나님은 그의 자녀들을 위해 어떻게 하면 더 바르게, 어떻게 하면 더 유익하게, 어떻게 하면 더 하나님 자신을 잘 알려 주실 수 있는 지를 고민 또 고민하면서 펜을 잡고 계셨던 것이다.

이렇게 우리의 손에 주어진 성경은 구약과 신약 총 66권으로 되어 있다. 이제 성경 전체의 구조를 먼저 살펴보자.

구약의 구조

먼저 구약 39권은 다섯 부분으로 나뉘어져 있다. (히브리어 성경은 세 부분)

모세오경(창세기~신명기), 역사서(여호수아~에스더), 성문서(욥기~아가), 대 예언서(이사야~다니엘), 소 예언서(호세아~말라기)이다. 사실 이런 구조는 성경에 조금만 관심이 있는 사람이라면 다 알고 있을 것이다.

구약성경의 전체적인 큰 그림을 이해하기 위해서는 구약의 이야기를 이끌어가고 있는 인물들 중심으로 생각해보면 쉽다. 일단 창세기는 아담 노아 아브라함 이삭 야곱 요셉의 이야기이다. 그리고 이들의 이야기가 전개되는 지역은 현재의 팔레스타인 중동 땅이다. 창세기의 마지막 중요 인물인 요셉이 형들에게 팔려 이집트로 가면서 이야기의 흐름은 애굽(이집트)의 지역으로 옮겨간다.

그 시작이 바로 출애굽기 1장이다. 출애굽기에서 신명기까지의 이야기는 모세와 여호수아 그리고 이스라엘 백성들의 이야기다. 하나님이 모세를 부르셔서 이스라엘 백성들을 출애굽 시키고 시내 광야(시내 산)에 도착하여서 성막을 완성하는 내용이 출애굽기이다.

그리고 레위기는 시내산에서 1년 동안에 받은 하나님의 말씀에 관한 내용이라고 생각하면 쉽다. 그렇기 때문에 레위기에서는 동선이 없다.

민수기는 이스라엘백성의 광야 생활 이야기이다. 민수기 10장 11절에 드디어 시내광야에서 이스라엘 백성들은 뿔 나팔 소리와 함께 광야로 진군하여 가나안 땅으로 향한다. 그렇게 40년 동안 광야에서 하나님의 훈련을 받은 이스라엘백성은 가나안 땅의 여리고 앞 모압 평지에 도착한다. 이곳에서 모세는 이스라엘 땅을 바라보면서 자신이 들어가지 못함을 아쉬워 하며 느보산에 올라가서 그 땅을 바라본다. 그리고 모압 평지에서 백성들에게 마지막으로 하나님의 율법에 대해 설교한 내용이 신명기이다.

성경 통독을 하다 보면 많은 사람들이 레위기에서 포기하고마는 경험들을 종종 듣게 된다. 하지만 이런 모세오경의 구조를 공부하고 성경을 읽는 다면 우리는 레위기를 넘어서 시내산에서 아직 거하고 있는 민수기의 이스라엘 백성들을 만나게 될 것이다.

다음은 역사서이다. 역사서는 여호수아부터 에스더까지이다. 역사서도 마찬가지로 이스라엘의 역사를 이끌어 나가는 중심 인물들을 관통하면 쉽다.

모세가 죽은 후에 이스라엘의 지도자는 여호수아가 된다. 여호수아의 인도 하에 이스라엘 백성들은 모압을 출발해서 요단동쪽에서 요단강을 건너 서쪽 가나안 땅(여리고)으로 들어간다. 그리고 가나안 땅에 살고 있는 사람들과 전쟁과 협정을 통해 그 땅에 정착하게 된다. 이후 이스라엘은 여호와 하나님을 자꾸만 잊어버리고 산다. 그래서 하나님께서 이들을 잘 다스리라고 보내주신 지도자들이 바로 사사이다.

총 12명의 사사들이 이스라엘을 다스리며 사는 이야기가 사사기이다. 이 사사들의 시대에 한 믿음의 여인에 대한 이야기가 룻기이다.

사사들이 치리하던 그 시대가 지나면서 이스라엘 백성들은 주변 국가들처럼 왕을 요구하게 된다. 그래서 하나님이 세우신 선지자 사무엘을 통해 왕을 허락 하시는데 그 인물이 바로 "사울"이다. 사무엘상~사무엘하까지의 중심인물은 사무엘과 사울 그리고 다윗이다. 사무엘을 통해 사울을 왕으로 삼고, 시간이 지나 사울이 하나님께 범죄하여 왕에서 물러나게 되면서 하나님은 다윗을 왕으로 세우신다. 이에 화가 난 사울이 다윗을 죽이려고 따라다니는 내용이 사무엘상 후반부의 내용이다.

사무엘하는 사울이 죽고 다윗이 이스라엘을 통치하는 다윗 왕국의 이야기이다. 열왕기상과 열왕기하는 다윗이 죽고 그의 아들 솔로몬이 왕위에 오르는데 솔로몬의 범죄로 인해서 북이스라엘과 남유다로 나라가 분열되는 사건이 일어난다. 그리고 북이스라엘은 앗수르에게, 남유다는 바벨론에게 끌려가게 되는 이야기이다.

이렇게 이스라엘의 역사는 막바지로 흘러간다. 이스라엘이 바벨론으로 끌려 간 후 약 70년이 지난 후에 바사 왕 고레스가 이스라엘 백성들에게 고국으로 돌아가도 된다는 명령을 하면서 이스라엘 백성들은 고향으로 돌아오게 된다. 이 내용이 기록된 성경이 에스라, 느헤미야이다. 에스더서는 룻기와 비슷하게 바사 페르시아 시대 어디쯤에 있었던 에스더라는 믿음의 여인에 대한 이야기로 생각하면 된다. 이렇게 하면 구약의 역사서의 구조가 끝이 난다.

다음으로 성문서라는 단어 자체가 이야기 해주듯이 성문서는 지혜의 글들의 모음이다. 욥기는 욥과 친구들의 논쟁을 통해서 하나님에 대한 이해를 넓혀 나가고, 시편은 하나님을 찬양하고, 잠언은 세상 최고의 지혜는 여호와를 경외하는 것이라고 말한다. 전도서는 세상의 모든 부와 명예가 허무하다고 말한다. 아가서는 솔로몬과 술람미 여인의 사랑을 통해서 하나님과 우리의 관계를 이야기 해주고 있다.

이제 남은 책들은 대 예언서와 소 예언서이다. 대 예언서는 그저 분량이 많기 때문에 붙여진 이름이다. 대 예언서의 예언자들과 소 예언서의 예언자들이 큰 사역을 했고 작은 사역을 했다고 해서 그렇게 분류했다는 것이 아니다. 이 예언서의 예언자들은 앞에서 살펴본 이스라엘의 역사 한 복판 어딘가에서 하나님의 말씀을 선포했던 사람들에 관한 내용과 이스라엘백성들의 내용들이다.

쉽고 간단하게나마 구약성경의 큰 구조를 그려봤다. 구약성경을 공부할 때, "성경학적"인 구조를 먼저 공부를 한다면 성경 통독에 큰 도움이 될 것임에 틀림이 없다.

신약의 구조

신약성경은 크게 세 부분으로 나눌 수 있다. 복음서(마, 막, 눅, 요), 역사서(사도행전), 서신서(바울 서신13권, 일반 서신8권, 요한계시록) 이다. 필자는 먼저 복음서와 사도행전을 중심으로 구조를 나누어 보고자 한다.

복음서는 공관 복음서(마, 막, 눅)와 특수 복음서(요)로 나눌 수 있는데, 여기에서 공관이라는 말은 "공통의 관점"이라는 뜻이다. 예수님에 대한 핵심적인 공통의 관점은 공생애(예수님의 생애) "역사적 순서"에 따라서 기록했다는 것이다. 학자들은 기본적으로 공관복음서 중에서 마가복음을 기준으로 해서 마태와 누가가 쓰였다고 생각한다. 쉽게 말하면 예수님의 사역을 갈릴리로부터 시작하여 예루살렘에서 십자가에 달려 죽으실 때까지의 시간적 흐름에 따라 기록한 것이다. 복음서의 각 저자들과 수신자들은 정확하게 밝혀지지는 않았다. 하지만 각 복음서의 문체나 배경이나 시기를 통하여 추측할 뿐이다. 필자는 신학계에서 기본적으로 기준이 되고 있는 저자 문제에 대해서 제공하려고 한다.

마태복음은 예수님의 제자였던 유대인 마태(레위)가 유대인들에게 썼다고 본다. 마가복음은 마리아의 아들, 마가(바울의 1차 전도여행 때, 버가에서 돌아갔던)가 로마에 박해를 받고 있는 그리스도인들에게 썼다. 누가복음은 헬라인이었던 누가(바울과 마지막까지 동역했던)가 데오 빌로라는 총독에게 썼다고 볼 수 있다. 또한 공관복음서의 각 책의 주제에 관한 정보로써 마태는 왕으로 오신 예수님에 대해, 마가는 종으로 오신 예수님, 누가는 이방의 빛으로 오신 예수님에 대해 기록하고 있다.

요한복음은 예수님의 제자 중 (예수께서 사랑하시는 제자) 요한, 세배데의 아들 야고보의 형제 였던 요한이 기록했다. 이 요한은 예수님께서 정말 많이 사랑하셨던 제자가 맞는 것 같다. 요한복음을 읽어보면 정말 쉽다고 느껴지겠지만, 요한복음을 제대로 공부해 보면 신학적으로 정말 많은 심오한 구절들이 있음을 알 수 있다. 요한복음은 요한이 예수님을 믿는 유대인들에게 기록한 것이다. 요한복음의 주제는 진리이신 예수님, 하나님이신 예수님에 대해서 기록한 "기독론" 이라고 볼 수 있다. 복음서에 대한 정보들은 너무나 많이 있기 때문에 이정도로 하기로 하고, 이제 신약의 역사서인 사도행전과 사도 바울이 기록했던 서신서 13권을 사도행전을 바탕으로 이해하기 쉽게 풀어나가보려고 한다.

사도행전은 누가복음의 후속 편이다. 사도행전 역시 누가복음을 기록한 누가가 기록한 것으로 추측한다. 그래서 사도행전을 읽을 때에는 누가복음과 연결해서 읽어야 한다. 사도행전의 큰 주제는 흔히 "성령과 선교" 라고 말한다. 맞는 말이다. 그렇지만 필자가 누가복음과 사도행전을 연구해본 결과, 사도행전의 큰 주제는 "하나님의 나라"이다. 사도행전 1장에서 예수님께서 부활하시고 승천하시기 전에 이 땅에서 사십일을 계시면서 "하나님의 나라"에 관해서 가르치셨다고 말씀하고 있다. 그리고 사도행전 28장에서는 사도바울이 이태를 로마의 셋집에 거하면서 방문하는 사람들에게 하나님의 나라를 거침없이 담대하게 가르쳤다고 말씀한다. 결론적으로 사도행전은 예수님께서 가르치신 하나님의 나라를 전수 받은 사도들, 즉 베드로, 스데반, 빌립, 바나바, 바울 등 제자들이 하나님의 나라를 가르치는 것이 사도행전의 전체적인 주제이다. 하나님 나라는 곧 교회이기도 하기 때문이다.

사도행전의 뼈대를 잡는 성경 구절이 있다. 사도행전 1장 8절이다.

"오직 성령이 너희에게 임하시면 너희가 권능을 받고 예루살렘과 온 유대와 사마리아와 땅 끝까지 이르러 내 증인이 되리라 하시니라."

여기에 나온 지리적 구도를 가지고 사도행전이 흘러간다. 먼저는 1장부터 3장까지는 예루살렘, 4장부터 7장까지는 온 유대 지역, 8장은 사마리아에 복음이 전파되고, 13장 부터는 바울을 통해 본격적으로 땅 끝까지 복음이 전파되기 시작한 이방 선교가 시작된다.

13장에 안디옥 교회에서 사울과 바나바를 선교사로 세우게 된다. 총 4차의 선교 여행을 떠나게 되는데, 1차는 수리아 안디옥– 실루기야 - 살라미 - 버가 - 비시디아 안디옥 - 이고니온 - 루스드라 - 더베까지 복음을 전한다. 1차 전도여행으로 갈릴리로부터 예루살렘에 이르렀던 복음이 이제는 이방인들에게 전해지는 계기가 되었다.

2차 전도 여행의 중요한 쟁점은 유럽으로 복음이 전파됐다는 것이다. 수리아 안디옥에서 출발한 바울과 실라는(바나바와 바울이 마가를 데려가는 문제로 인해 갈라짐.) 지금의 터키 지역을 육로를 통해서 가게 된다. 원래 바울은 비두니아로 가려고 했지만, 길이 막혀(예수의 영이 허락하지 아니하시는지라.) 그리스 마게도냐로 선교 일정을 바꾸게 된다. 그래서 처음 도착한 곳이 마게도냐의 첫 성인 빌립보이다. 빌립보에서 자색 옷감 장사 루디아를 만나서 복음을 전하고, 데살로니가를 지나 베뢰아, 아덴(아테네), 고린도까지 가게 된다.

필자는 차를 렌트해서 네압볼리 - 빌립보 - 데살로니가 - 베뢰아 – 아테네 – 고린도까지 바울의 선교 여행지를 답사한 적이 있다. 아테네에서 출발해서 빌립보까지 왕복 약1.400키로에 달하는 거리였다.

그때 문득 사도바울이 정말 대단하게 느껴졌다. 바울에게 복음이 무엇이었기에? 이렇게 먼 거리를 다녀며 복음을 전했을까? 바울이 전했던 복음이 궁금하지 않을 수 없다.

사도바울이 거쳐 간 지역에는 교회들이 세워졌다. 고린도에 도착한 사도 바울에게 이 전에 개척한 교회였던 데살로니가교회에 대한 소식이 들렸다. 이단에 대한 문제와 데살로니가교회 성도들의 기쁨의 소식이었다. 이 소식을 들은 사도바울이 고린도에서 데살로니가교회를 향하여 썼던 편지가 바로 바울의 첫 서신인 데살로니가전.후서이다. 그 후 바울은 다시 안디옥교회로 돌아왔다.

3차 전도여행 중 중요한 지역은 소아시아 지역의 에베소이다. 바울은 에베소에서 오랜 기간 사역했다. 에베소의 두란도(티란누스)라는 철학자의 집을 빌려서 말씀을 전할 때, 고린도교회로부터 소식이 들려왔다. 고린도교회에 많은 문제들이 일어났다는 소식이었다. 교회안에서 당파가 나뉘었고, 우상제물을 먹는 문제, 결혼의 문제 등 여러 문제들에 대해 바울이 보낸 답변의 서신이 고린도전서와 이후 고린도후서이다. 그리고 바울은 다시 마게도냐의 빌립보 - 데살로니가 – 아덴 - 고린도까지 이 전에 개척했던 교회들을 방문했다.

고린도에 도착한 바울의 마음속에는 땅 끝(서머나:스페인–당시 땅끝이 스페인이라고 생각했다.)까지 복음을 전해야겠다는 생각이 있었다. 그래서 바울은 이미 교회가 세워졌던 로마의 교회 도움을 받아서

서머나까지 갈 계획으로 로마 교회에게 로마서를 기록하여 보냈다. 그 이후에 바울은 예루살렘에 도착해서 체포되었다. 바울은 로마 시민권자였기 때문에 로마 황제 앞에서 재판을 받기를 원해서 결국 죄수의 신분으로 로마까지 압송되게 되었다. 이것이 4차 로마 여행이다. 로마 여행 중에 유라굴로라는 광풍을 만나서 멜리데(몰타)라는 섬에 걸리게 된다. 그 후 수라구사(시라쿠사)섬 - (이탈리아)레기온 - 보디올 - 압비오광장 - 로마까지 가게 된다.

그리고 그곳에 셋집을 얻어서 아직 판결을 받지 못한 상태로 2년 동안 가택연금생활을 했다. 드나드는 방문객들에게 복음을 전하는 것으로 사도행전이 끝이 난다. 바로 이 때, 옥중 서신이라고 불리는 에베소서, 빌립보서, 골로새서, 빌레몬서를 기록했다.

성경에는 기록되지 않았지만, 2년 후에 잠시 풀려 났을 때, 바울은 다시 이 전에 개척했던 소아시아와 그리스지역의 교회들을 방문했다고 한다. 그리고 자신의 제자들 중 디모데를 에베소지역의 교회에 목회자로 두었고, 디도를 그레데(크레타섬)의 목회자로 보냈다. 이들에게 보낸 편지(목회 서신)가 바로 디모데전서와 디도서이다. 그리고 다시 로마에서 두 번째로 체포되어 죽기 바로 직전 디모데에게 보낸 편지가 디모데후서이다. 이 후에 바울은 로마에서 참수 형으로 순교를 당했다.

마지막으로 일반 서신이라고 불리는 야고보서, 베드로전.후서, 히브리서, 요한1,2,3서, 유다서, 요한계시록은 주님의 동생이었던 야고보와 유다, 제자였던 베드로, 요한이 각각의 수신자(교회나 사람들)들에게 썼던 편지이다.

필자가 생각하기에 성경을 깊게 공부하려면 성경과 함께 세 가지를 공부 해야한다. 첫째는 성경의 언어이다. 둘째는 성경의 역사이다. 셋째는 성경의 배경(문화)이다. 이제까지 제시한 성경의 전체적인 구조(흐름)를 먼저 공부하고, 세 가지를 차근차근 공부한 다면 성경의 더욱 깊은 곳으로 나아갈 수 있다. 하지만 이것들을 다 공부하지 않아도 좋다. 이 모든 것들은 전문적으로 공부하고 가르쳐야 하는 사명을 가진 사역자들이 있기 때문이다. 교사는 사역자들의 도움을 받으면 된다. 만약 사역자라면 성경 언어(히브리어, 헬라어)공부를 등한히 해서는 안된다.

결론적으로 이 모든 성경공부를 해야 하는 이유와 목적이 있다. 디모데후서 3장 14절~17절이 성경을 공부해야하는 목적이다. 이 말씀은 바울이 디모데에게 권면한 말씀이다.

> 그러나 너는 배우고 확신한 일에 거하라 너는 네가 누구에게서 배운 것을 알며
>
> 또 어려서부터 성경을 알았나니 성경은 능히 너로 하여금 그리스도

예수 안에 있는 믿음으로 말미암아 구원에 이르는 지혜가 있게 하느니라
모든 성경은 하나님의 감동으로 된 것으로 교훈과 책망과 바르게 함과 의로 교육하기에 유익하니
이는 하나님의 사람으로 온전하게 하며 모든 선한 일을 행할 능력을 갖추게 하려 함이라.

성경을 통해서 구원에 이르는 지혜(곧 예수 그리스도)에 대해서 알게 되고, 성경을 통해서 하나님의 사람으로 온전하게 되며 또 모든 선한 일을 행할 능력을 갖추게 된다. 결국 예수 그리스도의 참 제자로서 이 땅에서 선한 일을 하며 소금과 빛으로 살아가는 것이 우리의 삶의 목적이기 때문이다.

청소년들에게 성경을 가르칠 때 이것만은 꼭 기억하자!

현대를 살아가는 청소년들은 해야할 공부도 많고, 만나야 할 친구들도 많고, 해야할 게임도 많다. 그런데 여기에다가 성경까지 공부하라고 한다면? 그것은 그야말로 게임 아웃이다. 국어, 영어, 수학, 과학, 사회 등 학교에서 공부할 것도 태산인데 교회에서까지 성경공부 하자고 하면 이미 아이들은 거부반응을 일으킨다. 그렇다면 대체 어떻게 해야 우리 청소년들에게 성경을 전달해줄 수 있을까? 필자는 다섯 가지 꼭 기억해야 할 방법과 조건을 제시하려고 한다.

① 주입식 교육은 절대 피해라.

이스라엘의 교실은 우리나라의 교실과 전혀 다르다. 이스라엘 사람들은 기본적으로 토론이 생활화 되어 있다. 예를 들면 우리나라의 부모님들은 자녀들이 학교에서 돌아오면 "오늘 학교에서 선생님께 무엇을 배웠니? " 라는 질문을 한다고 한다. 그러나 이스라엘의 부모님들은 "오늘 학교에서 선생님께 어떤 질문을 했니? " 라는 정반대의 질문을 한다고 한다.

필자가 이스라엘에서 1년 동안 선교사로 사역할 때, 예루살렘 히브리대학교에서 현대히브리어(생활히브리어:현재 이스라엘 사람들이 사용하는 언어)를 공부할 수 있는 기회가 있었다. 전세계의 여러 나라에서 모인 학생들이 15명 정도씩 한 반에 모여 히브리어를 배웠다. 그 곳에 모인 학생들은 다소 차이는 있지만, 히브리어를 거의 처음 배우는 학생들이었다. 약 세 달 정도로 짜여진 수업을 마무리 하고 나면 레벨 테스트를 하게 된다.

그런데 그 교실에서 필자를 포함한 한국 학생들은 수업시간 내내 질문을 하지 않는다. 유럽, 아메리카, 아프리카 등 우리나라를 제외한 세계의 많은 학생들은 수업시간 내내 질문이 끊기지 않는다. 수업 진도에 방해가 될 정도로 흐름을 끊어가면서 까지 질문을 하고야 만다. 그렇게 질문을 했을 때, 선생님의 반응은 차갑지 않다. 그 질문에 대해서 다시 자세히 설명해주고, 그 학생이 질문을 이해 했을 경우에만 다음 진도를 나간다. 그렇게 질문을 했던 학생들이 주로 다음

레벨로 빠르게 올라가는 경우를 많이 보게 된다.

우리나라는 이미 주입식 공부 패턴의 교육 시스템이 학교를 지배하고 있다. 교회라고 별반 다르지 않다. 주입식 설교와 성경공부가 청소년들이 스스로 고민하고 생각할 수 있는 영역을 막아버리고 있는 실정이다. 성경공부를 진행 할 경우에도 선생님은 끊임없이 말하고, 아이들은 끊임없이 지루해 한다. 그렇다면, 주입식 교육이 아닌 어떤 방법으로 교육해야 할까?

② 아이들에게 먼저 생각할 수 있도록 질문해라.

방법은 간단하다. 말투를 바꾸면 된다. 교사의 언어를 바꾸면 된다. 예를 들어, 창세기를 공부한다고 생각해보자.

아마도 교사들은 이렇게 첫 운을 뗄 것이다. "오늘은 창세기에 대해서 공부할 거예요. 창세기는 하나님이 창조하신 세상에 대한 이야기로부터 시작해서 이스라엘의 첫 족장인 아브라함, 이삭, 야곱, 요셉의 이야기로 마치는 책이에요."

교사들의 입에서 나온 이 문장은 이미 아이들의 생각을 멈추게 한다. 교사들의 말을 듣는 순간, 내가 생각하는 창세기는 없다. 그저 들려주는 대로 받아들이고 생각하게 된다.

반면에 만약 교사가 이렇게 창세기의 문을 연다면 아이들은 어떤 생각을 하게 될까? 친구들 "창세기"라는 말 들어 봤니? "창세기" 라는 말을 들었을 때 무엇에 관한 내용일 것 같아? 창세기에 나오는 중요한 사람들(족장)에 대해서 알고 있니? 이름이 뭘까?

이런 식으로 교사들이 언어를 뒤집어 질문한다면, 그때부터 아이들의 두뇌는 빠른 속도로 회전하면서 스스로 생각하고 고민하고 관심을 갖게 될 것이다. 엉뚱한 답을 해도 좋다. 아이들의 생각을 먼저 듣고 성경에 대해서 이야기 해줘도 늦지 않다. 많은 순간 아이들의 질문을 통해 교사들이 생각하지 못했던 성경의 놀라운 진리와 묵상들을 발견하는 경우도 있다. 답을 주기보단 아이들의 생각을 들으려고 할 때, 효과적은 성경공부를 할 수 있다는 것을 잊지말자.

③ 성경공부 진도에 열을 올리지 마라.

교역자나 교사가 교회에서 흔히 성경공부를 하게 되면 가장 먼저 고민하게 되는게 무엇일까? 아이들이 얼마나 올까? 어떤 방법으로 진행을 할까? 시간을 어떻게 배분할까? 이런 고민들은 아닌 것 같다. 가장 처음 고민하게 되는 것은 필자의 생각으로는 "어떤 성경공부 교재를 사용할까?"일 것 같다. 성경공부를 하는 데에 있어서 가장 중요한 부분이라고 생각이 된다. 그렇지만 반대로 생각해보면 이 부분은 그다지 중요하지 않다.

왜냐하면 성경공부라는 말에 들어있듯이 우리에게 주어진 가장 확실한 교재는 "성경책" 그 자체 이기 때문이다. 시중에 나와있는 연령별 성경공부 교재들은 수없이 많다. 그럼에도 불구하고 한국교회 및 청소년들에 대한 성경공부의 부재를 느끼는 것은 비단 "좋은 교재가 없어서?"라고 말 할 수는 없다.

그럼 성경공부 교재를 사용하는 것과 성경 자체를 공부하는 것과 어떤 차이점들이 있는지 짚어보자.

성경공부 교재는 흔히 챕터 별로 구분이 되어있다. 대부분 주제별, 성경책 별 구분이다. 이렇게 되면 우리나라 사람들의 특성상 한 챕터를 빨리 끝내는 것에 목적을 두게 되는 경향이 있다. 어찌됐던 오늘 정해진 분량을 다 읽고, 끝내는 것이 성경공부의 목적이 된다는 것이다. 때론 시간이 부족해서, 아이들이 떠들어서, 예기치 못한 상황이 벌어져서 주어진 시간 동안 한 챕터를 나가지 못할 경우, 교역자나 교사들의 마음은 어려워진다. 오늘 나갈 분량을 다 하지 못했기 때문이다. 이 자체가 교사들에게 성경공부를 더 어려워지게 만든다.

그렇지만, 성경 자체를 펴놓고 아이들과 대화하듯이 성경공부를 한다면 말이 달라진다. 정해진 분량은 없다. 하루에 창세기를 다 공부할 필요도 없다. 흔히 성서학자들에 의해 조사된 성경 분량에 대한 기록을 보면, 성경은 총 66권 1.189장 31.173절 774.746 단어 3.567.180글자로 이루어졌고, 2.930명의 사람들과 1.551개의 지명, 그리고 32.500 가지의 축복이 기록되어져 있다고 한다. 이 많은 분량을 어떻게 한 시간에 한 챕터 씩 진도를 나간다고 해서 끝낼 수 있겠냐 말이다. 그것은 말이 안되는 말이다. 성경책을 펴놓고, 창세기를 읽어나가면서 아이들과 대화하는 것 자체가 아주 훌륭한 성경공부인 것이다. 아이들에게 멋들어진 해석을 해주지 않아도 된다. 평생 그리스도인으로 살아갈 아이들에게 가장 먼저 해주어야 할 교사의 할 일은 성경 내용 자체를 알게 해 주는 것에 목적이 있다. 예를 들면, 마치 영어를 공부할 때, 단어를 외우고 구문을 공부하기 전 알파벳을 외우는 것과 같다. 교사의 교육 단계는 청소년들에게 알파벳을 알려주는 단계인 것이다.

필자가 신학대학원에서 히브리어를 공부할 때도 마찬가지였다. 대부분 신학대학원에서 히브리어와 헬라어를 공부하는데, 방학기간을 이용해서 약 두 달 안에 기본 알파벳을 포함한 문법과 단어를 끝낸다. 그리고는 히브리어, 헬라 어와 결별을 하게 된다. 이렇게 배운 히브리어와 헬라 어는 전혀 기억나지도, 사용할 수도 없다.

반면에 예루살렘 히브리대학교에서 히브리어를 배울 때, 한 학기(약 3개월) 동안은 "알파벳" 만 배운다. 현지에서 히브리어를 자신의 모국어로 사용하는 유대인 선생님이 이런 말을 하셨다. "히브리어를 공부할 때, 전체의 70%의 시간을 알파벳 공부하는데 써라." 알파벳이 내 몸에 적어도 70% 이상 체득될 때, 앞으로의 공부가 진행 된다는 말이다. 성경공부도 마찬가지이다. 알파벳 과정을 건너 뛰어서는 안된다. 성경말씀 자체에 대한 내용을 몸에 체득해야 한다. 이 과정이 가장 중요하다. 현재의 한국교회의 모습을 보면 알 수 있다. 성경공부 진도 나가기에 열을 올리려다가 결국 성경말씀 자체로 무장한 성도들이 아닌, 교회 성장(진도 빼기)에만 열을 올리는 현실을 보고 있지 않은가? 진도 올리기에 열을 내지 말자.

④ 모든 것이 성경공부라는 것을 명심해라.

성경공부를 할 경우 교사나 청소년들이나 흔히 생각 하는 것이 있다. 그것은 따분하게 둘러 앉아서 성경공부 교재를 펴 놓고 가르치는 선생님과 배우는 아이들이 있는 모습이다. 이것은 성경공부 모델 중 극히 일부의 모습이다.

성경공부라는 것은 앞서 말했듯이 요한복음 5장 39절, 디모데 후서 3장 16~17절. 예수 그리스도에 대해 더 알고, 그분이 우리에게 원하시는 목적대로 하나님의 사람으로 온전하게 되며, 모든 선한 일을 행할 능력을 갖추게 하는 것이 성경 공부의 목적이라고 본다면 꼭 고정화된 성경공부 만으로 그 목적으로 나아가는 길이 아니라는 것이다.

장로회신학대학교 기독교교육학 박상진교수님은 한국교회의 다음세대가 감소하는 현상을 조사했다고 한다. 그 중에 "교역자와 교사가 차지하는 비중은 1% 밖에 되지 않는다" 고 말했다. 이 말을 다시 생각해보자면 교역자와 교사가 일주일에 한번 둘러 앉아서 아이들과 한 시간 성경공부하는 것으로 아이들을 하나님의 사람으로 교육하는 것은 턱없이 부족하다는 말이다. 아니 아무런 기대 조차 없다고 보는 것이 현실적으로 맞다.

기독교 교육 모델 중 필자의 마음에 가장 이상적인 교육 모델은

"예수님께서 제자들과 동고동락 하셨던" 교육으로서의 모델이다. 예수님과 제자들은 하루 24시간을 함께 하셨다. 함께 자고 일어났으며, 함께 먹고 마시고, 함께 대화하셨다. 현실상 우리 교사들이 아이들과 이렇게 함께 하기는 어렵다. 그렇지만 가능성이 있다. 여기에서 필자가 강조하고 싶은 단어는 "함께" 인 것이다. 일주일에 한번이라도 아이들에게 "선생님이 우리랑 함께 하시네? " 라는 것을 인지시켜 준다면 선생님과의 성경공부는 이미 시작된 것이다.

이제부터는 함께 단체 카톡 방을 만들어서 수다를 떨어도, 함께 분식점에 가서 떡볶이를 먹어도, 함께 핸드폰 카메라로 사진을 찍어도 이 모든 것이 아이들과 함께 하는 성경공부인 것이다. 왜 이것이 성경공부인가? 아이들은 교사의 모습 속에서 예수님을 볼 수 있기 때문이다. 교사의 말투 하나하나, 행동 하나하나가 예수님을 볼 수 있는 도구이기 때문이다. 그렇기 때문에 교사가 너무 중요한 것이다.

필자가 중. 고등부 시절 다니던 교회에서 있었던 일이다. 중. 고등부는 토요일 오후에 교육관에서 예배를 드렸었다. 그런데 여러 번에 걸쳐서 이해되지 않는 일들이 눈에 들어왔다. 예배가 마칠 때쯤 되면 항상 담임목사님께서 들어오셔서 강복 선언을 해주셨는데, 마치고 공과공부시간이 되면 항상 목사님께서 바닥에 떨어져 있는 주보들, 과자 부스러기들, 쓰레기들을 줍고 계셨다. 한 두 번 있던 일이었다면 이해했겠지만, 매주 몇 년 동안 똑같이 그렇게 하셨다. 그 모습을 보았던 나는 교역자와 교사의 뒷모습이 얼마나 중요한가를 성장한 후에 깨닫게 되었다. 얼마 전 그 담임목사님께서 사역하시는 교회에 일이 있어서 가게 되었는데 더 깜짝 놀랐던 건, 오후 예배가 끝난 후에 목사님께서 예배당을 어슬렁거리시면서 주보를 줍고, 정리 하시는 20년 전 중. 고등부 때 보았던 그 목사님의 뒷모습을 보게 되었다. 성경을 펴놓고 성경의 이야기만을 들려주는 것이 성경공부라는 인식을 과감하게 깨고, 아이들과 함께 하며 진실된 모습을 보여주는 것. 삶의 모든 부분이 아주 탁월한 성경공부라는 것을 잊지 말자.

⑤ 성경의 이야기가 지금 나의 이야기라는 것을 심어주어라.

성경에 나오는 많은 이야기들은 신약의 경우 AD 4세기 무렵 이스라엘 땅에서 일어났던 일이다. 구약의 경우는 적어도 약 BC 3.000년 전의 역사 이야기로 시작한다. 더 나아가 성경은 세상이 창조될 때의 역사부터 시작하는 것을 볼 수 있다. 또한 성경에는 약 2.500명의 사람들이 나온다. 성경은 이처럼 지금 우리 청소년들과는 동떨어진 너무나 먼 시대의 역사책처럼 보인다.

필자는 이 부분이 가장 중요하다고 생각한다. 성경의 내용들이 지금 내 삶과 무관하지 않다는 것을 아이들에게 심어주는 것은 너무나도 중요하다. 주입식 교육을 하지 않는 것, 아이들이 먼저 생각을 할 수 있게 질문 하는 방법, 진도에 열을 올리지 않고 성경 자체를 차분히 공부하고 삶으로 아이들에게 예수님에 대해 교육하는 것도 아주 중요한 교육의 방법이지만 그런 교육을 통해서 목적한 바는 성경의 이야기가 지금 나의 이야기라는 것을 아이들의 마음 속에 깊이 새겨 주는 것이다

성경의 큰 뼈대를 이루고 있는 주제인 "창조, 타락, 구원, 완성" 이 네 부분의 이야기들은 결국 나를 창조하시고, 죄로 인해 타락한 나를 예수 그리스도를 통해 구원하시고 완성된 하나님나라를 살게 하시겠다는 하나님의 크고도 놀라운 계획을 가지고 있다. 이런 접근은 사실 쉽지는 않다. 많은 신학 공부가 필요하고, 성경에 대한 깊은 이해가 있어야 가능하다. 또한 성경을 많이 읽어야지 이런 하나님의 계획을 파악할 수 있다.

예를 들자면 창세기와 출애굽기의 이야기를 통해서 이스라엘의 역사 이야기가 어떻게 나의 이야기가 되는지 질문과 설명을 통해서 제시해보겠다.

교사 : 하나님은 말씀으로 세상을 창조 하셨어. 하나님이 세상을 창조 하시고, 아담과 하와를 창조 하셨듯이 우리 OOO도 하나님이 창조 하셨단다. 그런데 하나님께서 아담과 하와를 지으시고 모든 것을 다 주셨는데, 단 하나, 선악을 알게 하는 지식의 나무를 먹지 말라고 말씀 하셨단다. 아담과 하와는 그 말씀을 지켰을까? 지키지 못했을까?

청소년 : 지키지 못했어요.(-_-)별 생각 없음….

교사 : 어떻게 하나님 말씀을 어길 수 있을까? 우리 OOO가 만약 아담이었다면 어떻게 했을 것 같아?

청소년 : 저라면 당연 안 먹었죠!!!!!!

교사 : 맞아 그럴 수도 있겠다! 그런데 아담과 하와는 하나님의 명령을 지키지 못했어. 그래서 하나님의 명령을 지키지 못했던 아담과 하와는 결국 죄를 짓게 되었고, 첫 사람이었던 아담과 하와로부터 태어나는 모든 인간들은 결국 죄를 갖고 태어날 수 밖에 없었던 거야… 그럼 생각해보자! 선생님도, 우리 OOO도 죄인일까? 아닐까?

청소년 : …. 죄인이요… 아… 억울하게… 나라면 안 먹었을텐데.. 내 책임도 아닌데 왜 내가 죄인이야…

교사 : 그렇지… 억울하지…그런데 성경말씀을 보면 이렇게 죄인으로 태어났던 사람들 중 후에 이스라엘 사람들이 애굽에서 노예로 살아가고 있을 때, 모세라는 한 지도자를 세우셔서 그들을 노예로부터 자유롭게 해주셨어.

청소년 : 아.. 그 내용 알아요.. 근데 그게 저랑 무슨 상관이에요…관심 없음…

교사 : 그런데 잘 들어봐~ 애굽의 노예로 살던 이스라엘 백성을 모세라는 사람을 통해서 자유를 주신 것처럼 아담의 불 순종으로 죄의 노예가 되었던 선생님과 우리 OOO도 예수님을 통해 죄인에서 의인으로, 자유인으로 만들어 주셨다는거야. 그러니까 이스라

엘의 출애굽에 관한 이야기는 바로 선생님과 너의 이야기인거야.

한 예를 들었지만 결론적으로 성경공부는 단순히 지식을 알려주고, 습득하게 하고, 외우게 하는 것이 아니다. 성경 공부를 통해 우리 그리스도인들, 특히 청소년들에게 주는 유익은 성경이 곧 내 이야기라는 것을 마음에 새기고 살아가게 해 주는 것이다. 그렇게 될 때, 성경의 이야기가 우리 청소년들의 삶의 이야기로 바뀔 것이고, 지금도 살아계신 하나님과 놀랍고도 재미있는 나만의 스토리를 써 나가는 인생으로 인도해 줄 것이다.

교사들이여! 이 다섯 가지를 꼭 기억해라. 주입식은 안된다! 아이들에게 먼저 생각할 수 있도록 질문해라. 성경공부 진도에 열을 올리지 마라. 삶의 모든 것이 성경공부이다. 이 모든 것으로 "성경의 이야기가 지금 나의 이야기"라는 것을 심어주어라.

찬양팀!
이렇게 해 보자!!

김도환

1부 소개 및 이론 편

1. 2% 아쉬웠던 교회 찬양팀

우리나라는 정말 작은 나라임에도 불구하고 대규모 찬양집회를 인도하는 찬양팀이 많다. 대부분 수도권에 편중되어있지만 많이 들어보았을 것이다. J-u*, 마*스미니스트리, 예*전도단, 어*인팅, 다*의 장막, 뉴* 워십, 디*이플스 등 그곳에 가기만하면 왠지 모를 가슴 두근거림을 느끼며 찬양도 잘 되고 기도도 잘 되는 느낌을 받는다. 그래서 누구든지 '이게 바로 찬양이구나!'하는 생각을 해 본적이 있을 것이다. 마치 연예인 콘서트에 간 기분으로 모두가 뜨겁게, 춤추며, 소리를 지르며 주님을 찬양해본 사람이 느낄 수 있는 그 '맛!'

집회가 끝나면 굉장히 기쁘고 무엇인가 계속 주님과 동행할 것 같은 느낌이 드는 것은 내가 뜨겁게 참여한 여름수련회나 겨울수련회 집회 후에도 마찬가지일 것이다. 그러나 이 글을 읽는 '여러분'이 만약 찬양팀의 구성원 중 한 명이라면, 정말 매주매주 예배를 성실히 준비하며 하나님을 찬양하는 것을 제일의 기쁨으로 삼는 사람이라면 항상 반복 되는 아쉬움이 마음 가운데 있을 것 같은 느낌이 든다.

'왜, 우리 교회는 저렇게 기쁘게 찬양하지 못할까?',

'왜 우리 중등부는, 우리 고등부는 수련회 때만 잠시 방방 뛰며 찬양

하고, 교회에 돌아와서는 그대로이지?',
'우리 교회는 단 몇 명밖에 안 되는데 저런 대형집회 같은 분위기가 날 수가 없지...부럽다...'

필자도 학창시절에 그런 적이 많았다. 주중에 찬양집회 다녀와서 들뜨고 흥분된 마음으로 토요일 찬양팀 모임에 나가서 모임을 갖고, 주일 찬양곡도 많이 불러보고… 그런데 주일 예배시간이 되면 '우리 교회' 아이들은 그러한 분위기가 나지 않는단 말이다. 그 '왜? '라는 질문을 십대 후반부터 계속 마음속에 갖고 왔다.

그렇게 초등학교 시절부터 십대를 지나 20대 30대가 되는 동안 항상 어느 곳에 있든지 찬양으로 모인 공동체에 속해있었기 때문에 이제는 어느 정도 위의 고민이 해결되고 정리가 되었다. 아직 인생의 반도 살지 않았고 나의 실력이 CCM 가수들, 찬양사역자들처럼 뛰어난 것은 아니지만 처음과 다른 점은 찬양에 대한 분명한 '이유와 목적' 이 생겼다고나 할까? 그래서 그 뒤로는 상황이 어떠하든 찬양에 있어서는 그 어느 때 보다 주님께 집중을 할 수 있다고 감히 고백해본다.

이 챕터의 1부에서는 찬양에 대한 이론적인 내용을 조금 이야기 할 것이고, 2부에서는 실제적인 내용들을 나눌 것이다. 가르치는 교사뿐만이 아니라 찬양팀 한 명 한 명의 입장에서. 함께 가보자!

2. 수십 가지 책

찬양?

세상에는 예배에 관한 책, 그 중에서도 찬양에 관련된 책이 정말 많다. 찬양에 대한 책만 서른 권을 넘게 읽은 필자도 아직 많은 면에서 부족함을 느낀다. 청년 시절에는 교회에서 친구들과 선후배들과 스터디를 하면서 집중적으로 찬양에 대한 공부를 많이 했고, 또한 찬양에 대한 경험과 더불어 많은 것들이 성장한 느낌을 받았다. 물론 이 책에 그 방대한 모든 것들을 정리할 수는 없을 것이다. 그러나 신기하게도 찬양에 대해서 그 수많은 책들이 한 목소리로 똑같이 외치는 것이 있다. 조금 조금씩 표현은 다르지만 그 표현들의 공통분모를 묶으면 찬양은 다음과 같이 말할 수 있다.

'찬양'은 하나님을 '칭찬'하는 것.

"왠 칭찬? 칭찬은 나이가 많은 사람이 어린사람에게 쓰담쓰담 해주면서 하는 것이 칭찬 아니야?"라는 생각이 들지도 모르겠다. 그런데 우리가 일상에서 사용하는 '칭찬'의 경우를 잘 생각해보면 금방 이해할 수 있을것이다. 한국어사전에 보면 '칭찬'의 뜻은 다른 사람의 좋고 훌륭한 점을 들어 추어주거나 높이 평가함[25] 이라고 되어 있다. 그러니까 칭찬의 이유. 찬양의 이유가 분명히 있다는 것이다.

---

25) 다음 한국어사전

왜 찬양하는가?

우리는 당연히 그리스도인(=예수 그리스도, 예수님을 믿고 따르는 사람)으로서 하나님을 찬양한다. 우리는 왜 하나님을 찬양할까? 성경을 보면 그 힌트가 있다. 조금 긴 성경이야기지만 집중해서 읽어보자.

성경에 기록된 최초의 찬양이 어디에 있는지 알고있는가? 바로 출애굽기 15장에 등장한다. 물론 그 전에도 이미 사람들은 하나님을 찬양했겠지만 우리가 찾아야 할 답은 '왜'에 대한 것이다. 조금 더 내용을 살펴보자. 출애굽 사건, 이집트를 탈출한 이스라엘 백성들의 이야기를 잘 알 것이다. 야곱과 그의 가족들이 이집트에 정착한 후 400여년의 시간이 흐르는 동안 어느덧 이스라엘 후손의 황금기는 끝나고 하나님을 알지 못하는 새로운 왕이 그들에게 힘든 일을 시켰다. 그렇게 하루하루를 죽지 못해 사는 이스라엘의 후손들은 하나님께 외쳤다.

"하나님 살려주세요. 이 힘든 노역에서 제발 해방시켜 주세요."

하나님은 그들의 외침을 들으셨다. 그 후 우리가 잘 아는 이집트의 열 가지 재앙의 이야기가 등장한다. 물이 피로 변하는 재앙부터 장자의 죽음까지. 하나님은 그렇게 이집트에 큰 벌을 내리시고 마침내 모세를 통해 이스라엘의 후손들을 이집트에서 탈출 시키는데 성공을 한다. 하지만 그것이 끝이 아니었다. 얼마 가지 않아 그들을 가로막는 홍해가 있었던 것. 더구나 이집트에서는 군대를 보내서 이집트를 떠난 이스라엘의 후손들을 맹렬히 추격하기 시작했다. 앞에는 홍해,

뒤에서는 말을 타고 쫓아오는 이집트 군사들. 더구나 그 이집트 사람들은 그들의 첫째 아들이 모두 죽었기 때문에 복수의 칼을 갈며 쫓아오고 있었을 것이다. 아무런 대비책이 없는 이스라엘의 백성 대부분은 모세와 하나님을 원망하며 죽음의 두려움에 떨고 있었다.

그러나 모세는 홍해 너머를 바라보며 기도했다. 하나님은 그 기도를 들으시며 동풍을 불기 시작하셨다. 이스라엘 사람들이 저 멀리 반대편으로부터 홍해가 갈라지는 것을 발견했을 때, 그리고 완전히 그 바다가 마른 땅이 되어 그들이 건널 수 있었을 때, 바로 그들은 그 마른 땅을 밟고 건너며 노래를 했다고 기록되어 있다.

> 이 때에 모세와 이스라엘 자손이 이 노래로 여호와께 노래하니 일렀으되 내가 여호와를 찬송하리니 그는 높고 영화로우심이요 말과 그 탄 자를 바다에 던지셨음이로다(출 15:1)
>
> 미리암이 그들에게 화답하여 이르되 너희는 여호와를 찬송하라 그는 높고 영화로우심이요 말과 그 탄 자를 바다에 던지셨음이로다 하였더라(출 15:21)

이 노래가 바로 찬양이다.

'내'가 누군가에게 칭찬을 한다면 그 칭찬의 최고 이유는 무엇이 될 수 있을까? 그것은 바로 "저를 살려주셔서 감사합니다."가 아닐까? 칭찬의 여러 가지가 있지만 죽을 뻔한 나를 살려주셨으니, 구원해주셨으니 내가 가진 모든 것을 주며 아낌없이, 최고로, 이번이 나의 마지막 칭찬이다, 더 이상의 칭찬은 없다, 내가 가장 앞에서 칭찬하겠다. 큰소리로, 모든 수단과 방법을 동원해서, 할 수 있는 가장 많은 표현들로 구원해주신 그 대상을 높이는 것.

그게 바로 찬양이다. 바로 나를 구원해 주신 은혜에 감사. 그 은혜에 반응하는 것이다.

어떻게 찬양하는가?

"~다윗처럼 춤을 추면서 전심으로 주를 즐거워하라~"[26]

그래서 어떻게 찬양해야 할까? 당연히 그 마음에는 나의 진심이 담겨야 한다. 거짓이 아니라, 대충 하는 것이 아니라. 나의 모든 기대와 감격과 감사의 마음이 마음속에만 있는 것이 아니라 겉으로 흘러 넘쳐서 마치 소개팅에 처음 나가듯, 상견례에 나가듯, 마치 오래 전부터 그 찬양을 준비해 온 것처럼 내 몸의 안과 밖이 그 찬양의 모든 것에 담겨야 한다.

우리가 가장 많이 떠올릴 수 있는 찬양의 방법은 바로 '노래'이다. 그리고 뻣뻣이 서서 노래만 할까? 당연히 아니다. 어린 아이나 이제 막 걸음마를 뗀 아기들을 보면 음악이 나올 때, 박수도 치고, 몸도 왼쪽 오른쪽 조금씩 흔들 듯이... 어떤 친구는 손을 높이 들고, 또 방방

26) 박희정, 『주님의 임재 앞에서』가사 중. 예배인도자 컨퍼런스, 2008.

뛰면서, 춤을 추면서.... 이러니까 한 사람이 생각이 난다. 맞다. 다윗이다. 사무엘하를 보면 다윗이 어떤 마음으로 하나님을 찬양했는지 알 수가 있다.

> 다윗이 여호와 앞에서 힘을 다하여 춤을 추는데 그 때에 다윗이 베 에봇을 입었더라 다윗과 온 이스라엘 족속이 즐거이 환호하며 나팔을 불고 여호와의 궤를 메어오니라
>
> (삼하 6:14~15)

그 후 다윗의 아내 미갈은 다윗이 여호와 앞에서 뛰놀며 춤추는 것을 보고 마음속으로 업신여겼다. 집에 들어온 남편보고 "왕이 백성들 앞에서 채신없게 그게 뭐 하는 짓이냐."라고 한 소리를 한 것이다. 그도 그럴 것이 사실, 그렇게 춤추면서 다윗의 옷이 훌러덩 넘어가 사람들에게는 보이지 말아야 할 곳이 보였기 때문이다. 그런데 다윗은 그 말에 부끄러움을 느끼기는커녕 오히려 이렇게 말했다.

> 내가 이보다 더 낮아져서 스스로 천하게 보일지라도....
>
> (삼하 6:22)

즉, 하나님을 찬양할 때는 춤을 추던지, 노래를 하던지 내가 망가지더라도 나는 '힘주어, 최선을 다해' 하겠다고 고백을 한 것이다.

찬양에 있어서 우리 행동에는 대부분 많은 의미가 있다. 춤을 춘다

는 것은 내가 주님을 찬양하는 것이 기쁘다는 것이 몸으로 드러나는 것이고, 손을 든다는 것은 '높이 계신 주님을 찬양합니다. 내가 주께 항복합니다. 주님 내 손을 잡아주소서' 등의 많은 뜻이 있다. 주로 한 문화권에서 대부분이 공감하는 행동으로 표현을 하는 것이다. 실제로 외국에서 찬양 집회 때 가끔 낯선 장면을 보게된다. 우리에겐 생소하지만 그 문화권에서는 나름대로 찬양의 표현에 최선을 다 한 셈이다.

언제, 어디서 찬양하는가?

그렇다면 이 최고의 표현. 꼭 주일에만 해야 할까? 꼭 교회에서만 해야 할까? 우리는 매 순간 찬양을 할 수가 있다. '노래'라는 도구가 찬양의 전부는 아니다. 사실 우리는 일상에서 굉장히 많은 방법으로 우리의 감정을 표현하는데, 그 표현하는 감정의 내용과 대상이 하나님이라면 그 표현은 얼마든지 찬양이 될 수 있다. 그것이 콧바람이라든지 한 두 단어의 감탄사라면, 세상에서는 더 찾아볼 수 없는 나만의 진솔한 찬양이 아닐까?

2부 실제편

3. 나는 찬양팀이다!!

찬양팀도 자격이 있다?

나는 보통 찬양에 있어서는 굉장히 열려있지만 찬양팀에 관해서는 굉장히 닫혀 있다. '찬양은 아무나 할 수 있다'라고 이야기하지만 '찬양팀은 아무나 할 수 없다'는 뜻이다. 어디서나 조금 강하게 주장한다. 보통 이 한 마디만 듣고 "뭐야? 자기들 무슨 특권이야?"라는 반응이 자연스럽게 나오겠지만, 사실 특권이 맞다. 성경을 보면 하나님께서 얼마나 찬양팀을 특별히 대우하셨는지, 그리고 다윗도 수많은 사람들에게 일일이 순번을 정하여 얼마나 열정적으로 하나님을 찬양했는지 알 수 있다. 조금 더 깊이 생각하면 찬양팀의 일원으로서 지켜야 할 것들이 상당히 많다는 것을 알 수 있다.

그러면 이런 질문이 나올 수도 있겠다.

"내가 교회가 좋아서 왔는데, 노래도 잘하고, 이제 막 수련회 때 뜨거운 은혜도 받아서 찬양팀 좀 하겠다는데 굳이 안 될 이유가 있나요? 나 잘 다루는 악기도 있어요!!"

찬양을 하겠다는데 굳이 못 하게 막을 이유는 없다. 하지만 조금 더 넓게 생각하면 좋겠다. 우리 교회 찬양팀과 옆 교회 찬양팀이 같을까? 당연히 다르다. 우리교회 찬양팀은 우리교회 나름대로의 개성이 있고 다른교회도 그 교회 나름대로의 개성이 베어있는 찬양팀이 있기 마련이다. 즉 우리교회 찬양팀은 우리교회만의 독특성을 표현할 수 있는 색채가 있는 것이다. 다시 말하면 우리교회의 일원으로서, 우리 청소년부, 중, 고등부가 고백할 수 있는 최적의 찬양이 무엇인가? 최소한 고민하며 찬양을 할 수 있으려면 적지 않게 꾸준히 우리교회를 출석한 사람이어야 가능하겠다. 그것이 바로 그 찬양팀의 멤버십이 되는 것이다. 마치 세례를 받지 않은 사람은 (미안하지만)성찬에 참여할 수 없는 것처럼.

"그럼 저는 교회 출석을 하기 시작한 지 얼마 되지 않았고 찬양은 하고 싶은데 어떻게 하지요?"

당연히 땡큐! 일명 굵지 않은 복권님!! 하지만 무작정 시작하기 전에 그 친구가 우리 중고등부에 적응하는 것이 순서라고 생각한다. 물론 교회를 오래 다녔어도 초등부에서 중등부로 올라왔거나 중등부에서 고등부로 올라온 신입생에게도 마찬가지다. '아~! 우리 부서가 이런 부서구나!'를 깨닫고, 선생님과 친구들과의 관계가 형성된 후 찬양팀의 일원으로서 섬겨도 늦지 않는 다는 것이다. 오히려 너무 찬양팀에만 집중하다 보면 찬양 이외의 영역에서는 별로 관계 형성을 잘 이루지 못할지도 모른다. 단, 함께 어울리며 연습이나, 교육에 참여함으로 멤버십을 형성하는 것이 필요하다.

예를 들면 필자가 있던 교회는 찬양팀의 멤버십을 회칙에 이렇게 규정했다.

찬양팀원의 자격 -

OO교회 세례(입교)교인으로 6개월 이상 중고등부 예배에 꾸준히 출석한 학생!

사실 노래든, 악기 연주든 정말 어마어마하게 뛰어난 사람들이 많다. 하지만 그 보다 먼저 선행 되어야 할 것은 찬양할 때의 마음가짐이다. 성실한 태도. 결석과 지각이 잦은 친구에게 '이제 찬양팀을 하기 시작했으니 교회에 일찍 나오겠지.'라는 기대는 올바르지 않다. 먼저 예배에 지각과 결석을 하지 않는 삶이 꾸준히 이어진다면 그때 찬양팀을 시작하는 것이 좋다. 그만큼 찬양팀의 멤버는 지켜야 할 것이 많고 어느 부분에서는 많은 우선순위가 찬양팀에 집중되어야 한다.

찬양팀의 역할

우리가 누구에게 찬양하는가? 당연히 가장 높으신 하나님이다. 그러한 막중한 의무를 가진 찬양팀의 역할은 과연 무엇일까?

"앞에서 찬양하는 거요! "

정답이다. 아주 틀린 대답은 아니지만 '앞에서 찬양'이라는 말에는 정말 많은 의미가 숨어있다.

우리가 보통 생각하는 '앞에서'는 누구 앞에서인가? 바로 우리 중고등부 친구들 앞에서이다. 교회마다 다르지만 우리(찬양팀)가 생각하는 것 보다 친구들은 훨씬 찬양을 모른다. 그래서 앞에서 인도해 줄 누군가가 필요하다. 그런데 찬양은 누구에게 하는것인가? 바로 하나님이다. 그래서 그 '앞에서'의 의미는 사실 '하나님 앞에서'의 의미가 더욱 강하다.

즉, 우리 중고등부의 대표, 예배의 선봉자로서 하나님께 찬양하며 회중에게도 함께 찬양을 하도록 인도하는 일종의 다리 역할을 하게 되는 것이다. 그러니까 정말 중요한 역할이다. 맡게 되는 분야의 전문성을 위한 노력도 해야한다. 그래서 요약하자면

① 나 먼저 하나님 '앞'에 진실한 예배자 되기

② 회중 '앞'에서 모범이 되며 하나님 '앞'으로 잘 인도하기.

나중에 태도 부분에서도 다룰 것이지만 그래서 우리의 평소 태도가 중요하다. '뭐? 재가 찬양팀이야? 헐...' 최소한 이러한 반응이 있다면 그 친구에게는 찬양이 은혜롭게 다가가지 않을 수도 있다.

더욱 아름다운 찬양을 위해

앞 두 가지에 이어 그 다음 순서가 있다. 나의 찬양은 제자리에 머물러 있어서는 안 된다는 것이다. 수 많은 시편이 하나님을 노래 할 때 '더욱 아름다운 노래, 공교히(skillful 시 33:3) 노래 하라'고 외치고 있다. 찬양을 하는 것은 분명한 은사이다. 예전부터 내가 노력하지 않아도 남보다 잘 해온 것, 사실 그 모든 것이 하나님의 선물인데,

그 선물을 갈고 닦아서 더 발전시키는 것도 중요하다. 초등학생이 부르는 찬양과 청소년이 부르는 찬양, 청년, 전문사역자가 부르는 찬양. 일단 영성은 뒤로하더라도 노래나 악기 연주 실력은 굉장히 다름을 알 수 있을것이다. 태어날 때부터 잘하는 신동도 있지만 그 신동도 끊임 없는 연습에 어제보다 더 나은 오늘의 실력이 있다는 것을 생각한다면 가장 높으신 주님께 주님께서 주신 선물을 사용하는 우리도 더욱 그 선물 소중히 여기며 그 사용할 수 있는 기술을 더욱 늘려야 할것이다. 그래서 일단

많이 듣자.

찬양을 많이 들어보아야 찬양을 알 수 있다.

나는 찬양과 가요 중 어느 것을 더 많이 알고 있는가? 그것은 당연히 내 귀가 어디에 얼마나 노출되어 있느냐에 따라 다를 것이다. 찬양은 주일에 단 몇곡을 듣거나 부르게 되지만 일주일동안 생활하며 텔레비전, 유튜브, 거리나 학교에서 듣게 되는 노래의 양은 상대적으로 굉장히 많다. 찬양팀이라면 주중에도 의도적으로 다른 노래보다는 다양한 찬양을 많이 듣는 시도를 해야 한다.

찬양을 찾아 듣자

필자가 콘티를 디자인할 때마다 친구들에게 심심찮게 듣는 말이 있다.

"처음 보는 곡이여서 모르겠어요."

그래서 별로 그 곡을 부르고 싶어하지 않는 경우가 많다. '새 노래로 여호와를 찬양하라' 했는데 그러면 새 노래는 영원히 부르지 않겠다는 뜻인가? 아니다. 배울 기회가 없었을 뿐이다.

요즘은 스마트폰에서도 많은 찬양을 검색해서 들을 수가 있다.

그런데 단점은, 대부분 찾아도 듣게 되는 곡이 차트 맨 위의 곡들. 어디서나 불러봤던 곡들. 라디오를 들어봐도 알겠지만 어제나 그제나 똑같이 신청하는 그런 유명한 곡들. 분명 은혜가 되지만 나도 모르게 편식을 하게 되는 결과를 가져온다.

그래서 일단 집에서 가까운 기독교백화점을 가보는 것을 권한다. 그리고 음반이 꽂혀져 있는 곳으로 가서 아무음반이나 꺼내서 수록곡들을 보고. 궁금한 곡은 검색을 해서 찾아보거나 계속 듣고 싶다면 왠만하면 구입하는 것을 권장한다. 예배찬양곡이 아닌 CCM은 개인의 다양한 스토리가 담겨있는 경우가 많아서 음반 전체를 들으면 만나게 되는 신세계를 접할 수 있다.

가사를 써보자

기존의 좋아하는 찬양의 가사를 조금씩 바꿔보자.

예를 들면 우리 예배가 오후 시간인데 '아침에 주의 인자하심을~' 이라는 곡을 부른다면...

당연히 그 '아침에'라는 단어를 '이 시간 주의 인자하심을~' 이렇게 바꾸면 우리의 찬양이 더 자연스러워질것이다. 그러면 그 찬양은 누군가 만들어 놓은 찬양을 그대로 부르는 것이 아니라 나의 찬양, 특별한 시간과 공간에서 드리는 우리 공동체의 찬양이 되는 것이다.

찬양관련 특강, 세미나

광고나 검색을 통해서 정말 다양한 특강과 세미나를 찾을 수 있다. 물론 무료 세미나도 많지만 몇 주 과정으로 진행되는 유료 강의는 정말 살이 되고 피가 된다. 당연히 등록금이 저렴하지 않은 것도 많다. 하지만 이것 한 번 생각해보자. 나의 지출 중, 날 위해 투자되는 지출이 어떤 어떤 것들이 있는지. 요즘엔 갓피플을 포함해서 페이스 북등 SNS에서 굉장히 많은 홍보가 이뤄지고 있으니 꼭 찾아보자. 보컬, 건반, 기타, 드럼, 엔지니어링... 정말 무지무지 많은 종류가 있다.

4. 찬양팀 운영의 실제

모두가 찬양 인도자

대부분 '찬양인도자' 하면 머릿속에 대략적으로 그려지는 이미지가 있을 것이다.

통기타를 잘 치며 인도를 하는 교회 오빠나, 건반을 연주하며 인도하는 멋있는 누나들. 보통 찬양인도를 맡게 되는 사람들은 찬양을 오래 한 선생님이거나 전도사님 목사님, 혹은 청년 교사가 많다. 물론 친구들 중에서도 잘 인도하는 경우도 있지만 '내'가 한 교회에서 한 중고등부에 출석할 때 만나게 되는 우리교회 찬양인도자는 사실 그리 많지 않다. 한 번 찬양인도를 맡은 사람이 내년에도, 그 후년에도 계속 하기 때문이다.

하지만 찬양팀은 '팀'이다. 함께 찬양에 대한 같은 마인드를 공유하며 같은 내용으로 찬양의 고백을 한다. 사실 가운데로만 서지 않았지 이미 반주를 하는 학생들이나 마이크를 잡는 학생들도 앉아있는 회중에 입장에서는 함께 찬양을 인도하는 '인도자'이다.

급작스러운 일로 찬양인도자가 예배에 참석을 못하게 되었다고 하자. 그렇다고 이미 하나님께서 좌정하신 예배의 자리에, 그것도 우리가 준비한 찬양을 생략할 수 없는 것이다. 그렇다면 이제 누가 인도할까? 다 같이 인도하면 되는것이다. 그 중의 한 명이 미리 가사 첫 마디를 불러주고, 후렴을 반복할거면 미리 후렴 를 불러주면 기본적인 인도는 가능한 것이다.

물론 갑자기 그 역할을 맡게 되면 당황할 수도 있다. 그래서 필자가 제안하는 것은 연초에 계획을 세울 때 찬양팀 활동을 지속하면서, 그것이 익숙하게 될 쯤인 연말에 한 달에 한 주 정도는 서로 돌아가며 찬양인도를 해 보는 것이다. 그러니까 어쩌면 6개월 이상의 준비기간을 가질 수 있는 것이다. 예를 들면,

월	9월	10월	11월	12월
1주	원래 인도자	원래 인도자	원래 인도자	원래 인도자
2주	원래 인도자	원래 인도자	김준혁	원래 인도자
3주	원래 인도자	하헌철	원래 인도자	이새롬
4주	안정훈	원래 인도자	원래 인도자	원래 인도자

이렇게 미리 순번을 정해서 한 달에 한 번은 꼭 팀원들이 돌아가며 인도를 해 볼 수 있도록 계획을 짜면 찬양팀의 수준은 정말 더욱 업그레이드 될 수 있을것이다. 미리 정해 놓으면 미리 준비를 할 수 있다. 그래서 항상 '준비된' 자세가 중요하다.

콘티의 구성, 저작권

그렇다면 이번엔 콘티의 구성을 보자.

사실 풍부하고 깊은 예배를 단순히 정의하는 것은 어렵다. 그러나 찬양에 있어서 이 두가지는 꼭 담아내면 좋겠다.

① 하나님께 드리는 예배의 요소 중 하나가 찬양이다.

② 찬양은 남의 고백이 아닌 나의 고백이다.

이 기본적인 생각 위에 콘티를 작성하는 것이다.

많은 예배가 성경을 근거로 디자인 되었다. 쉽게 말하면 예배 순서 같은 것들. 구약의 제사(모세 오경)나 이사야의 환상(이사야 6장) 등 여러 가지 모델이 있다. 꼭 그렇게 지켜야 하느냐? 라는 질문에 대해서는 당연히 얼마든지 자유롭게 콘티를 디자인 해도 된다. 이미 예수님께서 십자가에서 인류의 모든 구속을 완료하셨으므로 우리는 기본적으로 찬송의 제사(구원의 감격에 의한 찬양, 그 은혜에 의한 찬양, 히브리서 13장)를 드리면 된다. 그래서 콘티의 구성에 있어서 필자는 다음의 몇 가지 방법을 추천한다.

주일예배 콘티

'주일' 은 모든 일상의 끝이자 다시 시작하는 기점이다. 그래서 일주일의 제일 첫 날이자, 제 8일이라고도 표현한다. 주일에 드리는 예배에는 많은 의미가 있지만 일단 이것을 기억하자. 한 주 동안의 은혜와 또 새롭게 시작하는 한 주에 대한 감사와 결단을 포함하여 예수님께서 부활 하신 날, 주일의 주인이신 주님을 높이는 찬양이 되어야겠다.

그래서 찬양 콘티에는 왕 되신 예수 그리스도를 높이는 내용이 가장 포인트가 되어야한다. 사실 "예수님을 찬양합니다."라는 내용의 찬양이면 아무 문제가 없다. 그러나 조금더 구성된 예배를 위해서라면 콘티를 유기적으로 연결한 하나의 긴 이야기로 디자인하면 된다. 즉 찬양들을 몇 개의 노래로 이어진 것이 하나의 거대한 스토리로 볼 수 있는 것이다.

◎ 콘티의 초반부[27)]

주님의 임재에 관한 내용, 예배하는 우리가 성소에 모였다는 내용 등

예) '임재(하늘의 문을 여소서)', '예수 우리 왕이여',
'주의 이름 안에서 주의 성소로 가네'

등 모든 공동체가 예배의 자리에 나옴을 고백하고 임재하신 하나님을 노래한다.

예배에 익숙한 공동체라면 느린 곡에서부터 시작해서 빠르게 다음 곡으로 연결되는 루트가 좋고, 예배에 음악적인 기술이 가미되어야 자연스러운 찬양이 가능한 경우는 처음부터 경쾌한 곡으로 시작 되어도 좋다.

◎ 콘티의 중반부

본격적인 찬양의 시간이다. 주님을 높이는 내용의 찬양은 많이 찾을 수 있다. '왕 되신 주께 감사하세', '찬양하세', '손을 높이 들고', '만세반석(주님 같은 반석은 없도다)' 등. 초반을 느리게 시작하든, 빠르게 시작하든, 이 부분은 빠르고 경쾌한 찬양이 배열되면 연결에 자연스럽다.

◎ 콘티의 후반부

이제 전체 예배에 대한 부분으로 더욱 깊숙이 들어가는 내용이면 좋다. 주님을 인정하며 결단과 고백의 내용이 이어지는 것도 자연

27) 엄밀히 말하여 찬양과 경배는 같은 의미가 아니지만 이 책에서는 구분하지 않겠다.

스럽다. 사실 각 교회 예배 순서에 따라 결단의 내용은 봉헌이나 설교 후, 전체 예배 마지막에서 노래하는 것도 자연스럽지만 스토리를 가진 찬양콘티를 마무리 한다는 점을 생각한다면 무엇인가 '이 이야기를 마무리 한다.'의 느낌이 오면 좋다. 예를 들면 '나는 예배자' 입니다. '주께 가오니' 등. 찬양인도자가 이러한 예배 철학을 가지고 한 주 한 주 콘티를 만든다면 모든 공동체가 하나님께 함께 고백하는 은혜로운 찬양이 계속해서 이어질 수 있을것이다. 그렇다면 위에서 이야기한 콘티를 한 번 이어보도록 하자.

Song List	내용 해설	음악적 적용, 효과
1. 하늘의 문을 여소서 (A)	하늘의 문을 여시고 이곳에 임재하여서 우리의 예배를 받아주소서	'하늘의 문을 여소서'를 부르고 다음 곡인..
2. 예수 우리 왕이여 (A)	동일한 내용. 하지만 후반부에 주님을 찬양하겠다는 강한 의지가 담겨있으니 이 자리에 좌정해주소서 라는 메시지	예수 우리 왕이여'의 후렴 부분으로 이어진다. '~오직 주의 이름만 이곳에 있습니다 → 주님을 찬양 하오니' 그렇게 인도자 재량에 따라 후렴(Chorus)와 앞부분(Verse)을 반복.
3. 찬양하세(A) 4. 만세반석(A)	이곳에 오신 주님께 우리가 찬양합니다. 주님은 굳건한 분이십니다.를 고백	앞 두 곡이 느린 곡이었으므로 완전히 끝나고 빠른 두 곡으로 시작하든지, 아니면 '좌정하사 다스리소서 → (느리게)찬양 받기에 합당하신 주님'으로 이어지고 Verse로 돌아올 때 다시 빠르게 시작하는 방법

5. 주께 가오니(A)	그러한 주님께 더욱 가까이 가고자하오니 나를 새롭게 하소서.	이제 빠른 곡이 끝나고 어느 정도 정돈된 분위기의 곡으로 마무리

다시 강조하지만 콘티에서 가장 중요한 것은 주님을 찬양하는 시간에는 반드시 가사의 내용이 '주님을 찬양합니다'가 되어야 한다는 것이다. 예배가 시작되었는데 뜬금없이 서로를 축복하자며 축복의 노래 종류를 부르는 것은 전체 흐름상 어색할 수밖에 없다. 마지막으로 한 가지 팁을 더한다면 매주 곡을 바꾸는 것 보다는 한 두곡 정도는 이전 주일에 불렀던 곡으로 배열하는 것도 찬양이 익숙하지 않은 친구들을 위하여는 더 좋을것이다. 찬양팀이야 워낙 많은 곡을 알고 있지만 앉아 있는 친구들은 매주 '처음 듣고, 처음 불러보는' 찬양일 수 있으니 말이다. 그래서 5곡 기준이라면 4곡 정도는 많이 익숙한 찬양, 그 중에서도 한 두곡 정도는 지난주에 했던 찬양, 그리고 한 곡 정도는 새로운 찬양을 넣으면 그 다음 주에 콘티를 짜기에도 부담이 덜 되고 매주 찬양이 이어지는 느낌이 든다. 마지막으로 한 가지 더. 청소년기는 대부분 변성기가 오는 시기이고 여학생의 경우는 남학생보다 목소리의 음역대가 좁다. 더구나 아침 일찍 예배를 드리는 교회도 많기 때문에 적지 않은 곡들이 우리 친구들이 부르기에는 많이 높다. 따라서 Key를 어느 정도 낮춰서 부르는 것도 필요하다.

28) 황병구 외,『많은물소리WAVE』(서울: 죠이선교회; 2009), 2017번 곡

Key 낮춰서 반주하기(부르기)

ex) 찬양하세(A Key를 G Key로)[27)]

기본코드는 C, D, E, F, G, A 이다.
두 Key(한 Key)[29)]를 낮출 경우 위 코드에서 한 칸씩만 왼쪽으로 가면 된다. 가령 A→G, G→F, F→E(F 의 경우 두 키를 낮추면 E^b이 되므로 반주 하기 쉽게 한 Key만 낮춘다.)의 방법으로 진행한다. 이 때 기본코드 뒤에 붙는 m(minor), 7 등은 그대로 따라 붙인다. (E^7→D^7, Bm→Am)

특별예배와 특송

주일 예배 외에도 예배가 많다. 예를 들면 특별한 목적을 가진 예배의 주제가 선교라면 당연히 선교적인 내용의 가사 '주님이 주신 땅으로', '사망의 그늘에 앉아'가, 사순절, 부활절에는 유월절 어린 양되신 주님을 노래하는 내용 '유월절 어린양의 피로, 비아 돌로로사' 등을 부르면 자연스럽다.

예배 중간에 특송이 있다면 '특송 때 어떤 노래를 부를까? ' 보다는 '특송을 왜 할까? '를 먼저 생각하면 좋겠다. 해당 절기에 관한

29) 이론상 두 Key가 맞는 표현이지만 실제 반주에서는 알파벳 하나 차이를 한 Key라 표현하는 이들이 많다.

노래도 좋고 설교자로부터 설교 주제를 알 수 있다면 설교 내용과 비슷한 내용의 곡도 좋다. 아니면 그 공동체의 목표나 특성을 담은 곡으로 선정해도 의미가 있다.

그 외에도 각 교회 예배 구성에 따라 기도송, 응답송, 결단의 노래, 파송 등 여러 가지가 있을 수 있는데 가장 중요한건 '가사'의 내용이 무엇인가? 를 항상 생각하고 곡을 선택하는 것이다.

수련회(캠프)

교회 교육에는 '2 VS 166' 란 표현이 있다. 일주일이 168시간이다. 그에 비해 우리가 주일 예배 드리는 날은 고작 1~2시간 남짓이 안 되는 교회가 많다. 요즘은 더더욱 한 시간 안으로 예배드리는 경우가 많다. 그 짧은 시간에 찬양, 설교, 공과 공부 등의 반별 모임... 이 모두 들어가 있는데 사실 그 짧은 시간에 찬양팀이 원하는 만큼의 찬양을 모두 담아낼 수 있을지는 모르겠다. 이 부분에서는 아쉬운 친구들이 많을 것이다. 하지만 좋은 기회가 있다.

수련회(캠프)! 수련회는 무엇인가 집중해서 진행하기에 참 좋은 시간이다. 그리고 그 기간에 많은 은혜를 받아서 그 때부터 교회에 열심히 출석하고 이런저런 활동을 많이 하는 친구들도 있다. 당연히 말씀과 기도에 큰 영향을 받지만 무엇보다 많은 찬양을 익힐 수 있는 좋은 시간이된다.

그럼 수련회 찬양 콘티! 어떻게 디자인할까?

시간	07/27 (목)	07/28 (금)	07/29 (토)
6:00~7:00		기상 미션 아침	조금 더 자자 (아침 침묵여행)
7:00~8:00			
8:00~9:00		다메섹 도상에서 (변화 - 비블리오 드라마)	
9:00~10:00			
10:00~11:00	10:00시 교회 출발	Missions in the Water	든든한 성벽 완성하기 (공동체 활동 및 닫는 예배)
11:00~12:00			
12:00~1:00			집으로
1:00~2:00	성벽 건축장 도착		
2:00~3:00	인부들의 함성 (여는 예배)		
3:00~4:00	모난 돌 던져내기 (레크레이션)		
4:00~5:00			
5:00~6:00	우리들의 출장 뷔페		
6:00~7:00		바비큐 파티	
7:00~8:00 7:00~8:00	성벽 건축 준비 (내면 여행)	새로운 성벽을 바라보며 (인생극장)	
8:00~9:00			
9:00~10:00	하나님과의 만남 (저녁 집회)	하나님과의 만남 (저녁 집회)	
10:00~11:00			
11:00~12:00	교제 내일을 위한 쉼		
12:00~		모닥불 데이트	

◎ 수련회 주제 생각하기

가장 큰 틀은 수련회 주제이다. 수련회 모든 프로그램 하나하나는 그 수련회의 주제에 맞도록 모두 의미를 갖고 있고 또한 그렇게 흘러가는 가운데 찬양도 빠질 수 없다. 그래서 대부분 주제곡은 담당목사님, 전도사님께서 정해주시는 경우가 많다. 적지 않은 찬양 시간이 있을 텐데 꼭 '모든 순서에 주제곡이 들어가야 한다.'라는 법칙은 없지만 되도록 주제에서 크게 벗어나지 않게 콘티를 짜면 완성도가 높아진다. 그래서 무엇보다 담당 교역자와 끊임없는 소통이 중요하다. 위에 예시 된 2박 3일 일정의 기준으로 여는 예배, 저녁 집회, 기도회, 닫는 예배 순으로 나눠서 이야기 해보자. 중간 중간 필자가 실제 수련회기간 디자인 한 콘티를 소개한다.

◎ 여는 예배

수련회의 시작을 알리는 예배이다. 주일 예배의 개념보다는 특별 예배의 개념이 더 강하다. 그래서 시간을 구분하여 수련회에 온 것을 환영한다는 의미로 서로를 축복하는 노래로 시작해도 좋다. 찬양팀으로서, 어떤 면에서는 주최측으로서 회중들로 하여금 기

여는 예배 Song List	내용 해설	음악적 적용, 효과
1. Come, 주께 경배 드리세(E)	모두 모여 주님을 찬양하자.	되도록 여는 예배 찬양은 대부분 익숙한 찬양들로 구성 하는 것이 좋다.
2. 주 예수의 이름 높이세(G) 3. 생명 주께 있네(G)	함께 주님을 찬양하는 내용. 모든 순서에서도 주님이 영광 받으소서.	두 곡을 이어서 부름. 그래서 같은 Key의 곡을 배열.
4. 주님 큰 영광 받으소서(G)	이 때 주제가 주님께 집중하고 열정을 갖자는 내용이었다. 그래서 마지막 곡은 주님이 홀로 영광과 찬양을 받으시라는 내용의 찬양을 선곡하였다.	차분히 정리하는 분위기의 음악으로 끝부분 반주에 맞춰서 기도하거나 설교자의 말씀으로 이어지는 디자인.

대하는 마음을 갖게 하려면 어떤 곡들이 좋을까? 경쾌한 곡, 기대감이 넘치는 곡, 기쁨의 내용이 주로 들어간 곡들. 예를 들면 '이 날은 주가 지으신 날' 등 그 날을 축복하며 그 내용이 예배로 연결되면 굉장히 완성도가 높은 콘티가 된다. 한 마디로 '수련회에 온 것을 환영한다', 또 '열심히 참여하겠다' 결단하게 하고 그 결단이 예배로 연결되게 하는 배열이 좋다. 여기에 한 가지 팁을 더 한다면 주일 예배 콘티와 마찬가지로 매 찬양시간마다 적어도 한 곡 이상은 겹치기 출연 방법을 사용하는 것이다.

◎ 저녁 집회

목사님과 전도사님의 말씀과 더불어 수련회의 꽃이라 말 할 수 있는 저녁 집회. 보통 기도회로 많이 이어지지만 찬양팀의 입장에서 저녁집회(초반 찬양)과 기도회를 나누어서 설명해보겠다.

저녁 집회는 보통 오후활동이 끝나고 저녁먹고 진행이 된다. 사실 굉장히 어수선한 시간이 될 수가 있다. 활동 후 조금 친해진 친구들, 일찍 피곤함을 느끼는 친구들, 선생님들은 저녁 정리를 하시는 등, 이 짧은 쉬는 시간에 너무나도 많은 일이 일어난다. 이때 찬양팀의 역할이 무지무지 중요하다. '우리 이제 찬양합시다.'로 시작 할 수도 있지만 모든 것은 분위기이다. 굳이 말로 하지 않아도 저절로 예배의 시작을 알릴 수 있는 방법이 무엇이 있을까?

바로 전주를 이용하는 방법이 있다.

저녁집회 Song List 01 빠른 스타일의 곡으로 시작하는 경우	내용 해설	음악적 적용, 효과
1. 내 마음 다해(A)	지금 이 시간 내 마음을 다해서 주님을 찬양하겠으니 주님의 성령의 불길 속에 내가 들어가겠습니다.	이 곡은 보통 단순한 8비트의 곡보다는 악기의 기교가 많이 들어갈 수 있는 곡이라 회중이 더 쉽게 집중할 수 있는 음악적 효과를 기대할 수 있다.
2. 예수 나의 첫 사랑 되시네(A)	나의 마인드를 '주님'으로 리셋하기. 첫 사랑의 고백	본템포가 본격적으로 빨라지고 이후 곡들은 한 곡 한 곡 끝나는 것이 아니라 얼마든지 연결 할 수 있는 가능성을 둔다.
3. 전능하신 하나님(C) →(A)Key로	그러한 하나님을 더욱 높이는 시간.	C Key 의 곡이지만 대부분 높아서 A Key로도 많이 부른다. 그렇게 반주하면 2,3,4 번이 모두 연결 될 수 있다.
4. 주 발 앞에 나 엎드려(A)	그리고 오직 예수님 밖에 없다는 고백	굳이 2,3,4 번 곡 중 뽑으라면 빠른 찬양 중 하이라이트가 될 수 있는 찬양이다. 특히 Chorus 부분의 '오직, 예수'부분은 모든 이의 마음을 하나로 묶어줄 수 있는 좋은 부분이다.
5. 하나님께서 세상을 사랑하사(C)	영원히 하나님을 찬양함을 고백하면서 나를 위해 오신 독생자 예수 그리스도를 믿는 다는 결단.	이 곡은 나누어 질 수 있는 부분이 많다. Verse 1,2,3,4, Chours부분도 나누는 사람에 따라 1,2로 나눌 수 있고, 중간 부분을 Bridge로 생각하는 사람도 있고, 그만큼 이 한 곡 만으로도 무한히 반복할 수 있다. 첫째날 저녁집회라면 많은 곡으로 마음이 분산되는 것보다 오히려 한 곡을 지루하지 않게 많이 부를 수 있는 장점이 있다.

친구들은 저녁먹고 서로 놀고 있는데 갑자기 찬양팀원들이 한 둘씩 모이더니 손잡고 기도하고 분위기를 잡는다. 각자의 자리에 위치하고 인도자는 가운데 서서 눈을 감고 계속 기도를한다. 어느 때 부터인지 모르게 반주자가 반주를 하기 시작하면 사람들이 한 둘씩 '이제 찬양하나보다' 라고 모이기 시작한다. 물론 시간표에도 나와 있듯이, 이때쯤이면 선생님들께서도 어서 자리에 가라고 말씀하실것이다. 이때 찬양인도자는 두 가지 방법으로 찬양을 시작할 수 있다. 굉장히 빠르고 경쾌한 곡으로 시작할 것인가, 아니면 조용히 전주가 흘러나오는 가운데 멘트 없이 자연스럽게 찬양으로 들어갈 것인가.

전자의 경우는 모든 사람들이 예배를 드릴 준비가 되어 있을 때, 즉 모든 이가 인도자의 멘트에 집중할 수 있는 상황일 때 적절하다. 그래서 '여러분 저녁 잘 먹었습니까? ', '오늘 활동 어땠습니까? ' 등의 멘트로 시작하여 '이제 우리 기쁘게 주님을 찬양합시다.' 하며 동원할 수 있는 악기를 총 동원하여 시작하는 방법이다.

후자의 경우는 사실 더 고수스러운 인도라 할 수 있다. 굳이 말을 하지 않아도 예배에 흘러 들어올 수 있게 하는 방법. 잔잔한 전주 가운데 첫 곡을 시작하는 것이다.

두 가지 방법 모두 찬양으로 이끄는데 무리가 없다면 다른 경우와 마찬가지로 찬양을 할 텐데 이때는 부담 없이 많은 곡을 불러서 친구들이 충분히 찬양에 젖어들게 하는 것이 좋다. 이미 무엇인가

갖춰진 분위기 때문에 평소에 부르지 않던 친구들도 부르려고 하는 모습이 보일 것이다. 또한 빠른 곡이 끝나고 조금 느린곡을 부를 순서에도 주일예배보다는 조금 더 많은 곡을 넣어서 이제는 '예배에 최선을 다 하겠다.'라는 느낌이 들도록 하면 정말 좋다. 물론 마지막은 기도로 연결되는 것이 자연스럽다. 잔잔히 끝나든 기도로 끝나든 인도자의 재량에 맡겨보자.

◎ 설교 후 기도회

설교 전 찬양시 중간중간 기도의 시간을 갖을 수도 있지만 저녁설교 후 기도회를 하는 것이 더 자연스러울 수 있다. 바로 반주에 맞춰서 기도를 하거나 여기에서 몇 곡을 부르고 기도할 경우가 있고, 한 곡 부르고 기도하고 또 한 곡 부르고 기도하고...할 때도

기도회 Song List 기도의 주된 주제가 '회개'인 경우	내용 해설	음악적 적용, 효과
1. 보소서 주님(G)	내가 지금 것 주님과의 기도가 없었음을 회개, 또한 나 자신만을 위한 기도를 회개. 오직 주님 주시는 마음으로 기도하겠다는 다짐.	기도회는 하나의 흐름을 갖고 이어지므로 반주가 멈추면 기도도 끊어지는 느낌이 들기 마련이다. 그래서 되도록 같은 Key의 곡으로 계속 부르는 것이 좋다.
2. 보혈을 지나(G)	모든 것을 용서하시는 주님의 보혈을 노래. 당연히 이 노래 후에는 회개와 간구로 이루어진 기도가 이어지면 좋다.	1, 2번 곡 모두 같은 Key의 느린 곡이기 때문에 인도자의 싸인에 따라 바로 곡을 바꿀 수 있다.

3. 주님은 산 같아서(A)	이 모든 것을 품으시는 주님을 노래. 마지막 결단의 기도로 이어지는 구도.	2번과 3번 곡 사이에 기도 내용에 따라 더 많은 곡을 넣을 수 있다. 노래 마지막 부분은 '영원히'라는 부분으로 끝나기 때문에 '이 기도는 영원하다.'라는 암묵적 메시지도 포함 시켰다.

있고 방법은 여러 가지다. 어떤 경우이든 이때는 기도회 인도자와 호흡을 맞추는 것이 중요하므로 미리 기도해 때 부를 곡들을 상의해보는 것이 좋다. 우리가 부르는 곡도 기도의 내용과 상충되어야 하니 기도를 어떠한 방향으로 준비하는가는 기도 인도자의 방향이 우선이라는 것을 알아두자.

닫는 예배 Song List	내용 해설	음악적 적용
1. 아침에 주의 인자하심을(G)	전날 밤을 꼬박 새서 많이 졸린 시간이지만 오히려 매일 성실하신 주님을 찬양	잔잔한 분위기의 곡으로 시작. (짧은 곡을 여러번 반복해도 좋다)
2. 주 이름 찬양(A)→(G)	지난 3일간을 생각하며 은혜를 베푸신 주님을 찬양	아침이기 때문에 한 Key 낮춤. 잠을 깨우는 역할도 중요하다. 예배이므로.
3. 주님 큰 영광 받으소서	그래서 우리의 삶을 통해서 큰 영광 받으소서라는 고백	첫째 날과 둘째 날에 불렀던 찬양을 되풀이 하므로 예배의 연속성이 있음을 암시.
4. 나는 예배자입니다. (F) →(E)	일상으로 돌아갈 때에 나는 예배자의 삶을 살겠다고 고백하며 마무리.	마지막 곡은 설교 후 한 번 더 불러도 좋다. 보통 주제곡을 마지막으로 부르기도 한다.

◎ 닫는 예배

닫는 예배는 그동안 진행되었던 수련회의 모든 것을 정리하는 예배이다. 동시에 다시 삶 가운데로 돌아가기 때문에 '새상' 으로의 파송과 결단의 의미도 들어가 있다. 닫는 예배가 보통 점심 전에 진행이 되면 찬양팀이나 친구들의 목소리도 많이 피로하고 잠겼을 가능성이 높아서 이때는 Key를 하나 정도 낮춰서 부르는 것이 좋다.

저작권

우리는 본의 아니게 창작물에 대한 저작권을 지키지 않는다. 교회에서도 그렇다. 사실 저작권에 관해서 잘 알지 못해서 그렇다. 요즘은 악보도 구입하지 않고 인터넷으로 악보 이미지를 다운로드 하여 사용한다. 또한 mp3 파일도 자유롭게 다운로드 한다. 하지만 우리가 자연스럽게 생각해왔던 것 중 저작권 법에 저촉이 되는 경우가 적지 않다.

예를 들어 원칙적으로라면 우리가 주일 예배때 찬양을 5곡 부를 때에는, 그 곡을 만든 창작자나 음반사에게 5곡에 해당하는 그 사용료를 지불해야한다. '아니? 교회에서 찬양을 하는데 그것을 돈을 내고 부르라고?' 뜬금 없는 소리일 수 있지만 그것이 저작권법으로 창작자와 창작물을 보호하는 것이다. 그 곡들 모두 우리가 하나님께 찬양을 할 수 있도록 창작자들이 땀을 흘려가며 만든 곡이다. 사실 그래봐야 교회 인원수에 비례해서 회원수로 가입 및 운영이 되고 하루에 몇 백원

정도의 아주 적은 금액이 지불되게 되어 있다. 우리가 노래방에 가서 몇 시간 동안 몇 만원을 내면서 부르는 것보다 상대도 안 되게 저렴한 것이다. 쉽게 설명하자면, 하나님을 찬양하는데 누군가가 만든 곡을 이용하는 것이므로 그에 대한 이용료를 지불한다고 생각하면 된다.

실제로 최근 여러 교회에서도 한글이나 마이크로소프트 프로그램, 각종 폰트들을 유료로 구입해서 사용하는 추세이다. 무료로 복사판 사용하다가 저작권법에 걸리기라도 하면 어마어마한 금액을 지불해야 하기 때문이지만 선한 목적으로 만든 찬양은 그러한 '불심검문'은 하지 않을지라도 우리는 무조건 하나님의 뜻대로 정직한 삶을 사는 것이 교회, 특히 찬양팀 마인드의 기본자세라고 생각한다.

또한 찬양팀 전용 악보나 개인 악보를 구입해서 사용하기를 바라며 필요한 음원은 반드시 음반을 구입하거나 유료 음원사이트에서 다운로드 받을 것을 권한다. 조금 엄격하신 분은 하나님을 찬양하는데 있어서 도둑질 한 것(무료 복사, 다운로드 등)을 사용하지 말라고 하시는데 필자도 그 의견에는 어느 정도 동의를 한다. 그렇게 구입한 악보집이 내 방에, 내 손 가까운 곳에 있으면 사실 나는 더욱 많은 찬양을 풍성히 접할 기회를 얻게 되는 것이니 아까워하지 말자. 많은 친구들에게 이러한 법이 조금은 낯설고 어려울 것이다. 그래서 다음 사이트를 소개한다.[30]

---

30) https://kr.ccli.com/

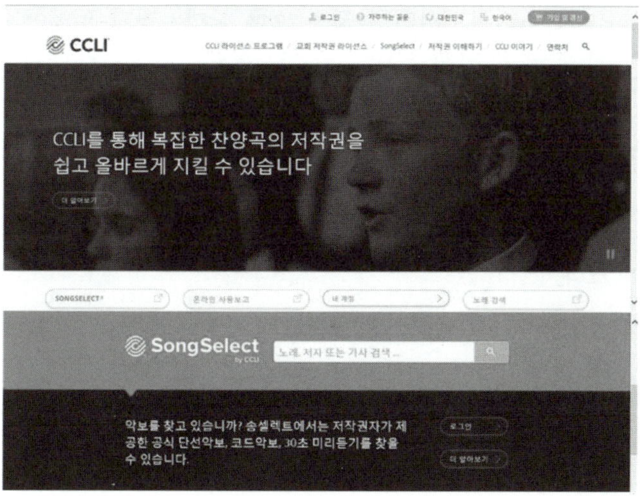

소개와 가입방법은 https://kr.ccli.com/ 참조

이건 교회적인 차원에서 가입을 해야해서 꼭 전도사님, 목사님께 여쭤보자!!

찬양팀 운영

그럼 이쯤에서 찬양팀 운영에 관해 조금 이야기를 해보자. 우선 찬양 인도자, 혹은 찬양팀 리더는 참으로 대단해 보이는 역할이 아닐 수 없다. 일일이 모든 악기를 신경 쓰며 또 회중의 반응에도 예민하고 동시에 몇 번 쯤 곡을 반복하다가 끝내야 할지.. 신경을 써야 할 부분이 굉장히 많다. 물론 처음 맡게 되면 그러한 상황들 때문에 내가 노래를 했는지 인도를 했는지 어느 순간 연습 했던 콘티를 다 부르게 되고 다음 순서로 넘어간 일이 많을 것이다.

찬양인도가 자연스러워지려면 어떻게 해야 할까? 정답은 많이 해보는 것이다. 풍부한 경험만큼 좋은 연습도 없다. 그런데 실제 예배에서와 그냥 콘티를 구성하며 불러 볼 때랑 차이점이 느껴지는 이유는 뭘까? 회중이 있고 없고? 그보다는 실제 예배와 연습 때를 구분하는 이유가 크다.

연습(X) -> 모임(O)에 관해서

찬양인도자를 포함해서 찬양팀 모두에게 가장 좋은 것은 연습 또한 실제 예배처럼 모이는 것이다. 그래서 이러한 마인드를 가지도록 하자. 요일은 달라도 찬양을 위해 연습하러 모이는 시간이 있을 것인데, 어떤 교회는 주일 예배 직후, 아니면 주중이나 토요일 등 다양할 것이다. 어찌 되었건 그 모임을 '연습'이라 하지 말고 찬양팀 만의 '예배'라고 생각해보자. 그러니까 '연습'이라는 용어 대신에 '모임', 이나 '예배'를 사용하는 것이다.

당연히 모임시간은 고정적으로 정해놓고 하는 경우가 좋다. 물론 기존 찬양팀원 100%가 공통된 시간을 맞추기는 어려울것이다. 하지만 어떻게든 시간이 정해지면 그 시간은 팀원 모두가 '목숨'을 걸고 지키기를 바란다. 다시 한 번 강조한다. 그 모임시간 만큼은 '목숨'을 걸고 지키길 바란다. 물론 예외적인 상황도 발생한다. 그래서 그 '예외' 상황의 리스트를 서로 만들고 지키면 좋다. 예를 들면 이런 일들이 있다.

① 결혼이나 장례식 같은 경조사(축하해주고 위로해줘야 할 일이므로 이 경우에는 적극적으로 참여하자).

② 중요한 시험(자격증, 국가 인증 등 그 날 아니면 평생 못 볼 시험들)

③ 병원예약이나 중대한 약속이 아닌 것들은 되도록 모임이 없는 날로 예약을 잡으면 정말 굳.

하지만 우리나라 청소년들에게 다음의 경우는 무지 어렵고 부모님과의 마찰이 큰 부분이다. 그것은 바로 '학원' 이다. 많은 찬양팀이 학원 시간 때문에 모임시간을 변경하고, 누구에게 기준을 맞추고 또 누구에게 기준을 맞추고… 그렇게 변경하다가 결국 모임시간에 대한 우선순위가 완전히 무너져버린 경우를 굉장히 많이 경험하였다. 그래서 이것 만큼은 결단하면 좋겠다. 거룩한 주일 예배를 준비하기 위한 찬양팀의 예배 모임이 평일이든 주말이든 학원에 밀려서는 안 된다고 말이다. 필자는 학원을 포기할 수 없다면 찬양팀에서 활동하는 것을 내려놓아야 한다는 조금 강한 주장을 한다. 무엇보다 주님께 우선순위를 두는 것이 맞지만 생각해보면 다음과 같다. 찬양팀 구성원이 모두 같은 학원에 다니는 경우는 드물다. 그래서 모임 시간을 먼저 고정하고 거기에 맞게 학원스케줄을 조절하는 것이 더 바람직하며, 실제로 오랜 기간 동안 그렇게 운영해온 찬양팀이 더 끈끈하고 팀이 오래도록 잘 유지되었다.

이렇게 모든 모임은 주님과 함께 하는 자리이므로 꼭 약속들, 팀 안에 세워진 규칙을 철저히 지키고 매 모임을 주님께 드리는 '예배'라고 생각할 것. 기도로 시작해서 기도로 마무리 되는 이 모임이 정착되면 찬양팀의 영성은 눈에 띄게 깊어질 것이다.

찬양 후, 그리고 반주자

예배 전체에서 차지하는 음악의 비중은 생각보다 굉장히 높다. 그 중 대부분은 찬양팀, 그리고 반주자에게 비중이 간다. 그래서 사실 예배 시작이든 중간이든 찬양팀의 찬양시간이 끝났다고 찬양팀의 역할이 모두 끝난 것은 아니다. 찬양팀은 끝까지 하나님을 향한 예배자이자 또한 회중을 위한 중보자가 되어야한다. 물론 열정적으로 찬양하면 힘이 들어서 물을 마시러 뒤로 나가거나, 화장실을 다녀오거나, 더운 여름이면 바람을 쐬러 나갔다 올 수도 있다. 그러나 그러한 모습도 회중 앞에서는 긍정적이든, 부정적이든 하나의 '교육'적인 효과가 될 수 있다는 것을 명심하자. 가장 좋은 것은 앉아서도 최대한 자리를 지키며 계속해서 적극적으로 예배하는 것이다.

그러한 분위기 가운데 반주자, 아마 건반 연주자는 예배인도자에 따라 끝까지 반주를 하는 역할을 담당한다.

반주자는 절대 셔틀이 아니다!!

보통 반주자가 한 번 건반을 맡게 되면 굉장히 긴 기간동안 반주를 하게 된다. 어떤 경우는 중고등 6년을 계속 그 자리에 앉게 되고, 그 이

후 청년부나 대학부에 진학해서도 그 임무가 이어진다. 실력도 뛰어나다 보니 계획에 없어도 인도자나 목회자가 곡을 부탁하면 척척 반주를 해 내고,,, 어떤 경우는 다른 부서에서도 봉사를 하게되고...그러다보니 '반주셔틀' 이라는 별명이 붙기도 한다.

그러나 반주자는 셔틀이 아니다. 다시 강조하지만 반주자는 누가 이래라 저래라 그대로 따라하는 셔틀이 아니라 예배를 위해 하나님 앞에 거룩한 반주를 하는 귀한 자녀이자 특권자이다. 특별히 택한 족속, 예배음악에 있어서 왕과 같은 존재. 얼마든지 예배 분위기를 거룩하게도, 활기차게도 할 수 있는 능력자. 그러니 우리 반주자들이여, 자부심을 갖자. 그리고 무엇보다 마음 속에 있는 의사표현을 확실히 하자. 인도자는 많은 채널에 곤두세워져서 세세한 소리를 못 들을 때가 많기 때문이다.

다음 장의 예시는 필자의 부서 반주자에게 반주자가 알아야 할 지침을 특별히 만들어 준 것이다. 어디까지나 특정 교회의 예시이므로 자신의 교회 사정에 맞게 변경해서 사용하면 된다.

반주자 매뉴얼

- 분당소망교회 "쉐마"찬양팀 -

1. 반주자란?
 - 단순한 건반 반주뿐만이 아닌 전체 예배의 '인도자'이다.

2. 예배 반주자의 역학
 - 성령님의 인도 속에 예배가 유연하게 흘러갈 수 있도록 항상 기도하며 임한다.

3. 고등부 예배 진행에 따른 반주

1) 전주 : 예배 5~10분 전의 시간으로 성령의 임재를 기도하며 그에 대한 내용의 음악을 연주한다. 예배당 환경에 따라서는 동일한 내용의 BGM을 틀어놓아도 무방하며 정해진 곡이 없다면 그날 찬양 콘티의 동일 내용의 해당하는 곡(주로 느린 곡) 정도로 선택하여도 된다. (우리 고등부 예배의 경우) 담당교역자가 강단에 서서 예배선포 전 예배를 위한 기도제목을 전달할 때는 음량을 조금 줄이고 전체 기도가 시작 되면 다시 음량을 키운다. 그 후 담당 교역자가 정리하며 기도로 마무리 할 때 전주를 마치면 된다.

2) 예배의 부름 후 임재송(찬양대의 입례송)
 - 하나님께서 우리를 예배로 초청하시는 부름에 대한 응답.(만복의 근원 하나님)

3) 목회(대표기도, 주기도)
 - 생략. 보통 기도에 대한 응답송이 있지만 우리 예배의 경우 바로 봉헌이 이어지므로 생략한다.

4) 봉헌 & 봉헌기도
 - 기도담당자가 기도를 마치면 담당교역자가 다시 강단에 선다. 이때 자연스럽게 봉헌곡 반주를 시작한다. 봉헌기도 담당자가 기도를 마치면 이때 전체 기도에 대한 응답송이 나오면 된다.(우리 기도를)

5) 설교 후 결단의 노래(혹은 고백의 노래)
 - 설교자의 요청에 따라 설교 후 결단 혹은 고백의 노래를 반주한다.
 - 설교 주제에 따라 곡이 달라지며 매주 있는 것은 아니다.
 - 항상 찬양팀 콘티에 공지는 된다.

6) 후주
 - 전체 예배 마침기도 후
 - '우리가 들은 말씀대로 살겠습니다.'라는 결심과 흩어지는 예배로의 파송, 축복의 의미가 있다.
 - 후주곡이 따로 없다면 그날의 콘티에서 결단이나 결심, 파송의 내용이 있다면 그 곡으로 반주해도 된다.(너는 내 아들이라)

분당소망교회 고등부 "쉐마" 찬양팀 반주자 메뉴얼

#1. 예배의 부름 후 입례송

#2. 기도(봉헌 후) 응답송

#3. 후주, 파송곡 31) 32)

31) 한국찬송가공회, 『개정개역새찬송가』. (서울: 성서원, 2007), 1번, 631번 곡.

32) 황병구 외, 『많은물소리WAVE』(서울: 죠이선교회, 2009). 5095번 곡

발성 연습은 어떻게? 또 악기 연습은?

아마 실제적으로는 이 부분이 가장 궁금할것이다. 위에서 소개한 대로 보컬 트레이닝, 악기 레슨 등 여러 가지 통로가 있는데, 그보다 먼저 생각할 것은 '예배에 대한 마인드' 임을 잊지 말자.

무엇보다 내가 무엇을 위해 노래하고 무엇을 위해 악기를 연주하는지, 그것을 가장 우선으로 생각하자. 가끔 찬양팀에 악기를 잘 하는 사람이 없어서 외부에서 사람을 초청해서 악기를 담당하게 하는 경우도 있다. 당연히 믿는 사람(음악적인 요소보다 예배가 우선이기 때문에), 예배에 방해가 되지 않고 평소 품행도 덕이 되는 사람이어야 한다. 그리고 재생산(교육의 효과까지 있는)이 되는 계기가 되면 좋겠다.

바로 모든 연습은 이 마인드서부터 시작해야한다. 내가 갈고 닦는 이것은 오직 하나님을 찬양하기 위함이라! 스스로 고백하고 결심에 결심을 해야 한다. 그런데 놀라운 것은, 하나님이 정말 도와주신다. 필자도 음악적인 기술을 늘리려고 수 년 동안 굉장히 많은 강습회, 세미나, 트레이닝에 참여했다. 아르바이트를 해서 용돈이 생기면 거의 찬양 관련 분야에 몽땅 투자를 했다. 훌륭하신 선생님, 뮤지션, 교수님들도 모두 하나같이 '예배마인드' 를 강조하셨다. 물론 가르치는 단체마다 조금씩 방법은 다르지만 한 가지 공통점을 소개하면 아래와 같다.

"무엇보다 자신의 연습량을 이기는 것은 없다."

우리 흔히 아는 '아아아~(도레미파솔파미레도~)' 하는 발성연습도 중요한데 조금더 구체적이고 탄탄한 방법을 원한다면 '립트릴' 혹은 '발성연습'을 유튜브 등에서 검색해서 찾아보고 따라해보길 바란다. 이미 상당히 괜찮은 동영상 강의가 많아서 시간을 두고 계획을 세워 꾸준히 연습을 해 보자. 연습중 인간적인 한계에 부딪치거나 슬럼프가 올 수도 있는데 그때는 자신보다 뛰어난 멘토를 찾아가는 것을 추천한다.

그럼 관리는 어떻게?

목소리 같은 경우는 성대가 인체에서 아주 예민한 부분이라 평상시에도 굉장히 조심스러운 관리가 필요하다. 목소리 관리에서 가장 지키기 힘든 것은 일찍 자고 일찍 일어나는 것. 뛰어난 대중가수들은 가공식품은 거의 먹지 않고 조금 과장하면 물만 먹고… 하기야 우리가 그 모든 것을 따라할 수는 없지만 지키도록 노력하면 분명히 목소리는 잘 유지되며 그러한 상황속에서의 연습은 더욱 우리의 실력을 높인다.

또 중요한 것은 10대의 목소리 음역대가 그리 높지는 않다는 사실. 자신이 부르기에 부담이 되는 곡이 있으면 꼭 찬양 인도자에게 Key를 낮춰달라고 하자.

악기를 관리하는 것도 게을리 하면 안 된다. 악기를 잘 관리할 수 있는 방법은 무엇일까? 그것은 악기를 바로 '내 돈'으로 사는 것이다. 다시 말하자면 해당 악기의 주인이 되는 것이다. 모두 만만한 가격이 아니다. 그것을 어떻게 내 돈으로 살 수 있을까? 너무 비싸다. 그런데!!! 그런데 비싼 것들 모두 성도님들의 헌금으로 모아서 구입한 것이다. 하나님께 바친 헌금이 하나님을 찬양하는 도구를 구입한 데 쓰인 것이다. 내가 찬양팀이라면, 그리고 그 악기에 대한 담당자라면 최소한 주일 예배때 악기를 사용하고 예배를 마친 후 그냥 일어서서 집에 가는 것 보다는, 손으로 잡았던 드럼 심벌에 묻은 땀을 마른 헝겊으로 문질러 주고, 건반도 습기가 들어가지 않도록 관리해주고, 특히 마이크는 마이크 케이스를 꼭 구입해서 보관하기를 바란다. 나머지 악기나 기기관리는 이 책자 다음 장에 기술된 '이새롬 연구위원의 작은교회를 위한 필수 음향 가이드 편'을 확인하면 더욱 자세히 알 수 있을것이다.

복장

중요하지 않은 것 같지만 사실 굉장히 중요한 사항이다. 복장. 나 자신이 생각하는 멋있는 옷, 예쁜 옷. 하나님 앞에 예배드릴 때 내가 잘 차려입은 모습으로 예배드리면 하나님께서 정말 귀엽게 봐주실 것이다. 물론 '좋은 옷'에 관한 기준은 사람마다 다르다. 그렇다면 옷을 입는 다는 것에 있어서 무엇이 중요할까?

마음의 태도는 몸 밖으로까지 드러나게 되어 있다. 적어도 내가 소개팅에 나갈 때, 아니면 공식석상에 초대 되었을 때 어떤 옷을 입을 것인지 고민하는 것. 사실 예배에서도 그러한 고민이 많이 필요하다. 그리고 찬양팀이라면 더더욱 그렇다.

앞 부분에서 찬양팀의 역할 중 하나가 회중과 하나님을 이어주는 다리 역할이라고 했던 것을 기억한다면 우리는 이제 결심을 해야 한다. 여름에 덥다는 이유로 교회에서도 짧은 치마나 하의실종 패션을 많이 볼 수 있는데 우리가 배려해야 할 사항은 예배드리는 사람의 눈, 바로 회중의 눈이다. 앞에서 찬양하는 우리의 패션 때문에 예배가 방해 된다면 그것은 우리의 태도를 바꿔야 할 수 밖에 없다. 그렇다고 주일마다 긴치마, 긴바지 만을 요구할 수도 없는 것이다. 그래서 예배를 드릴 때, 자기 나름대로 깔끔하게 입으면 되지만, 앞에서 찬양할 때는 우리의 모습이 사람들로 하여금 '눈에 거슬리거나 아니면 시선을 강탈하게 하지는 말자' 라는 기준을 세운다면 더욱 성숙한 찬양팀이라 할 수 있을 것이다. 실제로 수많은 집회에서의 찬양팀을 보면 꼭 정장까지 입지는 않을지라도 그들의 복장에서 안정된 모습을 확인 할 수 있다.

동일한 예배자

우리는 주일만 예배자가 아니라 평일도 예배자이다. 세상의 가치가 흔들려도 하나님의 가치는 절대적이고 그것을 찬양하는 우리는 방법에는 여러 가지 시대적 차이가 있을지라도 마음만은 동일해야한다.

술, 담배가 구원을 가르는 기준은 아니다. 그러나 그것은 '덕' 의 문제이다. 필자는 소속된 찬양팀에게 절대 금주 금연령을 내린다. 왜냐면 누군가의 '그 모습'을 보고 시험에 빠질 친구가 있을 수도 있기 때문이다. 굳이 성경말씀까지는 끌어오지 않겠지만 우리 자신이 예배자, 그리고 회중을 예배자가 되게하기 위해 돕는 사람이라면 그러한 욕구는 절제해야한다. 그것뿐이 아니다. 토요일 밤 일찍 잠드는 것. 사실 필자도 너무 힘들다. 친구들과 밤늦게까지 놀고 싶기도 하고, 인터넷 게임과 웹툰, 각종 문화활동 등 얼마나 많은가? 하지만 찬.양.팀.이.라.면!! 다음 날 예배를 위해 나의 몸과 생활을 미리 준비시킬 필요가 있다.

예를 들어 우리 찬양팀 모임이 토요일이라면 기도하고 시작한 그 시간부터 우리들의 예배는 이미 시작되는 것이다. 집에서도 학원에서도. 찬양팀에서 나누었던 기도, 불렀던 찬양, 읽었던 말씀 등 하루 종일 곱씹고 묵상하다가 다음날 주일 예배시간이 돌아 왔을 때가 바로 예배의 하이라이트가 되는 것이다. 친구들은 졸린 눈 비벼오면서 자리에 앉는 그 시간이 찬양팀에게는 그 주간 내내 준비하고 기다려온 예배의 하이라이트인데 그 이유는 하나님은 온 종일 기다리시기 때문이다. 그 만남의 현장이 바로 예배이다.

예배실 환경 정리

이렇게 우리 마음이 정리되면 우리 예배당 환경을 다시 한 번 돌아볼 수 있게 된다. 우리 예배당은 우리가 청소하고 정리하자. 하나님이 임재하시고 우리의 예배를 받으시는 곳. 땅에 떨어진 휴지조각, 며칠째 놓여있는 과자봉지, 음료수 자국. 우리가 조금만 노력하면 하나님 더욱 기뻐하시는 아름다운 예배당 만들 수 있다. 매번 대청소를 하라는 것은 아니다. 눈에 보일 때마다 조금씩, 그리고 성실히 변화시켜 나가자.

5. 나가며

우리만의 찬양곡

어느 주일 사역을 마치고 친한 전도사님들과 카페에서 그날의 피로를 풀며 이야기를 한 적이 있다. 우리 모두 몰랐던 사이였지만 어떻게 하다 보니 또한 인도대로 따라오다 보니 같은 신학교에서 하나님과 인간을 알아가는 공부를 하게 되었다. 그러던 도중 우리 서로의 청소년 시절 이야기를 하게 되었다. 흥미로운 점을 발견했다. 각자 중, 고등학교시절 저마다 한 두 가지에 꽂혀 있던 것. 정말 미쳐 있던 것이 지금의 특기가 되었다는 것이다.

누구는 운동에, 누구는 통계나 계산, 분석에, 누구는 음악에 빠져 지내던 시간들이 지금의 전문 사역에 연결이 되었다. 필자 같은 경우는 당연히 찬양이다. 학교 끝나면 무조건 기독교 백화점으로 달려가서 새로 나온 음반을 들어보고, CCM 차트지나 리뷰책자를 뒤지고…

그렇게 용돈이 생기면 드디어 사고 싶었던 CCM 음반을 구입하고… 앨범 자켓에 있는 뮤지션들의 이야기를 읽으며 또 한 번 두 번 배우게 되고… 콘서트 따라다니고 라디오는 당연히 밤새도록 틀어놓고, 사연도 보내고… 다른 교회 찬양팀이 궁금해서 발표회 같은 것 하면 구경을 가고… 그러다 보니 지금의 '내'가 만들어 졌다. 아니, 하나님께서 그러한 환경을 만들어주셨고 필자로 하여금 그 길을 걷게 하셨다.

그러한 삶의 어느 시점 가운데 생각하게 된 것은 '왜 꼭 남이 만든 곡으로 찬양해야 하지?'라는 질문이었다. '열방 앞에 나아가게 하소서~' 열심히 노래를 했는데, 중, 고등학생이 무슨 열방으로 나가나, 외국어도 잘 모르는데… 물론 모든 찬양이 귀하지만 내가 고백하는 노래가 정말 나의 고백이 되려면, 우리 교회에서 부르는 노래가 정말 우리 공동체만의 고백이 되려면 스스로 곡을 쓰고 예배시간에 그것을 부르는 것도 좋은 방법이다.

'내가 어떻게 작곡을 해?' 부담이 될 것이다. 그런데 꼭 전문가만 찬양을 할까? 작곡이 어려우면 앞에 소개한 대로 성경적 범위 안에서 가사만 조금 바꿔서 우리의 상황에 맞게 불러도 된다. 그리고 그것을 성탄절이나 발표회 때 발표해도 된다. 그것이 하나님께서 바라시는 진정한 나의 찬양이 아닐까 생각한다.

좁은길의 모자이크

마지막으로 필자의 찬양관이 어떻게 형성되었는지 소개하고자 한다.

나에게는 삶의 좋은 멘토가 굉장히 많았다. 지금의 동네로 이사를 온 초등학교 6학년 때 만나게 된 어린이 찬양대를 지휘하신 사모님께서는 리더에게 집중하는 법을 배우게 하셨다. 스무 명이 넘는 어린이들을 일일이 아이컨택을 해 가며 모든 어린이와 아이컨택이 완료되었을 때 비로소 지휘를 시작하셨다. 중등부로 진학하여 만난 찬양 인도자(현재 목사님)는 '예배를 시작합니다'라는 말을 절대 하지 않으셨다. 예배 몇 분 전부터 자연스럽게 기타로 찬양을 하기 시작하면 어느 순간 예배가 시작되곤 하였다. 고등부시절 필자의 찬양팀을 지도하신 선생님들은 항상 준비된 콘티를 어떻게 이어나갈지 가르쳐 주셨다. 또한 주중에는 영어찬양모임을 만들어 기존의 알고 있는 찬양을 더욱 정확히 가르쳐 주셨다. 그 시절 맛집이나 영화관 등 단합을 위한 여러 가지활동은 지금도 기억에 남는다. 청년부가 되어서는 그 소속된 기간이 긴 만큼 정말 많은 찬양 인도자들을 만났다. 학교 동아리에서 월화수목금 기타로 찬양하며 나머지 토요일, 주일 기타로 찬양하던 형제님께는 언제라도 툭 건드리면 찬양을 인도할 수 있는 준비됨을 배웠고, 건반을 치며 찬양을 인도하던 인도자 형님에게서는 형식에 구애받지 않은 것이 오히려 더욱 자유로운 형식이 되어 풍요롭게 하나님을 찬양하는 방법을 배웠다. 외국 경험이 많은 영어 전공자에게서는 번역된 가사에서는 찾아볼 수 없는 내용 때문에 원어로 부르는 찬양이 더욱 풍부하다는 것을 배우게 되었고, 또한 비슷한 시기 담당목사님으로부터는 찬양콘티가 하나의 커다란 기승전결,

스토리가 될 수 있다는 개념을 배우게 되었다. 다국적 멤버로 이루어진 아프리카에서의 찬양팀 리더에게서는 터저나올 듯한 자유함과 자발적으로 시작되는 예배가 큰 불을 만들 수 있다는 것을 배웠으며, 당시 선교사로 파송되었던 목사님으로 부터는 미숙해도 시도해보는 것이 중요한 것임을 배웠다. 이때부터 필자의 솔직한 작곡에 부끄러움이 없어졌다. 고등학교 시절부터 연습장이나 이면지에 잘 그리지도 못하는 악보로 몇몇 곡을 불렀지만 당연히 어디에선가 들어본 것 같은 곡들, 그래서 누군가와 같이 부르거나 소개하기에는 스스로 부그러움을 느낀 곡들이 많았는데 당시 악보를 보신 목사님께서 “그래도 해봐”라고 하신 한 마디가 지금의 좁은길을 만들었다. 또한 군인으로 복무할 시절 상사되시는 집사님에게서는 어떻게든 하나님께서 묶어주시는 자신감 있는 조직력을 배우게 되었다. 마지막으로 모교회를 떠나 사역을 하기 바로 전에 찬양을 담당하시던 전도사님께는 찬양팀을 어떻게 조직하며 운영해야하는지, 또한 그들을 위한 헌신과 팀웍이 어떠한 것인지 배우게 되었다. 신혼시절임에도 불구하고 팀원들을 위해 찬양콘서트나 많은 유익한 강의를 소개해주신 열매는 필자의 몸에 고스란히 남아있다.

돌아보니 삶 가운데 만난 좋은 멘토들이 많다. 그리고 지금도 하나님께서는 내 삶에 새로운 멘토들을 보내주신다. 그래서 강조하는 것은 이러한 수많은 경험이 필자의 찬양관을 넓혀주었고, 하나의 예배, 찬양집회나 기도회를 디자인 할 때에도 어느 한 두 가지 형식에 얽매

이는 것이 아니라 거대한 호수에서 필요한 부분을 퍼내는 느낌으로 찬양을 할 수 있다는 점이다.

어떻게 찬양하는 것이 잘하는 찬양인가에 대해 우리는 끊임없이 고민해야 한다. 찬양, 예배에 대한 마인드가 오직 하나님께로만 향한다면 방법은 여러 가지일수 있기 때문이다. 규모가 크지 않은 교회는 인원수도 적고 악기도 제대로 갖출 수 없는 경우가 많아서 대세찬양(굉장히 유행되고 많은 악기가 동원되는 찬양)을 부르기 어렵다. 하지만 하나님은 마음에 중심을 보신다. 할 수 없는 것에 대한 아쉬움은 잠시 뒤로 미루고 당장 우리 공동체 안에서 할 수 있는 것을 찾아서 일단 "해 보라!" 바로 그것이 하나님이 기뻐 받으시는 여러분 만의 찬양이 될 것이다.

6. 그 외 찬양 Tip 정리.

싱어(인도자)

① 일찍 자고(특히 주일 아침) 일찍 일어난다.

② 일어나서 물을 많이 마시자(극단적인 찬물, 뜨거운 물보다는 미지근한 물). 그리고 스트레칭은 필수. 그렇게 활발해진 체순환은 나중에 발성할 때 엄청난 차이를 보인다.

③ 립트릴의 생활화. 집에 있을 때도, 걸어갈 때도.

④ 일기를 쓰자. 감정 표현에 도움이 된다.

⑤ 욕을 하지 않는다. 하나님을 찬양 하는 입술과 동일한 입술이다.

⑥ 회중과의 아이컨택을 하라. 부담스럽다면 자신의 눈에서 10~15도 정도 위를 처다보라.

⑦ 몸의 반응을 가사의 내용에 맞춰보라. 가령 손을들면 손을 든다던지…

⑧ 손을 들때는 확실히 들어라. 내가 높이 들었다고 생각해보 보는 사람의 입장에서는 어설프게 든 것처럼 보인다.

⑨ 마이크를 들고 박수를 칠 때에는 마이크를 들지 않은 손이 마이크를 든 쪽의 손목(아래 팔뚝)을 치면 된다.

⑩ 또한 박수는 정박이 아닌 엇박에 치는 것이(현대적인 분위기에는) 좋다. 즉 1, 2, 3, 4 네박이라면 1, 3 박수가 아니라 2, 4 박수.

⑪ 인도자와 싱어, 반주자는 평소 싸인 맞추는 연습을 많이 하라. 후렴으로 돌아갈 때, 맨 처음으로 돌아갈 때, 곡이 끝날 때, 다음 곡으로 연결될 때, 키를 높여서 부를 때 등등.

⑫ 엔지니어(영상이나 음향 담당자)를 믿자. "제 소리가 안 들려요, 너무 커요, 에코즘 넣어주세요…" 모두 자신의 입장에서 들리는 소리다. 엔지니어는 전체적인 소리를 복합적으로 듣고 있으며 이미 다 조정해 놓았다.

영상, 음향 담당

① 여건이 된다면 영상, 음향 담당자도 찬양팀에 포함 시켜라. 아니면 찬양팀 안에 영상, 음향 담당을 배정하라. 미묘한 차이같지만 전체적인 찬양의 맥락을 아는 영상, 음향담당자와 그렇지 않은 경우는 굉장히 큰 차이가 난다.

② PPT를 작성했다면 가사가 맞는지 다시 한 번 확인하라. 곡마다 미묘하게 버전이 다르다.

③ 폰트 사용시 반드시 구입한 폰트나, 무표폰트를 사용하라.

④ PPT안 가사의 위치. 스크린이 앉은 위치보다 높은 천장 등에 있다면 상관이 없지만 일어섰을 때나 앉았을 때 높이차이가 별로 나지 않는다면 맨 윗줄 두 줄만 활용하라. 그 아랫 줄은 앉아있는 사람의 시각에서는 거의 보이지 않는다.

⑤ 특별한 목적이 아닌 이상 결국 검은 바탕에 흰 글씨가 가장 무난하다.

⑥ 기기를 만질 일이 없는 싱어에게도 기기교육을 하라(그래야 당신이 덜 피곤해진다).

팀원 공통사항

① 최소 한 주에 한 곡 이상 콘티에 대한 분석을 하라. 그러면 더욱 진솔한 고백이 될 것이다.

② 자주 같이 먹고, 같이 놀러가라. 관계만큼 중요한 것이 없다.

③ 찬양집회에 참여하거나 유튜브 등의 영상을 통해 찬양실황을 분

석하라.

④ '우리' 팀의 찬양실황도 영상으로 촬영하여 서로 분석하라. 서로에 대한 피드백이 있어야 발전한다.

⑤ 조금 더 거룩해지도록 노력하기. 일상 속에서도 항상 하나님께서 지켜보시는 예배자임을 잊지 말자. 회중(친구들)은 우리의 모습을 보고 교회가 어떠한 곳인지를 규정한다.

⑥ 우리나라 문화권에서 정돈된 복장이라면 어떤 복장일까? 예배시 하나님과 회중 앞에 조금 더 단정한 복장이 무엇일까 서로 이야기해 보라.

⑦ 예배, 특히 찬양에 대한 책자가 굉장히 많다. 분량을 정해서 서로 읽고 공부하면 여러분도 찬양에 대해 전문가가 될 수 있다.

PPT 준비되었니?

예배에 관계되는 모든 요소들은 하나님께 드리는 예배가 더욱 원활하도록 도움을 주는 방향이어야 한다. 그 중 필자가 태어나서 경험한 미디어는 이렇다.

대형 전지 → OHP → 빔프로젝터와 대형스크린, 혹은 대형모니터.

최근에는 빔프로젝터와 대형스크린, 혹은 대형모니터를 사용하는데, 대부분 PPT 라고 부른다.

검은 바탕에 흰 글씨

예배자와 예배에 도움을 주는 입장에서 생각해보자. 필자가 생각하는 가장 이상적인 PPT 는 검은 바탕에 하얀 글씨이다. 실제로 적지 않은 대형 집회에서 이와 같은 방법을 사용한다. 이유는 단 한가지다. 하나님께 집중함에 있어서 방해가 되는 요소들을 최대한 삭제 한 것이다. 앞에서 다루었듯 가사는 되도록 위쪽 중앙에 위치하는 것이 좋으며, 제목과 간단한 저작 정보를 포함하는 센스를 기억하자(우측 아래).

단, 예배하는 공동체가, 노래하는 공동체가 해당 곡을 거의 모두 알고 있거나, 몇 번 부르면 쉽게 따라 부를 수 있다는 경우에 사용하자.

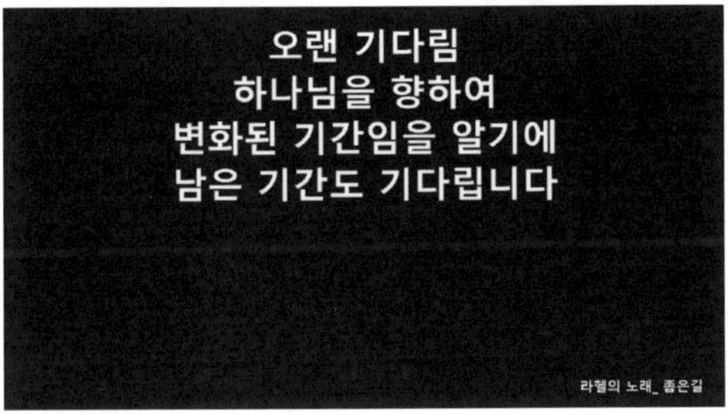

가사와 관련 된 이미지, 혹은 악보

그러나 한참 상상력이 풍부한 자라나는 세대라는 것을 염두한다면, 그리고 오히려 찬양이 익숙하지 않은 대상이라면 얼마든지 이미지를 사용해도 무방하다. 이왕이면 이미지와 가사의 내용이 관련이 있는 것으로 말이다.

제작은 주로 MS Office의 파워포인트나 한컴의 한쇼를 사용한다. Apple의 Keynote도 굉장히 효과가 좋고 예쁘지만 교회에 설치된 컴퓨터는 대부분 Keynote 가 지원이 되지 않는 컴퓨터가 많다.[33]

왼쪽 사진의 경우 일반적으로 촬영한 사진에 가사만 입힌 것이다. 오른쪽 사진은 도형을 삽입하고 그 안에 가사를 넣은 것이다. 이때 도형색깔이 너무 두꺼우면 가사와 이미지가 너무 동떨어지니 약간의 투명도를 넣어주었다. 같은 가사와 비슷한 이미지다. 이때 전체적인 가사와 노래를 부르는 대상을 생각해서 양쪽 이미지 중 어느 것을 택할지 고민하자. 사용되는 폰트 또한 무료(배포용)폰트인지, 유료인데 불법으로 다운로드 한 폰트인지 민감하게 점검하자. 더욱 훌륭한 예배자, 예배 공동체가 될 수 있을 것이다.

공동체가 처음 부르게 되는 곡은 처음부터 악보가 더 좋을 수도 있다.

---

33) 버전에 따라 디자인이 다르지만 사용하기에는 어렵지 않다.

검색을 통하여 위와 같은 형식의 PPT를 많이 접할 수 있다. 이때 출처를 꼭 밝히고 다운로드할 때에도 게시자에게 간단한 코멘트를 남기자(출처-Naver 블로그_지구별여행자).

동영상, 예배실황

최근에는 이미지 대신에 예배실황을 겹쳐서 나오게 하거나 아예 전문 동영상이 재생되는 경우도 많이 등장하였다. 물론 각각의 장단점은 있다. 화려하고 몰입이되거나 아니면 시선 자체가 분산이 될 수도 있다. 그 어느 프로그램을 이용하든, 제작자는 "이것이 예배와 예배자에게 도움이 되는가? "를 항상 최우선적으로 생각하자.

Play 팁

마지막으로 예배실황에서 일명 "PPT 넘기기" 팁이다.

예전 큰 전지에 글씨를 적었던 시대는 거의 곡 전체를 적어서 한 곡 한 곡이 끝날 때마다 넘겼다. OHP를 사용하던 시대에는 기기 앞에서 사람들이 더운 열기를 식혀가며 열심히 OHP필름들을 넘겼다. 이젠 완전한 영상시대이다. 이전 방법으로 예배를 드릴 때, 화면에 넘기는 손바닥 그림자, 바람에 날려 다시 접히는 전지 등에 의해 예배의 몰입이 분산되었다면, 지금은 이러한 분산을 최대한 막을 수 있다. 그건 바로 PPTer(PPT+er)의 손놀림에 달려있다. 어떤 방법을 사용하든 자유이나 찬양인도자가 후렴반복하다가, 다시 처음으로 돌아가서 부른다든지, 특히 악보의 페이지수가 많을수록 혼란에 빠지고 실수하는 PPTer가 많다.

먼저 슬라이드쇼에는 몇 가지 모드가 있다.[34)]

단일 모니터를 사용하는 경우 슬라이드쇼를 재생하면 이 화면 만 나온다.

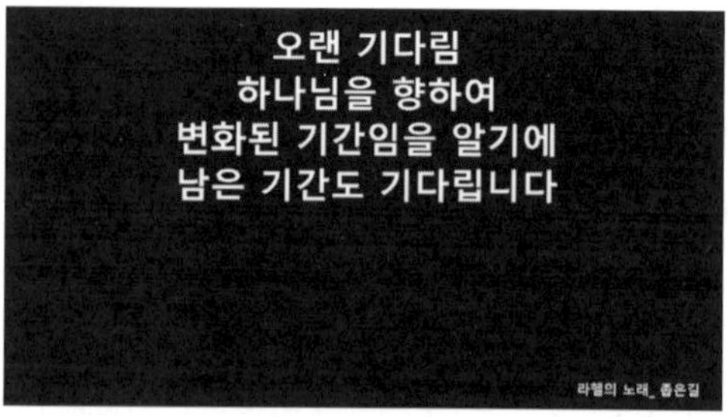

가사를 완벽히 외우지 않는 한 앞으로 이동 뒤로 이동, 많이 힘이 든다. 이 경우 팁을 주자면 오른쪽 아래 메뉴 중 창문 모양을 클릭해 보자.

---

34) 단축키 F5를 누르면 처음부터, Shift + F5를 누르면 지금 보고 있는 페이지부터 재생된다.

그러면 아래와 같은 창이 열리고 각 슬라이드에 번호가 표시된다.

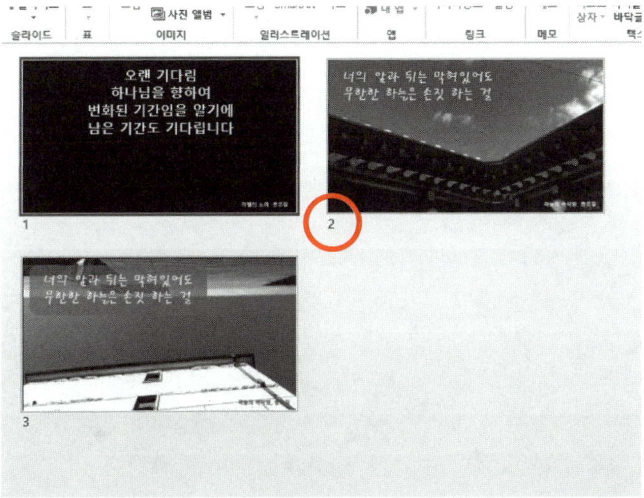

각 슬라이드에 표시된 번호가 그 슬라이드의 고유 번호이다. 즉 미리 특정 가사, 특정 부분에 관한 번호를 미리 숙지하고 있다면,[35] 가사 페이지를 넘길 때 마우스나 키보드를 연속으로 누르지 않아도 한 번에 해당 페이지로 전환할 수 있다. 회중들이 보기에 굉장히 깔끔한 방법으로 군더더기가 없어 보인다.

모니터가 두 대 이상인 경우는 더욱 안정적인 재생이 가능하다.

---

35) 종이 악보에 직접 번호를 적어 넣는 다면 굉장히 든든할 것이다.

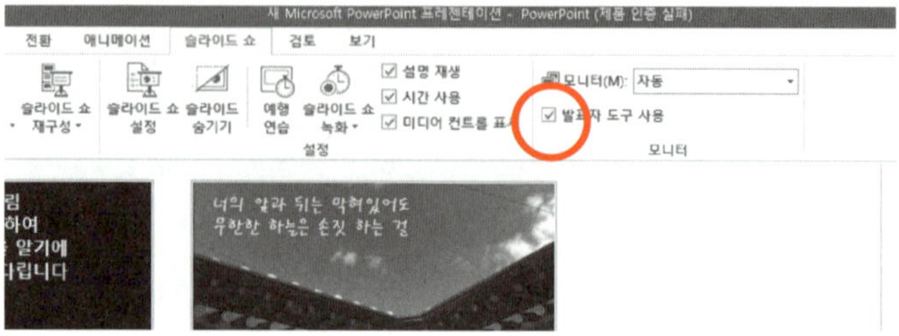

위에 보이는 발표자 도구 사용에 체크를 한다면 이렇게 다음 슬라이드가 표시되어 실수를 줄일 수 있다.

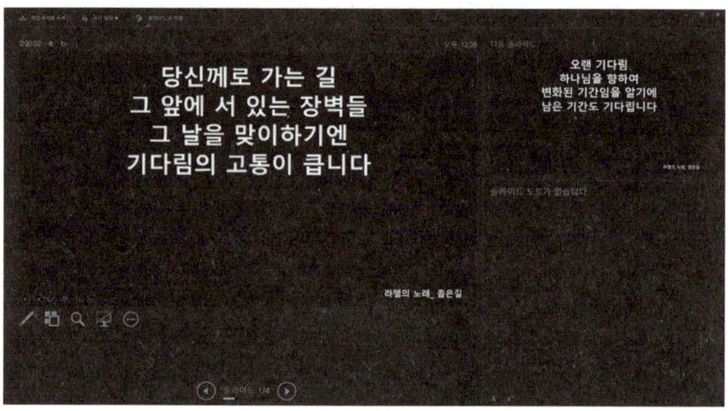

또한 최신버전이 아니어도 한 쪽 모니터에는 슬라이드를 재생하고 한쪽 모니터는 창문(바둑판)처럼 펼쳐놓아서 다음페이지(마우스 클릭이나 Enter키, 오른쪽 화살표)를 쉽게 넘기거나 처음으로 돌아가거나 곡 자체를 건너뛸 때 보이는 번호를 클릭함으로 깔끔한 예배진행에 도움을 줄 수 있다.[36)]

---

36) 파워포인트 버전마다 형식이 조금 다르니 각자의 프로그램으로 많이 연습해보자.

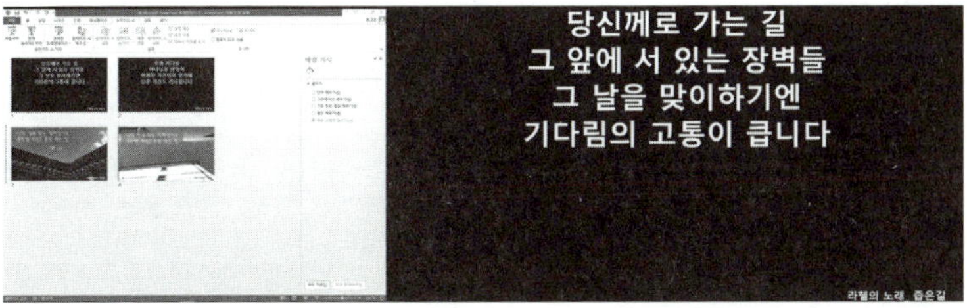

참고문헌

박희정. 『주님의 임재 앞에서』. 음반 예배인도자 컨퍼런스2008.

황병구 외. 『많은물소리WAVE』. 서울: 죠이선교회, 2009.

한국찬송가공회『개정개역새찬송가』. 서울: 성서원. 2007.

다음 한국어사전 http://dic.daum.net

CCLI 저작권 라이선스 프로그램 https://kr.ccli.com/

작은 교회를 위한 필수 음향 가이드

이새롬

1. 들어가며

보이지 않는 공기는 우리가 숨을 쉬고, 들을 수 있는 필수적인 것이지만, 우리 눈에 보이지 않아, 소중히 여김 받지 못하고 잊힌다. 소리도 마찬가지로 없으면 의사소통이 안 된다. 음향 엔지니어링(Sound Engineering)도 소리를 조합하고 균형 있게 맞추어 사람들에게 전달하는 아름다운 필수 전달 매개체이다. 그러나 적지 않은 교회들은 음향 자체에 관심이 없다. 그것을 관리하는 기본적인 지식도 없는 데다, 모르쇠로 일관하거나 누군가가 와서 해 주기를 바라는 등, 별 관심이 없다. 음향은 대부분 예배와는 동떨어진 요소로 취급되었고, 섬기는 엔지니어도 그렇게 생각되어 왔으며, 사용되는 장비들도 조금만 알면 수명도 단축시키지 않고 쓸 수 있는데, 너무도 관리가 되지 않아, 안타까웠다.

따라서 필자는 오늘날 모든 교회, 기술적, 물질적 제한이 있는 '소규모 교회 예배당'이라는 특수성 있는 환경 속에서, 조금만 관심을 가지면 즉시 배우고 바로 쓸 수 있도록 음향의 기초 이론과 그것을 활용하는 기술(Engineering)을 조금 다루고자 한다. 우리 모두가 최소한의 기계의 조합으로 최대한의 활용법을 익혀, 조금 더 안정되고 쾌적한 상황에서 예배가 잘 세워질 수 있도록 도울 수 있기 때문이다. 또한 더 나아가, 목회자를 포함한 모든 성도들이 소통의 매개체로서 음향 엔지니어도 주님께서 구별하여 세우신 귀한 봉사자라는 것을 인식시키기 위한 목적으로 이 챕터를 마련했다.

2. 음향 기술(Sound Engineering) 관련 필수 용어 짚기

소리(sound)란 무엇인가?

자연의 소리, 초음파, 저주파 등 공기나 액체 등의 매체를 타고 오는 일정량의 고유 진동수(떨림)가 우리 귀에 전달되는 것이다. 소리는 반드시 진동을 가지고 있으며, 시작점(진원)을 가지고 있고, 공기 등의 기체, 액체, 고체의 매개체가 있어야만 한다. 또한 '진원'으로부터 점점 둥그렇게 퍼져 사람 귀에 들림으로써 비로소 어떤 소리로 간주 된다. 소리는 각자가 모두 고유 진동수가 존재하며, 책상을 손으로 치는 것이나 키보드의 타자 소리로부터 드럼 소리 베이스 소리 등 무수히 다양한 고유 음(Hz, 헤르츠)을 가지고 있으며, 우리는 이 진동수의 많고 적음에 따라 고음, 중음 그리고 저음으로 구별한다. '음량'은 그 소리가 큰지, 작은지를 말하며 주로 dB(데시벨)을 쓴다.

음향(acoustic)이란 무엇인가?

'음향(acoustic)'이란 본래 '청각의' 라는 뜻을 지니며,[37] 사전적(두

37) 삼호뮤직 편집부. 『파퓰러음악용어사전&클래식음악용어사전』. (삼호뮤직, 2002, 1. 28)

산백과)으로는 가공되지 않은 자연의 소리를 의미한다. 실제 오디오에서는 악기와 공연장, 및 오디오를 재생하는 곳에서 믹싱콘솔이나 이펙터 장비를 최대한 사용하지 않은 원음 그대로를 말한다. 주로 오디오 믹싱콘솔에서 주로 쓰인다. 예를 들면 어쿠스틱 기타, 업라이트 또는 그랜드 피아노는 아무 장치를 연결하지 않아도 그 악기의 제조 방법과 품질 자체에서만 나올 수 있는 자연의 소리를 내는 악기이기 때문에 어쿠스틱이라고 이름을 붙인다.[38)]

이러한 사전적 단어로 미루어 볼 때, 필자는 개인적으로 '음향 엔지니어'란 다양한 곳에서 각자가 내는 본연의 소리를 최대한 자연스럽게 다시 조합하고 다듬어, 청중들이 듣기에 부드럽고 편안하고 아름답게 전달하는 종합예술을 가진 사람들이라고 생각한다.

와트(W)란 무엇인가?

전력의 단위로서, 단위는 W이며, Watt(와트)라고 한다. 전력은 전압과 전류가 서로 곱해질 때 얻어진다. 기호는 P(전력)=V(전압)*I(전류)이다.

38) 통기타의 경우, 더 정확한 의미로는, 그 자체에서 나오는 기타 현의 진동을 픽업이 잡아서 고유 진동을 스피커로 전달시키는 통기타를 의미한다(픽업이 있는 기타). 따라서 통기타 연주 시 픽업에 직접 연결하기보다는 컨덴서 마이크를 설치해 주면 더 풍성하고 자연스런 소리를 얻을 수 있다.
그러나 베이스나 일렉기타는 어쿠스틱이라 불리지 않는다. 그것은 통 자체에서 울림을 내는 통기타에 비해 그 자체적으로 나오는 소리가 너무 작아서 연주의 가치가 없기 때문이며, 오로지 앰프에 꽂아야 그 악기의 성능을 발휘할 수 있기 때문이다.

각 음향기기는 안전하게 허용되는 전력 허용치를 가지고 있다. RMS(Root Mean Square)[39]라고 하는데, 이것은 특정 저항값(Ω, 옴)[40]에서 그 기기가 무리 없이 안전하고 균일하게 증폭시킬 수 있는 출력 허용치라고 생각할 수 있다.

앰프(Amplifier, 증폭기)와 스피커에는 대부분 RMS 표기가 되어 있다. 또한 순간 출력(Peak Power) 표기도 동시에 되어 있다. 이것은 순간적인 출력을 최대한 견딜 수 있도록 되어 있으며, 음의 압력(음압, Gain, 전력)이 너무 크다는 경고의 의미이기도 하다. 흔히 믹서나 앰프에 빨간 불(peak)이 들어오는 곳을 유심히 보면 가끔 불이 들어왔다 사라지는 경우가 있다. 피크 현상은 믹서나 스피커나 앰프에서 체크할 수 있다. 만약 그 곳에 빨간 불이 들어오면 그곳으로 들어가는 음압이 무리하게 들어가고 있다는 의미이며, 기계의 성능이 저하될 수가 있으므로 피크가 뜨지 않도록 음량을 줄여야 한다.

어떤 엔지니어가 실제 PA 라이브 무대를 설치할 때 반드시 먼저 살펴보아야 할 것이 있다. 바로 이 무대의 건물이 총합 얼마만큼의 전력을 사용해도 무리가 없는지를 꼼꼼히 체크해봐야 한다는 것이다. 그래야 과도하게 사용되어 퓨즈가 내려가, 공연에도 심각한 지장이 되고, 안전 문제 등의 대참사가 일어나지 않도록 예방할 수가 있다.

---

39) 두산백과 http://www.doopedia.co.kr

40) 보다 더 자세한 것은 믹싱 콘솔, 파워 앰프, 스피커 조합의 원리와 실제 편에서 설명하도록 한다.

3. 교회 음향 엔지니어의 위치를 말하다!

예배자, 소통의 다리, 섬김이

음향 엔지니어는 엄연히 예배자이며, 소통의 다리이고, 모든 이들을 섬기는 섬김이라고 외치고 싶다. 그 사람들은 단지 주목받지 않는 곳에서 묵묵히 섬기고 있을 뿐이다. 그들은 주목받으며 드러나는 자리보다, 외쳐지는 모든 소리를 회중들이 편안하고 집중력 있게 듣도록, 보이지 않게, 세심하게 잡아 예배에 더 집중할 수 있도록 돕는 사람들이다. 누구보다도 그 건물의 구조나, 사람들의 심리에 민감하며 세심한 사람들이다.

가끔 보면 음향과 엔지니어에 대해 잘 모르는 목회자나 예배 팀원, 또는 공연을 하러 온 게스트가 그들을 종 부려먹듯 예의 없이 대하는 경우들을 많이 본다. 이유는 대부분 '모니터 소리가 작거나 잘 안 들린다' 또는 자신이 '듣고 싶은' 소리가 들리지 않는다고 그렇게 맞춰 달라고 요구하거나 화를 내곤 한다. 그것은 그럴만한 이유가 있다. 소리는 공간의 울림 정도, 온도, 그 사람의 목소리 상태, 스피커와 마이크의 일정 거리, 기계 자체의 그 날 컨디션에 따라 제각각이다. 엔지니어는 그 모든 것을 염두에 두고, 각 채널마다 입력되는 소리 신호를 보며 메인 스피커에서 나오는 소리의 균형을 잡아 나간다. 그렇지 않고 대뜸 어떤 한 사람의 음량부터 올리면, 원치 않는 하울링과 험이 떠서(불쾌한 잡음), 기계도 망가지고 공연자들과 청중들의 귀가 상할 수도 있다.

그래서 이런 지식이 없는 사람들은 엔지니어들의 고충을 전혀 모르고, 무조건 소리가 제대로 들리지 않는다고 짜증이나 화를 낸다. 필자도 몇 번 경험해 본 적이 있다. 그때마다 한 번씩 그 분들에게 이중적인 면을 느낀다. 정작 본인들은 하나님의 부르심 따라 예배를 드리러 왔고, 설교를 하러 왔고, 찬양을 인도하러 왔을 텐데, 답답할 수도 있지만 그 순간에도 귀를 기울여야만 하는 엔지니어들의 사정을 모르기에 한숨이 쉬어질 때가 있다.

따라서 이 글을 읽는 독자 분들에게 권면한다. 자신이 아무리 음향을 잘 모르거나 잘 안다 할지라도, 맡은 엔지니어를 믿고, 그가 질서정연하게 소리를 잡을 수 있도록 상호 협조해 주면 좋을 것이다. 왜냐하면 소리를 맞추는 것은 사람이 직접 귀로 들어가며 맞추어야 하므로 숙련된 사람이라도 대단히 많은 시간이 걸리기 때문이다.[41)]

불평하는 사람들에게 소통의 한계를 경험하면서도, 인내심을 가지고 객관적인 상황을 이해시키려는 엔지니어들이 참 존경스럽다. 진심으로 하나님을 예배하는 사람이라면, 엔지니어도 물론 실력과 인격이 겸비되어야 하지만 이 글을 보는 독자인 목회자, 예배팀, 공연자 등 많은 이들에게 다시 한 번 권면한다. 음향 엔지니어링은 Equalizer[42)]이다. 우리가 함께 주 안에서 조화를 이루고 소리를 맞춘

---

41) 구체적으로 소리를 맞추는 방법은 믹싱 콘솔 활용법에서 자세히 다룰 예정이다.

42) 오디오 분야에서는 어떤 원인으로 균일하지 않은 소리의 주파수를 균일한 주파수 신호로 바꾸어주는 기술을 뜻한다. 대개 20Hz-20000Hz의 가청주파수의 음역대를 가감하여 특정 주파수가 너무 크거나 작지 않게 도와주는 역할을

다는 것은, 끊임없는 인내와 남을 남보다 더 낫게 여김과, 인격적 소통의 결실 때문이다. 합력하여 선을 이루게 하시는 하나님을 찬양하는 데에, 내 목소리가 설령 작다고 불평하지 말아 주시기를 바란다. 하나님은 공간적 제약에도 아랑곳하지 않고 최선을 다해 올려드리는 마음의 예배를 먼저 받으시기 때문이다.

4. 믹싱 콘솔

믹싱 콘솔이란?

사람 귀에 들리는 개개인의 마이크 소리나 악기 소리들을 한데 모아, 소리의 방향, 소리 크기 또는 세기, 소리 신호의 음색 등을 조절하고 다듬은 후, 청취자의 귀에 적합하게 조절(Equalizing)하여 파워 앰프와 메인 스피커에 보내는 역할을 한다. 줄임말로 대개 믹서라고 하며, 중앙제어장치같은 기계다.

구분은 대개 채널을 입력하는 채널 입력부, 전체 소리를 통제하는 마스터 볼륨부가 있으며, 들어오는 신호를 받아주는 input, 나가는 신호를 잘 나갈수 있도록 해주는 output 잭 부분이 항상 존재한다.

믹싱 콘솔의 필수적인 이해 및 사용법

믹싱 콘솔은 줄여서 믹서(mixer)라고 한다. 영어 표현으로 유추해볼

가진다.

수 있듯이, 각 신호 채널마다 들어오는 모든 소리를 다듬고 조합하여 파워 앰프를 통해 메인 스피커로 보내주는 역할을 담당한다. 파워 앰프가 근육, 또는 심장의 역할을 한다면, 믹서는 우리 인간의 뇌의 역할을 담당한다. 우리 사람의 뇌가 입을 통해 들어오는 모든 음식물을 소화하는 것부터, 각기 쓰임에 맞게 양분을 조절하여 보내도록 통제하듯, 믹서의 역할도 바로 그런 것과 같다. 믹서는 각 채널로 들어오는 마이크 소리, 기타 소리, 신디사이저 등의 음을 전기적 신호로 받고, 다시 가공하여, 큰 소리는 작게, 작은 소리는 크게 조절하여, 보다 다듬어지고 조화된 소리를 만들어 보낸다. 비어 보이는 소리는 그 영역을 조금 더 채워줄 수 있다. 믹싱콘솔의 활용도는 무한대로 많다. 특별히 찬양팀 합주 시 믹서를 담당한 엔지니어는 이 원리를 잘 이해하여, 예배에 참여한 청중들이 듣기에 귀가 피곤하거나 예민해지지 않도록 섬기는 자세가 필요하다. 따라서 믹싱콘솔은 모든 사람들의 소리를 받고, 또한 뮤지션들과의 소통의 매개체로서 매우 중요하다. 한 번 세팅이 끝났다고 해서 다가 아니다. 그런 만큼 믹싱콘솔을 만지는 엔지니어의 세심함은 언제나 요구되며, 왜 이렇게 소리를 만들어냈는지의 소통력이 항상 요구되는 것이다.

믹싱 콘솔 살피기

믹싱콘솔은 상당히 다양한 소리를 다듬고 한 데 묶어 파워 앰프 및 메인 스피커로 보내는 역할을 하는데, 그 중 우리가 가장 먼저 해야 할 것은 각자가 가진 믹서에는 어떤 기능들이 있는지 살피는 것이다. 그래야 이 믹싱 콘솔을 어떻게 사용할지 윤곽이 잡혀 십분 활용할 수 있기 때문이다.

⊙ 음원을 받고 보내는 역할 : input, output, insert

믹싱 콘솔에서 아마 제일 먼저 볼 수 있는 것은 input, output 부분이다 input은 다른 악기에서도 살펴볼 수 있는데, 이것은 기타를 연주하거나, 마이크를 잡아 나오는 소리를 전기적 신호로 그 기계로 들여보내는 것을 의미한다. (아래 사진의 MIC123, LINE IN 123)

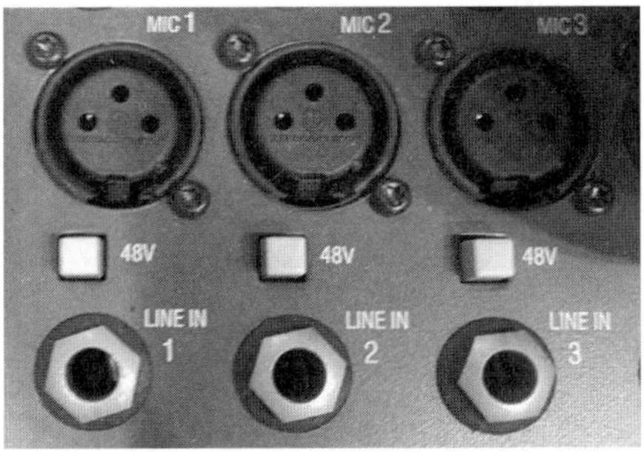

그렇다면 output은 무엇일까? input과는 반대로 그 기계에서 나오는 소리를 전기적 신호로 다른 곳으로 내보내는 역할을 한다. (아래 사진, BSS사의 DI-BOX의 OUTPUT)

또한 insert는 삽입한다는 뜻을 가진 만큼, 어느 한 채널에 이펙터를 사용하여 효과음을 내거나 컴프레서를 활용하는데에 용이하다. insert의 활용방법에 관해서는 '이펙터' 편에서 자세히 다루도록 한다. (아래 사진의 INSERT 11 12 13)

⊙ balanced, unbalanced와 direct box의 이해

믹싱 콘솔의 메인 출력부 L과 R을 살펴보면 가끔 그 출력부 옆에 +6dbu라고 작게 쓰여진 경우가 있다. 이 부분은 흔히 캐논이라 불리우는 XLR단자와 길쭉한 55단자(TS 또는 TRS)를 꽂을 수 있는 단자를 대부분 둘 다 가지고 있다. 그런데, 왜 +6dbu라고 되

어 있을까?

이것은 그 단자가 지원되는 케이블의 입력 방법을 나타내며, 특별히 두 신호를 한 채널에 쓰는(스테레오가 아님) Balanced 케이블을 쓸 때에 볼륨 업 현상이 나타난다는 것이다. 무심코 지나칠 수도 있지만 Balanced와 Unbalanced의 차이를 모른다면 앞으로도 귀에 거슬리는 잡음과의 전쟁이 시작될 것이다. 이 차이는 큰 잡음이 있느냐 없느냐의 차이이고, 그 원리는 다음과 같다. 마이크에서 믹서로 입력되기까지는 그 사이를 연결해 줄 케이블이 필요한데, 그 케이블이 밸런스 라인인지 언밸런스 라인인지에 따라 잡음의 상쇄여부가 결정된다. 밸런스 라인은 연결부분이 대개 1(shield or ground/접지), 2(+/정상신호), 3(–/역상신호)을 가지고 있으며, 언밸런스 라인은 1번(접지)과 2번(+)만 쓴다. (오른쪽 사진, 왼쪽 위가 1, 오른쪽 위가 2, 그 사이 아래쪽에 3이라는 숫자가 적혀 있다.)

밸런스일 때 케이블의 길이가 5m 이상이어도 "웅 ~" 하는 잡음이 없다. 원래 악기나 마이크는 대부분 mono(한 개의 신호로 메인 스피커에 보냄)로 입력되기 때문에 실제로 1번과 2번의 신호만 쓴다. 이것을 언밸런스 신호라고 한다. 언밸런스 신호일 때, 그 케이블이 5미터 이상이 되면 거의 모든 케이블은 잡음이 생긴다. 그 잡음은 믹서를 그대로 타고 들어온다. 그리고 음 손실이 생기게 된다.

이와는 반대로 밸런스 케이블을 쓰면 길게 400-500미터의 케이블로 입력하여도 잡음이 생기지 않는다. 이것은 케이블의 3번에 위치한 -신호가 케이블의 2번인 +에서 나오는 신호를 그대로 복사하여 역으로 흘려보내 상쇄시키기 때문이다. 이러한 언밸런스를 밸런스화시켜 잡음을 없애는 가장 첫 번째 이유로 쓰는 것이 다이렉트박스(D. I)이다.[43)]

따라서 믹싱 콘솔을 쓸 때에, 특별한 경우를 제외하고 대부분 Balanced 케이블을 쓰면 잡음이 없어지고, 덩달아 6dbu의 음량을 얻게 되어 일석이조가 된다. 따라서 피치못할 사정을 제외하고 Balanced 케이블을 쓰는 것을 권장한다.

Gain(게인, 더함) 또는 Trim(트림, 깎음)의 이해 및 사용법

Gain은 증폭기의 기능을 담당하며, 음원의 입출력 전압을 조정한다. 믹서에서 가장 위쪽에 위치해 있어서, 마치 잠겨있는 수도 꼭지

43) 기타, 베이스, 신디사이저와 같은 Unbalanced Line의 입력을 Balanced 입력으로 바꾸어서 믹서로 보내, 잡음을 없애주는 조그마한 크기의 상자. 종류는 Passive, Active(팬텀 등 외부전원필수)가 있으며, 가격대는 3만원대부터 수십 수백만원대가 있다. 음 손실의 차이와 악기의 용도에 따라 가격대가 결정된다. 악기 사용자가 이것을 사용하는 이유는, 악기 자체가 임피던스(저항 값)가 큰데다, 길이가 긴 언밸런스 케이블로 믹서에 그대로 꽂으면 믹서에 무리가 가며, 음 손실도 더해지기 때문이다. 따라서 잡음을 없애고 믹서에 무리를 주지 않는 임피던스로 바꾸어 주기 위해서는 DI(다이렉트박스)가 꼭 필요하다.

를 얼마나 세게 트는지의 역할을 하는 것과 같다. 그 밑으로는 사진에서와 같이 차례대로 HF(고음톤), HM(중고음톤), LM(중저음톤), LF(저음 톤)별로 각각 게인 조절 노브가 있다. 빨강 노브는 한 채널의 전체를 담당한다.

이 게인을 무턱대고 음량처럼 키우면 험(hum)이 떠서 시스템에 무리를 안겨주거나 아예 들리지 않게 된다. 가장 쉬운 방법은 대개 믹서의 음량 볼륨(Fader, 페이더)을 0에 맞춰 준 후, 게인 입력 게이지를 서서히 돌려주는 경우가 있다. Trim은 Gain과 다르게 입력된 값을 깎으며 시작한다는 뜻이지만 음향시스템에서는 입력된 음압을 조정해주는 기능을 가지고 있으므로 그 쓰임은 같다. 이 게인 값은 Hi(고음), Mid(중음), Low(저음) 음역대의 값을 각각 조정하여 음색을 다듬을 때에도 쓰이는 값이다. 따라서 이것을 얼마나 잘 조정하느냐에 따라 청아하고도 유쾌한 소리를 들을 수도, 먹먹하고 웅웅대는 소리를 들을 수도 있다. 이 게인은 입력되는 음의 전압을 높여주므로 소리가 증폭될 수 밖에 없다. 그렇다고 해서 게인을 무조건 줄이면 본래의 명확한 소리가 나지 않고 답답한 소리가 난다. 게인은 음량이 큰 악기의 음원은 크게 받아주어야 음원의 본래 음질을 깎지 않게 된다. 한편, 음량이 적은 음원은 작게 받아주어야 불필요한 잡음을 만들지 않는다. 따라서 악기의 경우 페이더를 무조건 0에 맞추지 않고, 게인을 10시 방향으로 올리면서 페이더를 서서히 올린다. (드럼의 경우, 워낙 음압이 강하므로 헤드룸을 파악하면서 올려준다.)

이 점을 고려하여, 어떤 믹서에서는 Line입력시나 마이크 입력시 최소한 어디까지 게인을 주게끔 노브를 돌릴 수 있도록 친절하게 표시되어 있다.

Fader(페이더)의 이해 및 사용법

페이더는 믹서의 맨 끝부분에 위치해 있어, 입력된 순수한 신호가 가장 먼저 게인값과 hi mid low 음역대를 거치며 음색이 만들어지고 난 후 최종적으로 메인 스피커로 나와야 할 소리의 볼륨을 조절해준다. (왼쪽 사진)

Aux(억스, 보조출력)의 이해 및 사용법

Aux는 보조 출력으로서 한 음원 소스가 들어오는 것을 다른 출력장치(파워앰프 또는 파워드 스피커)로 보내 준다. 주로 이것은 싱어나 악기팀이 각각의 모니터 스피커를 필요로하거나, 한 장소에서 유아실 같은 스피커로 소리를 내보내야 할 때, 녹음을 해야 할 때, 그리고 이펙터(Effecter)를 사용해야 할 때 쓰인다. 또한 입력 값은 작은 볼륨

노브로 각 채널마다 조절할 수 있으며, 각 채널마다 Aux1, Aux2 등으로 구분되어 있다. 어떤 믹서에서는 Aux1, Aux2 전체볼륨이 있어 그것으로 출력량을 한꺼번에 조절하기도 한다. 어쨌든 Aux 단자가 많이 있을수록(Aux1-8등) 보조 전원을 다양하게 활용할 수 있다. Aux는 말했듯이 기본이 보조 출력이다. 따라서 만약 Aux 구멍이 있는데, 번호 1만 쓰여 있다면 기본적으로 이 뜻은 믹서에 들어오는 각 채널에서 출력되는 Aux1의 출력량만을 1번 구멍으로 내보낸다(output)는 뜻이다. output과 같은 원리다. Aux2는 2번이 되고, Aux3은 3번이 된다.

⦿ send와 return 원리 이해하기

위의 설명을 이해했다면 이제 return을 알면 된다.

일렉앰프나 베이스앰프, 그리고 믹서에는 send과 return 단자가 있다. 주로 이펙터나 이퀄라이저를 설치할 때 쓰는데, 어떤 믹서는 send는 적혀있지 않고 번호(aux)만 쓰여있고, 따로 return 글자만 적혀있는 곳이 구분되어 있다. 이럴 때는 당황하지 않고 Aux로

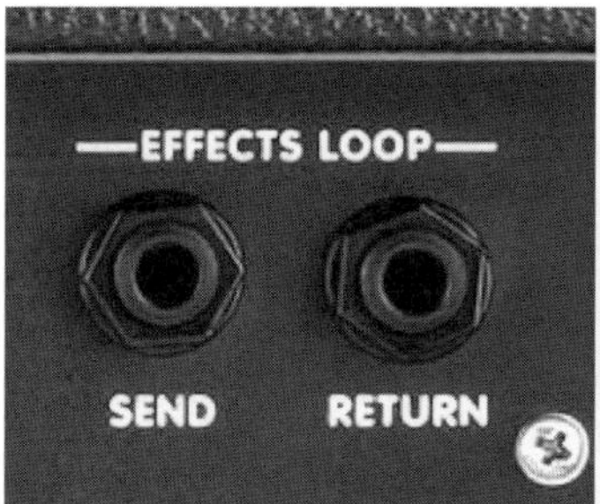

send(보조 출력으로 보내고)하고 return으로 다시 믹서 또는 앰프로 음원을 들여보낸다고 생각하면 된다. 중간에 이펙터를 쓰거나, 프리앰프를 쓰는 경우에는 반드시 return단자가 필요해진다. 거기에는 아래와 같은 이유가 있다.

일반적으로 이펙터를 쓸 때에는 2가지 방법이 있다. 하나는 직렬이고 하나는 병렬이다. 직렬 연결의 경우는 악기–이펙터–믹서 또는 앰프로 연결해 바로 쓴다. 이런 직렬 연결법은 insert 단자에 바로 꽂아서 사용 하는 경우와 동일하다.

병렬 연결은 악기의 55잭을 믹서의 input단자에 바로 꽂아놓고, 따로 55케이블 2개를 준비해서, 하나는 앰프의 send부에 연결하고 나머지 꽂혀 있는 반대편 55커넥터를 이펙터의 input에 꽂는다. 그리고 이펙터의 output단자에 또 하나의 55커넥터를 연결한 후, 앰프의 return 부분에 나머지 55커넥터 하나를 꽂는다.

그렇다면 왜 두 가지의 방법이 존재하는가? 바로 직렬 연결시의 잡음 때문이다. 아무리 좋은 케이블이나 이펙터를 쓰더라도 직렬로 연결한 순간부터 잡음은 시작된다. 음이 손실되기 쉽다는 뜻이다. 그러나 병렬 연결은 원음의 손실이 없는 상태에서 이펙터의 기능을 쓰게 만든다. 이것이 병렬 연결의 장점이다. 혹여 꼭 직렬로 연결해야 하는 악조건이 아닌 이상 병렬 연결법을 이해하고 쓴다면 한 층 더 깔끔하고 부드러운 소리를 기대할 수 있을 것이다.

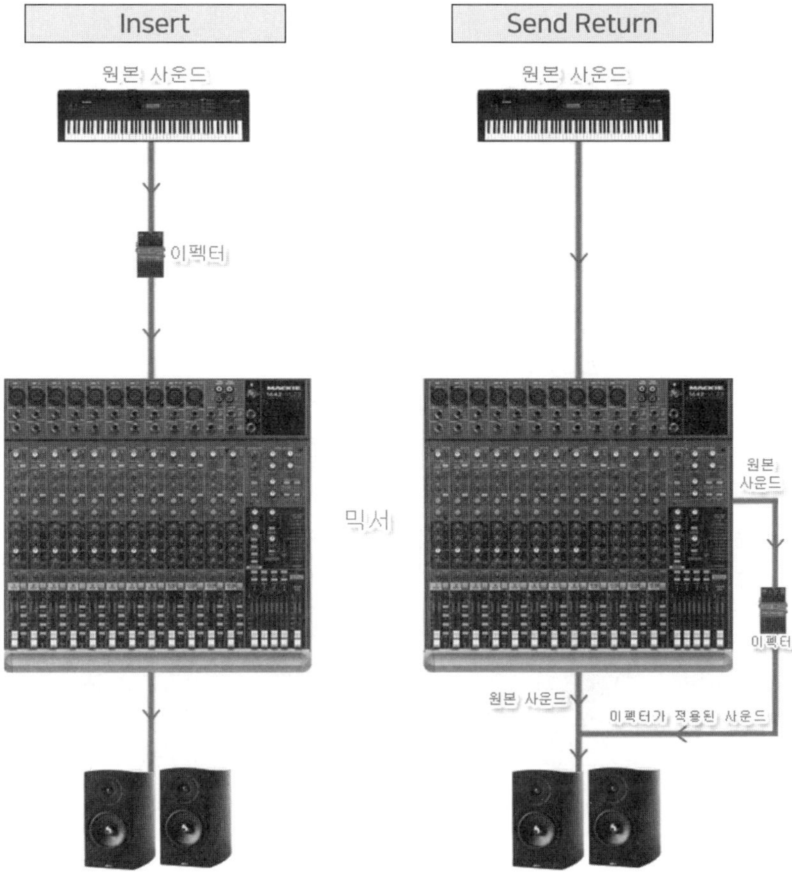

이펙터의 insert / send return의 원리

Phantom(팬텀, 48V, 유령전원)

Phantom(팬텀)은 영어로 유령이다. 음향의 세계에도 전원이 유령처럼 존재한다. 이것은 주로 컨덴서 마이크(강대상에서 주로 볼 수 있는)나 Active DI 박스를 써야 할 때 등장하는 전원이다. 컨덴서 마이크는 초지향성 마이크이므로 상당히 예민하다. 그 예민한 기능을 가능하게 만들어 주기 위해 보조 전원이 필요한데, 그 때 자체 기기의 건전지나 믹서의 Phantom기능을 쓴다. 만약 건전지가 없다면 이 Phantom기능을 켜면 컨덴서는 작동된다. 이 전원은 컨덴서 마이크뿐만 아니라 액티브 Di 박스에도 필요하다.

이 기능을 켜면 대부분의 믹서는 48V라는 표시를 반드시 명시해 놓는다. 고가의 믹서는 그 전원이 개별 채널마다 존재하며, 그 위에 빨간 불이 들어와 있음을 볼 수 있다. 어떤 곳은 '!' 모양으로 있다. 그러면 이것은 팬텀 전원이 있다는 것이다. (아래 사진)

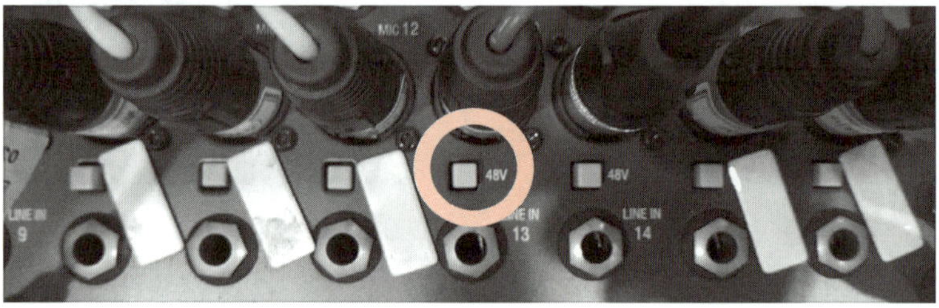

⊙ 사용법(켜고 끄기)

사용법은 주의 사항으로 알면 좋을 것 같다. 켜고 끌 때가 문제다.

팬텀이 필요하다 하여 무작정 켜서는 절대 안 된다. 그 해당 채널에 뮤트가 되어 있는지 살피고, 페이더를 내린 상태에서 팬텀 기능을 켠다. 그렇지 않으면 믹서나 믹서에 연결된 음향기기들이 무리가 갈 수도 있다. 보조전력 공급이기 때문이다. 그 기능을 끌 때에도 반드시 뮤트 버튼을 누르고 페이더를 다 내린 상태에서 끈다. 또한 믹서의 전원을 켜고 끌 때에도 자칫 퍽 소리가 날 수 있으므로 반드시 팬텀 기능을 정지한 상태에서 전원을 켜고 끄도록 한다. 또한 팬텀이 켜진 상태에서는 절대로 그 어떤 악기나 마이크를 연결하지 않는다. 기계에 손상이 올 수가 있다. 따라서 어떤 악기나 마이크를 연결하려 할 때, 팬텀 전원이 켜져 있는지 여부를 먼저 살피고, 그것이 필요 없다면 끄고 다른 음향기기를 연결하도록 한다.

⦿ 컨덴서 마이크와의 사용법

컨덴서마이크는 초지향성[44] 마이크이므로 저항값도 다이나믹 마이크보다 훨씬 낮아, 주위 소리를 모두 빨아들이는 경향이 있다.

강대상에서 쓰이는 컨덴서마이크는 주로 길쭉해서 구즈넥마이크라고 한다. 이 마이크는 매우 민감하지만 팬텀이 걸리지 않으면 절대로 소리가 나지 않는다. 따라서 이 마이크를 쓸 때에는 가장 먼저 팬텀 전원이 걸렸는지 여부를 확인하고, 꺼진 상태에서 뮤트를 시키고 악기를 연결하도록 한다. 만약 그렇지 않고, 팬텀이 켜진 상태에서 섣불리 악기를 연결하려고 하면 악기와 믹서 간에 끔찍한 상황을 초래할 수도 있다.

---

44) 지향성이란 소리, 전파, 빛 등의 송수신에 있어, 한 방향으로 집중하여 강한 성질을 나타내는 현상을 말한다. 마이크에도 이러한 지향성이 존재하여, 특정 방향에 있는 소리를 집중적으로 빨아들이는 경우가 있다. 컨덴서 마이크는 초지향성 마이크여서 모든 곳의 소리를 빨아들이는데 비해, 다이나믹 마이크는 한 방향의 소리를 빨아들인다.

Mute(뮤트)의 이해 및 사용법

Mute는 믹서나 앰프에 조그마한 단추로 위치해 있다. 믹서에는 볼륨을 조절하는 페이더 위에 위치해 있고, 악기용 앰프에는 그 단추가 있거나 없을 수도 있다. 있다면 단추로 존재한다. 기능은 말 그대로 침묵 시키는 것이다. 뮤트를 누르면 그 악기나 마이크에서 흘러들어가는 음원을 받긴 받되 메인 스피커나 Aux(보조출력)로 보내주진 않는다. 다만 소리의 전기적 신호는 계속해서 작동한다.

PFL, AFL의 이해

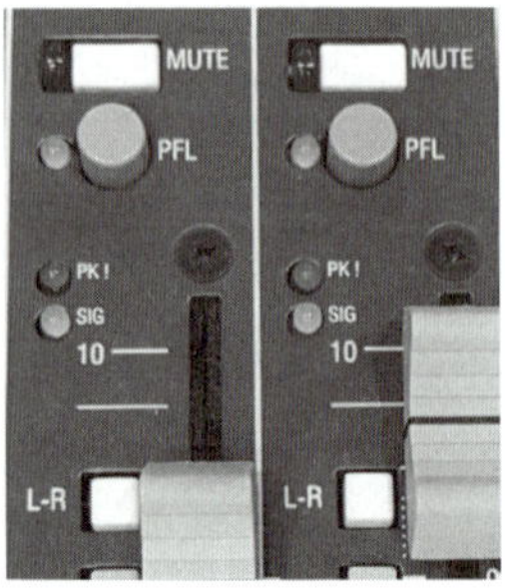

PFL은 Pre Fader Listen, AFL은 After Fader Listen의 줄임말이다. 이것들은 공통적으로 주로 엔지니어가 모니터나 헤드폰 단자를 통해서 확인 차 들을 수 있다.

PFL은 최종적인 소리를 조절하는 Fader에 구애받지 않고, Gain(또는 trim) 값을 통해 들어오는 원래 음원의 음질을 들을 수 있다.

AFL은 최종적인 소리를 조절하는 Fader까지 포함한 상태를 모니터할 때 사용된다. 이것은 녹음할 때나, 믹싱작업을 할 때에 주로 사용된다. 종종 SOLO로도 표현된다. 또한 AFL은 Aux나 Group, Matrix 출력부에 위치한다.

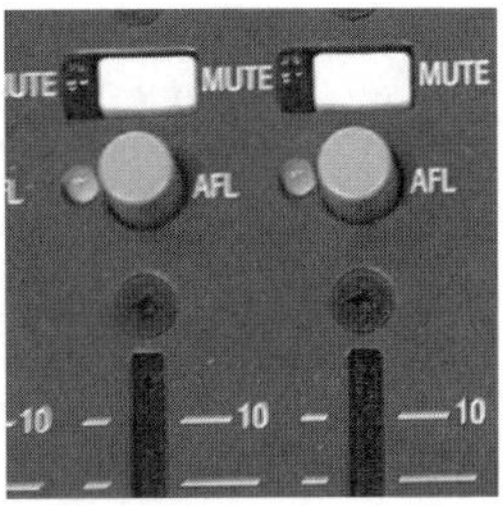

이 기능들은 현재 믹서에서 나오는 음원 중 선택 된 음원만 들을 수 있다. 필자는 주로 이 기능 중 PFL을 주로 쓰면서 어떤 싱어나 악기 팀원들이 그 믹서로 들어오는 채널을 통해서 자기의 소리를 얼마만큼 잘 내고 있는지를 들으며, 그 음질을 수정 보완한다. 또한 그 채널이 음향 기능 상 이상이 없는지를 살핀다.

헤드룸 파악하기

헤드룸은 믹서에서 중요한 위치를 가지고 있다. 모든 믹서의 헤드룸에는 차례로 평행된 두 개의 늘어선 녹색 점들 노란 점들, 그리고 그 뒤엔 빨간 점들이 있다. 이것의 기능은 현재 들어오는 하나의 신호나 전체의 신호 값을 보여준다. 만약 이것이 없으면 어떤 소리가 그 채널을 통해 들어오는 Gain값이 너무 클 때, 결국에는 음향 기기가 망가지게 되는 경우가 발생할 수 있다.

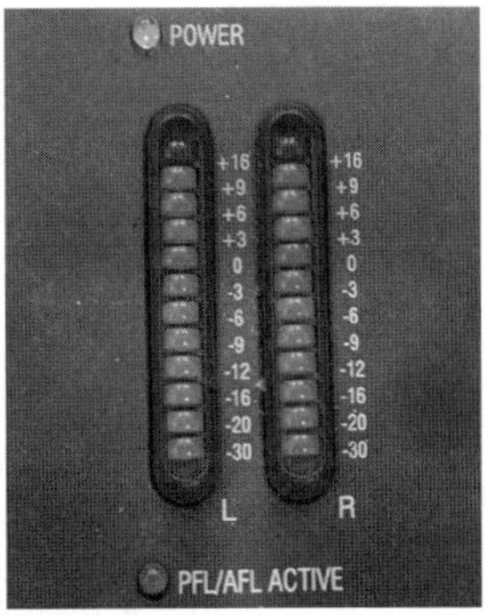

⊙peak(피크!) 주의하기

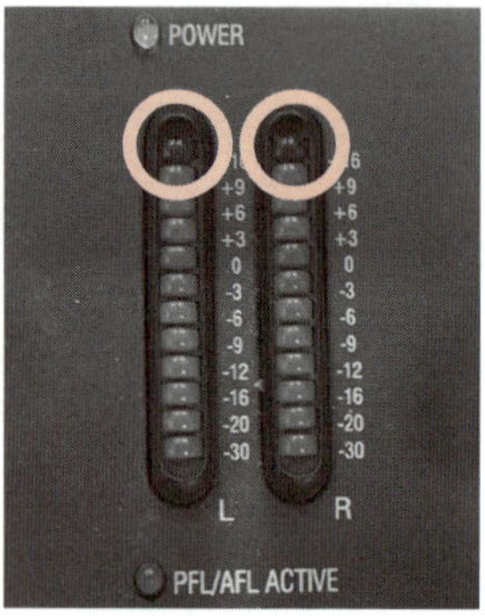

Peak는 최고점이라는 뜻을 갖고 있다. 그것은 믹서나 스피커에 입력되는 음량이나 전력치가 최고점이라는 것을 의미한다. 우선 Peak가 뜨면 무조건 긴장해야 한다. 빨간 불이 들어오는 것이다. 그것은 곧 그 기기가 현재 무리가 가고 있다는 것이므로, 빨리 먼저 빨간 불이 뜨지 않도록 조치한다. 그것은 믹서, 앰프, 또는 앰프 일체형 파워드 스피커가 해당된다.

믹서에 있는 Peak가 뜨면 먼저 Gain 값을 수정하되, PFL을 눌러서 그 채널에서 들어오는 peak값을 살펴서, 빨간 불이 뜨지 않도록 Gain 값을 내리도록 조치한다. 이런 경우는 주로 Gain 값을 너무 많이 키우고 Fader 수치를 너무 작게 주는 경우이다.

믹싱 콘솔의 올바른 관리 및 주의사항

정기적으로 청소하기

믹서는 정기적으로 청소가 필요하다. 믹서는 먼지에 취약하다. 먼지가 그 기기에 들어가면 합선 등의 오작동과 함께 지직거리는 잡음도 유발한다. 따라서 엔지니어는 믹서의 각 단추에 먼지가 들어가지 않도록 부드러운 붓이나 솔 등으로 먼지를 깨끗이 털어낸다. 또한 믹서를 쓰고 난 후에는 보자기를 덮어 두어 먼지가 직접 쌓이지 않도록 한다.

전원 on/off 시 주의사항

믹서는 모든 음향기기 중에서 가장 먼저 켜고, 가장 나중에 끄도록 한다. 그렇지 않으면 믹서는 스피커에게 상당히 큰 폭발음을 전해주게 되어, 다른 음향기기가 동시에 충격을 받을 수 있다.

Mute를 시켜준다.

이것은 첫 번째로 악기를 연결할 때 지직거리는 잡음을 방지하도록 하는 조치이며, 쓰지 않는 채널을 통해서 괜히 나는 잡음 등을 미연에 방지할 때에도 쓰인다.

5. 앰프

앰프의 종류는 매우 다양하고 폭이 넓지만, 라이브 사운드에서 기본적으로 다룰 수 있는 정도로 한정하였다.

파워앰프

파워앰프는 가장 기본적인 앰프로서, 믹서의 메인 출력부나, Aux나 Group이라는 출력부를 통해 흘러가는 음원을 증폭하여 스피커로 보내는 역할을 한다. 주로 출력은 두 개로 이루어지며, 스테레오로 출력하기 원하면 그저 각각 왼쪽 오른쪽에 잘 끼우면 된다.

믹서에서 각기 왼쪽과 오른쪽에 출력을 보내고 싶다면, 믹서의 메인 출력단자인 Left와 Right를 파워앰프의 왼쪽과 오른쪽 input에 각기 꽂아주면 되고, 믹서의 메인 Fader를 0쪽에 맞춘 뒤, 파워앰프 자체 볼륨을 그 예배 공간에 맞게 적절히 올려주면 된다.[45]

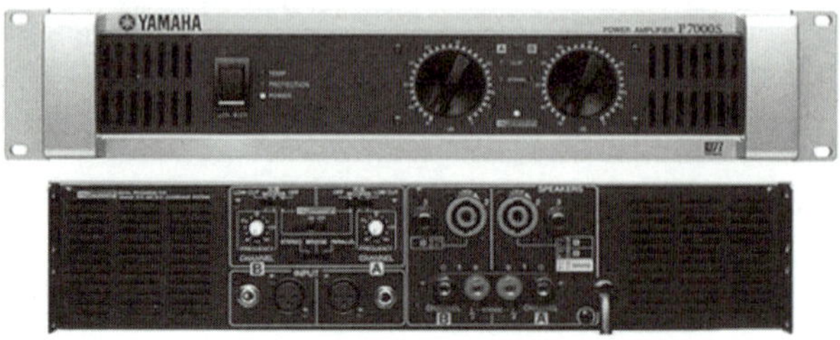

예시 : 야마하 파워앰프

악기용 앰프

악기용 앰프는 두 가지로 나뉜다. 주로 스피커를 동시에 포함하여 일체화해서 편의성을 고려한 경우, 다른 하나는 스피커가 없는 파워앰프 같은 앰프 기기만 있는 경우다.

후자일 때에는 앰프 헤드(Amp Head) 즉, 악기의 소리를 받아 믹서로 보내거나 증폭시켜주는 앰프의 기능만 있는 기기를 말한다. 이 때 증폭된 소리를 내려면 역시 스피커가 반드시 필요한데, 그 스피커는 그 악기 소리를 앰프에서 받아서 내 주는 스피커 기능만 있는, 캐비넷(Cabinet)이라 부른다. 이렇게 따로 따로 있는 이유는 각각이 가진

45) 이럴 때 쓰이는 스피커는 주로 Passive(패시브) 스피커이다. 앰프가 따로 출력을 내주므로 앰프 내장형 스피커가 필요 없으니, 온전히 스피커의 기능만 가진 패시브 스피커가 쓰인다. 대신 비용이 많이 든다. 파워앰프 따로 사고, 스피커도 따로 사야하기 때문이다. 그럼에도 이렇게 각기 사는 이유는 각기 그 기능상 전문성이 충분히 들어가서 음질이 훨씬 좋아지는 것이고, 각 기기마다 열을 식혀주는 팬의 기능이 있기 때문에 일체형보다 더 오래 쓸 수 있어서이다.

전문성을 고려하여 뮤지션들이 선호하는 악기용 앰프 헤드와 스피커 캐비넷을 입맛에 맞게 자유롭게 연결할 수 있기 때문이다. 이런 경우, 꼭 같은 회사의 앰프 헤드와 스피커 캐비넷을 쓸 이유가 없는 것이다.

아래의 Ashdown 앰프는 헤드와 앰프 캐비넷이 따로 분리되어 있다.

프리앰프(Pre-Amp)

말 그대로 앰프로 가기 전 단계로서, 여러 외부 기기로부터 들어오는 외부 신호들과 톤을 조절한 후, 메인 앰프로 보내주는 기기이다. 약간의 증폭 기능은 있다. 그러나 더 중요한 것은 기능 자체인데, 메인 앰프에 들어가기 전에 먼저 High Mid Low 등의 여러 가지 톤(음색)을 조절할 수 있다. 그 쓰임과 기능은 무궁무진하며, 회사도 다양하다. 대표적으로 크게는 싱어용과 악기용으로 구분된다.

싱어용 프리앰프는 주로 리버브를 주는 경우가 많은데, 싱어들의 목소리가 너무 답답하게 들리지 않고 멀리서 은은하게 들려오는 소리를 인위적으로 만들어낼 수 있다. 그렇게 되면 노래를 부르는 사람은 힘이 덜 들어가서 좀 더 오래 부를 수 있게 되고, 듣는 사람들도 너무 날카롭지 않고 편안하게 들을 수 있다. (아래 사진)

악기의 경우, 어쿠스틱 기타, 일렉기타, 베이스용 프리앰프가 독립적으로 존재하거나, 또한 그 악기와 일체형으로 나오기도 한다.

어쿠스틱 기타는 통기타에 픽업이라는 프리앰프를 달아서 톤을 조절하는 경우가 있으나, 어쿠스틱 전용 프리앰프를 따로 쓰면 더 다양한 소리를 연출해 낼 수 있다. (아래 사진)

흔히 일렉기타리스트들이 말하는 꾹꾹이라는 것도 프리앰프에 속한다. 전문 뮤지션들은 제각기 다른 프리앰프들을 조합해서 소리를 내는 데에 집중한다. 왜냐하면 그만큼 자기가 원하는 소리를 세심하게 만져서 내야 하기 때문이다.

특별히 일렉기타나 베이스의 경우, 액티브(active), 또는 패시브(passive)라는 명칭이 쓰이는데, 이것은 프리앰프가 달려 있는지 없는지의 경우이다. 그러나 프리앰프가 악기 자체에 내장되어 있는지의 여부에 따라서 가격이 천차만별로 달라지는 것은 아니다. 매우 비싼 악기여도 Passive 소리가 훌륭한 악기가 있고, Active 소리가 훌륭한 악기가 있다. (아래 사진, 일렉기타 이펙터)

다만 Passive 악기를 쓸 때에는 그 악기 자체의 픽업 성능도 좋아야 하지만, 악기 자체에는 픽업 볼륨밖에 없으므로 악기 앰프 자체에 결정되는 경우가 많고, Active 악기를 쓸 때에는 악기 앰프보다는 그 악기 자체에서 인위적으로 만들어진 톤에 더 좌우된다.

6. 스피커

스피커는 파워앰프에서 증폭되는 전기 신호를 진동판의 진동으로 바꾼 뒤, 음파를 복사하여 사람들이 들을 수 있도록 소리 에너지로 변환하여 내보내는 음향기기다. 확성기라 하며, 라우드스피커라고도 한다.

스피커는 여러 파트의 부품으로 조합되므로, 스피커 시스템이라고도 불린다. 일반적으로 스피커는 스피커 유닛이 있어, 실제 주파수 대역별로 재생하는 장치가 있으며, 또한 크로스오버 시스템이라 하여 주파수 대역별로 구분하여 재생시켜주는 장치가 있다. 쉽게 말해서 고음은 위쪽에 위치한 트위터에서, 저음은 아래쪽에 위치한 우퍼에서 나온다. 그리고 마지막으로 그 스피커 시스템을 안전하게 담아서 소리를 내는 통이 있다. 그것은 인클로저라고 한다.

스피커의 종류

공연에서 쓸 스피커는 다음과 같이 크게 세 종류로 나뉜다. 하나씩 간단히 살펴보자.

패시브(Passive) 스피커

자체적으로 전원이 없기 때문에 반드시 별도의 파워앰프에서 증폭된 신호를 받아 소리를 내어 주는 장치이다. 자체 파워앰프가 내장되어있지 않아, 다른 파워앰프나, 파워드 믹서(파워앰프 내장형 믹서)와 얼마든지 자신의 스타일과 입맛에 맞게 바꾸어 쓸 수 있다, 또한 오직 소리만 전문적으로 내는 스피커 기능만 있으므로 소리의 질이 좋아, 이런 스피커들은 대부분 고가의 장비에 속한다. 흔히 패시브 스피커들은 55잭이나 스피콘 잭을 꽂을 수 있게 구성 되어 있다. 어떤 스피커는 스피커에 +, - 단자를 직접 꽂을 수 있게 되어 있다. 그것은 주로 조금 오래 된 스피커나 소형 스피커에서 볼 수 있다. 이 때 스피커와 파워앰프 간의 임피던스 매칭이 필요하다.[46] 특히, 믹서와 연결할 때에는 믹서의 메인출력 Output 단자에서 파워 앰프의 Input 단자에 꽂은 후, 파워 앰프의 Output단자에서 스피커 케이블로 패시브스피커의 Input 단자에 꽂는다. 이 때 표시되는 임피던스와 평균출력 지수가 나와 있는데, 예를 들면 8Ω에 500W RMS 라고 되어 있을 시, 이 스피커와 맞는 파워앰프는 적어도 한 채널 당 8Ω에 1000W 이상은 써야 스피커가 고장나지 않고, 스피커의 제 성능을 온전히 발휘할 수 있게 된다. (아래 사진, JBL Eon 1500의 앞 뒷면)

46) 이것과 관련된 세부 사항은 '6. 믹싱 콘솔, 파워 앰프, 스피커 조합의 실제의 2) 파워앰프와 스피커 연결 시 주의점' 편에서 볼 수 있다.

액티브(Active) 스피커

자체적으로 파워앰프가 내장되어 있으며, 당연히 전원이 있다. 그래서 파워드 스피커라고도 불린다.(믹서일 경우, 파워드믹서) 그리고 이때 표시되는 W는 그 액티브 스피커가 감당할 수 있는 최종적인 성능이다. 왜냐하면 자체 파워앰프가 내장되어 있기 때문에, 변경할 수가 없이 그 성능은 고정되어 있기 때문이다. 액티브 스피커는 믹서와 바로 연결한다. 즉, 믹서의 메인 출력 Output 단자에 바로 연결하여 쓸 수 있다. 이동과 편의성을 따진다면 액티브 스피커를 쓴다.

그러나 같은 가격대에서 소리의 질은 패시브 스피커에 비해 떨어질 수 있다. 이 액티브 스피커에는 스피커 내에 열을 식혀줄 Fan(팬)이 부족한 경우가 있으므로 오랜 시간 켜 두는 것은 추천하지 않는다. 그리고 액티브 스피커는 패시브 스피커와 다르게 XLR 라인을 꽂을 수 있도록 되어 있다. 그리고 자체 볼륨이 탑재되어 있다. 패시브 스피커는 XLR 라인을 위한 잭이 없고, 자체 볼륨도 없다. 또한 액티브와 다르게 전원이 없다.

액티브스피커의 뒷면, XLR 라인을 꽂을 수 있도록 되어 있고, 자체 볼륨이 있다.

모니터(Monitor) 스피커

- 무대에서 모니터 스피커는 무엇인가? 그리고 왜 써야만 하는가?

모니터 스피커는 무대에 서 있는 뮤지션들에게 중요하다. 모니터는 뮤지션들이 내는 소리가 메인 스피커로 안정적으로 나고 있는지 확인할 수 있도록 돕는 역할을 한다. 그런데 만약 모니터 스피커가 없다면 모든 무대에 있는 뮤지션들은 십중팔구 혼란에 빠지게 된다.

예를 들어 청각 장애인은 자신의 목소리를 제대로 내지 못한다. 낸다 하여도 목소리와 발음은 매우 어색하게 난다. 그 높낮이나 음량을 따질 수도 없다. 왜냐하면 청신경이 죽어, 타인이 말하는 것이나 자신이 말하는 것을 제대로 듣지 못하기 때문이다. 그렇게 되면 자신이 크게 연주하는지 작게 연주하는지 그 감각을 도무지 모르게 되어 아무렇게 연주하게 되고, 그것은 고스란히 메인 스피커에까지 전해져, 그 날의 공연을 망치게 할 수도 있다. 사실, 무대에서는 여러 가지 소리가 나는데, 더욱이 다른 악기들의 울림이 더해지면 시끄러워지므로 내 소리를 듣지 못해서 정신이 없어진다.

그러므로 제일 먼저 찾는 것은 자신이 내고 있는 소리다. 자기 자신이 내는 소리를 제대로 듣지 못한다면, 자기 자신이 심리적으로 답답하고 불안해져서 연주를 제대로 하지 못하게 된다. 그렇게 되면 내 소리를 제멋대로 내게 되어, 조화를 이루어야 하는 팀 전체에 악영향을 끼치게 된다.

따라서 모니터스피커는 자신이 내는 소리가 자신의 의도대로 안정적으로 나고 있는지를 제일 먼저 확인하는 용도로 쓰인다. 특별히 두 명 이상의 밴드로 구성된 팀일 경우 모든 뮤지션들이 제각기 멀리 떨어져 있어도 그 근처에 자신의 모니터 스피커가 있는 경우 인도자의 인도 소리를 밝히 들어서 움직이게 하는 중요한 역할을 한다. 그것은 고스란히 메인 스피커에 영향을 미친다.

만약 모니터 스피커의 소리가 너무 크면, 연주자는 자신의 소리를 줄이게 되어, 메인 스피커에서 나는 소리는 매우 작게 들린다. 반대로, 모니터 스피커의 소리가 너무 작으면 연주자는 자신의 소리를 듣기 위해서 소리를 키우게 되어, 메인 스피커에서 나는 소리는 결론적으로 매우 크게 들린다. 따라서 모니터 스피커 소리를 잡는 것은 매우 정교하게, 포괄적으로 이루어져야 한다. 또한 모니터 스피커에 쓰이는 스피커는 패시브 스피커나 액티브 스피커 둘 다 쓸 수 있다.

이 모니터스피커가 없어도, 요즈음에는 모니터링을 이어폰으로 하는 인이어(In-ear) 라는 시스템을 쓰기도 한다. 이것은 모니터스피커를 설치하지 않아 소리의 공간적 제한을 받지 않으며, 온전히 자신의 소리나 인도자의 소리를 더 정확하게 들을 수 있다. 모니터스피커는 아무래도 거리를 두고 듣는 방식이므로, 다른 연주자가 같이 있을 경우, 자신의 소리를 듣는 데에는 명확성이 떨어질 가능성이 크기 때문이다.[47)]

47) 이것을 가능하게 하는 것은 Aux라는 보조 출력 단자이다. 이 Aux가 많을수록 더 다양한 모니터링을 제공할 수 있다.

모니터 스피커의 종류는 크게 두 가지가 있다. 먼저는 아래 사진과 같이 일반적인 컴퓨터 스피커처럼 믹서나 피아노를 중앙에 두고 양쪽에 스피커를 하나씩 두어서 방송실에서 쓰는 모니터 스피커이다.

또 하나는 무대에서 뮤지션들이 주로 쓰는데, 아래 사진과 같이 바닥에 비스듬히 세워놓는 스피커로서 자신들이 내는 소리를 듣게 만드는 것이다. 이 경우 듣는 각도나 거리 조정이 잘 이루어져야 한다.

7. 믹싱 콘솔, 파워 앰프, 스피커 조합 및 세팅의 실제

세팅의 실제

믹싱 콘솔과 파워앰프, 스피커는 서로 뗄 레야 뗄 수 없는 존재이다.

어느 한 쪽이 제대로 연결되지 않을 경우 결코 어떤 소리도 나지 않기 때문이다. 그리고 그 모든 연결은 온전히 케이블로 이어진다. 그러므로 다음의 정리된 순서를 잘 기억해 두면 좋을 것이다.

세팅 전 반드시 확인할 것들

예배당 또는 집회 시 쓰일 공간을 먼저 꼼꼼히 답사한다. 답사는 다음과 같다. 음향 기기가 쓰일 수 있는지를 살핀 후, 메인 스피커가 무대의 어디에 놓이면 좋을지 체크한다.

그 후 믹서의 위치가 중요한데, 좋은 지점은 메인 스피커로부터 엔지니어가 전체적인 소리를 한 번에 들을 수 있는 중앙에서 조금 더 뒤가 적당하다. 회중석 전체의 5분의 3 정도가 적격이다. 믹서가 너무 멀리 떨어져 있으면 가까이 있는 회중들의 상황을 잘 모르고, 한 쪽에 치우쳐져 있으면 한 쪽의 소리밖에 못 듣게 된다. 또한 믹서가 메인 스피커 가까이에 위치해 있거나 메인 스피커 뒤에 위치해 있는 경우, 공간상의 제약이 있는 경우가 아니라면 결코 추천하지 않는다.

만약 믹서가 메인 스피커 바로 앞에 위치하면, 엔지니어는 그 소리가 회중들의 귀에 잘 들리는지 음량 파악이 제대로 되지 않는다. 또한 믹서가 메인 스피커 뒤에 위치하면, 엔지니어는 메인 스피커에서 흘러나오는 실제 조합된 소리를 듣지 못한 채로 조절해야하기 때문에 엔지니어는 왔다 갔다 하는 수고를 하며 두 배, 세 배로 바빠지게 된다. 따라서 공간의 제약을 최소화 시킬 수 있는 서브엔지니어가 없는 한, 적어도 맨 뒤가 아니면 추천하지 않는다.

믹서가 놓일 자리를 선정했다면 파워 앰프를 놓을 자리를 본다. 파워앰프는 비교적 자유롭지만 믹서와 함께 놓여서 엔지니어가 바로바로 관리하는 편이 가장 좋다.

파워앰프까지 놓였다면 다음으로 그에 맞는 길이로 제작된 케이블을 이용하는 것이다. 그리고 각 기기에 맞는 단자를 다음의 경우처럼 확인한다.

예를 들면, 믹싱 콘솔에서의 메인과 Aux 의 출력부 단자가 55Line용인지, XLR단자인지를 살핀다. 그 후, 파워앰프, 입력부 단자도 살핀다. 그 후 파워앰프의 출력부 단자가 스피콘(SpeakON)인지, 55잭을 쓰는지, 바나나잭을 쓰는지, 아니면 스피커 선의 +와 -만 자체를 그대로 쓰는지 살핀다.

단자는 기기마다 제각기 다를 수가 있으므로 반드시 각기 어떤 것이 쓰이는지 먼저 살피고, 각각의 입 출력부가 지원하는 단자들을 구성한다.

단자 구성 후 올바르게 꽂는다.

각기 지원되는 단자들을 올바르게 구성했다면, 이제 가장 먼저 믹싱 콘솔의 메인 출력부를 찾아 거기에 맞는 단자를 꽂는다.

그 후, 믹싱콘솔의 메인 출력부인 Right 또는 Left를 찾아서 꽂고, 그 케이블의 반대쪽들을 파워 앰프의 input 단자를 찾아 각각 연결한다. (이 때 파워앰프는 Stereo 모드여야 왼쪽과 오른쪽 전부 고르게 나오게 된다.)

그 후, 파워앰프에서 메인 스피커로 보내는 출력부 단자에 맞는 선을 가져와서 단자를 끼우고, 그 반대쪽 선을 메인스피커의 단자에 맞게 끼운다. 왼쪽과 오른쪽을 그렇게 끼운다. 그 후 믹서의 메인 출력부의 페이더를 0까지 올려 놓는다.

싱어팀원 또는 악기팀원들을 위한 모니터 스피커 연결법

싱어나 악기팀이 쓸 모니터 스피커에 관하여는, 먼저 그들의 키와 귀 높이에 맞게 각도를 잘 설정하여 설치되어야 한다. 여러 명일 경우 주로 비슷한 높이의 키를 가진 사람들끼리 나누어서 배치시킨 후 그 앞에 스피커를 둔다. 왜냐하면 모니터스피커는 각도 조절이 중요하기 때문이며, 그 각도에 따라 선명하게 잘 들리는 여부가 갈리기 때문이다.

파워앰프와 스피커 연결 시 주의점

주로 파워앰프와 스피커를 연결할 때에 상식적으로 알아 두어야 할 지침은, 파워앰프의 출력 지수와 스피커의 상관관계다. 파워앰프의 출력 용량이 1000W이면 스피커는 그 용량 이하를 쓴다.

여기서 잠시 Ohm(옴, Ω)의 이해가 필요한데, 모든 스피커와 파워앰프는 Ohm의 지침이 있다.

예를 들면 8ohm, 1000W의 스피커가 있다고 하자. 그렇다면 이 스피커는 8옴의 저항에서 1000와트의 출력을 계속해서 낼 수 있다는 것이다. 이 때 파워앰프는 스테레오 출력모드에서 적어도 8옴에서 한 채널당 1000W 이상의 용량을 쓴다. 그러나 이것은 최소한의 값이며, 일반적으로 파워앰프는 스피커의 RMS에서 최소한 2배에서 2.5배 정도의 용량을 써야 스피커를 통해서 충분히 좋은 소리를 낼 수 있다.

이것을 파워앰프와 스피커 매칭이라고 한다. 그것이 맞춰지지 않으면 파워앰프가 제 성능을 십분 발휘하지 못하게 되고, 스피커가 고장날 수가 있다.

8. 마이크

마이크는 Microphone의 줄임말이다. 스피커 시스템과는 다르게 음성, 음파의 진동(Hz, 주파수)이나 소리 에너지를 전기적 신호로 바꾸어 믹서로 보내는 역할을 한다. 특정 주파수에 따라 여러 가지 종목별로 쓰임이 있어, 우리가 가장 자주 접하는 마이크 종류들 몇 개만 소개하고자 한다.

특별히 이 마이크들은 어떤 지향성에 따라 그 종류와 쓰임이 나눠는데, 지향성이란 소리, 전파, 빛 등의 송수신에 있어, 한 방향으로 집중하여 강한 성질을 나타내는 현상을 말한다. 마이크에도 이러한 지향성이 존재하여, 특정 방향에 있는 소리를 집중적으로 빨아들이는 경우가 있다. 예를 들어 컨덴서 마이크는 초지향성 마이크여서 모든 곳의 소리를 빨아들이는데 비해, 다이나믹 마이크는 한 방향의 소리를 빨아들인다.

마이크의 종류

다이나믹 마이크

가장 대중적으로 볼 수 있는 마이크로, 많은 싱어들이 잡는 마이크이다.

이 마이크는 소리를 받아들이는 것이 이 다음 소개 되는 마이크보다 현저하게 낮다. 그러나 내구성은 가장 좋으며, 가격대가 그리 비싸지 않아, 노래방이나 여러 공연에 가장 많이 사용된다. 가끔, 급하면 이 마이크로 일렉이나 베이스 악기 앰프 앞에 대면 마이킹을 할 수도 있다. 드럼 마이킹을 할 때에도 이 마이크가 사용될 수 있다. 단일 지향성이므로 한 방향에서만 소리를 잡는다. 하울링은 많이 나지 않는다. 이 때 믹서에서 Gain은 중간 이상인 5-10정도로 올려주면서 Fader를 적절히 올려주는 것이 좋다.

컨덴서 마이크

흔히 강대상에서 볼 수 있는 마이크로, 거위의 긴 목과 같다 하여 구즈넥 마이크라고도 한다.

몇 번 언급되었지만, 초지향성 마이크이므로 360도의 모든 곳에서 나는 소리를 빨아들이는 경향이 있다. 이런 이유는 그 마이크의 저항값이 낮기 때문이다. 그리고 주로 설교자, 연설가들의 음성을 세심하게 듣기 위해 쓰인다. 이것을 믹서에 연결하여 다룰 때에는 매우 섬세한 작업을 요한다. 모든 주파수 음역대에 민감하기 때문에, 대충 맞추면 하울링도 나고, 먹먹하거나 날카로운 소리가 나기 쉽다. 이 때 믹서에서 Gain은 중간 이하로 낮추면서 Fader를 0으로 올려주는 것이 좋다. Gain을 먼저 너무 많이 올려놓으면 하울링이 나서 고장날 수가 있다.

리본 마이크

내부에 0. 2~0. 3마이크론 정도밖에 안 되는 얇은 금속이 넓게 펼쳐져 있어, 진동판의 역할을 가지며, 이 특징으로 인해, 매우 깨끗하고 자연스럽고 섬세한 음색이 들린다. 저음역대에서 고음역대까지를 아우른다.

용도는 찬양대의 합창이나 단독 녹음, 어쿠스틱 기타(통기타)의 단독 마이킹용으로도 적합하다. 그러나 바람이나 외부 충격에 민감하기 때문에 취급 시 각별한 주의를 요한다. 지향성은 오른쪽과 왼쪽의 양지향성의 성질을 가지고 있다. 이 때 Fader를 먼저 0에 가깝게 올려주고 Gain은 하울링이 나지 않을 정도로 서서히 올려준다.

악기용 마이크

특별히 악기용 마이크는 그리 많지 않으나, 굳이 열거하자면, 업라이트나 그랜드 피아노에 설치하는 전용 마이크가 있고, 드럼의 가장 큰 베이스음을 내어주는 베이스드럼용 마이크도 있다.

마이크의 올바른 사용법

다이나믹 마이크

다이나믹 마이크를 쓸 때에는 먼저 소리를 내는 근원과 마이크를 최대한 가까이 위치시킨다. 싱어의 경우, 마이크를 쥘 때 마이크 헤드 부분을 쥐지 않고 그 바로 밑을 쥔 후, 입의 방향과 정면으로 위치하게 한다. 이 때 마이크는 입과 최대한 가까이 붙어 있는 것이 좋다.

컨덴서 마이크

컨덴서 마이크는 다이나믹 마이크처럼 최대한 가까이에서 소리를 내지 않도록 한다. 그렇다고 너무 멀리서 소리를 내는 것도 주의해야 한다.

만약 설교 시 컨덴서 마이크를 쓸 때에는 그 거리를 마이크에서 무조건 손 한 뼘 이상 떼고 말하는 것이 좋다. 이것으로 가끔 드럼 심벌 마이킹을 하는 경우가 있는데, 매우 조심하게 다루어야 한다. 음압이 세지 않은 수준에서, Gain과 Fader를 동시에 천천히 만지며 음량을 조절한다.

리본 마이크

리본 마이크는 교회에서 찬양대나 성악으로 독창 또는 중창할 때, 콰이어, 또는 기타 반주시 사용한다.

이 때의 마이크 사용법은 메인 스피커나 모니터 스피커에 가까이만 대지 않으면 된다. 다만 중창 시 누구 한 사람 바로 앞에 세우지 않고 1미터 정도 떨어져 양방향에서 고루 흡음할 수 있도록 한다. 독창 시에는 마이크가 민감하므로 안정적인 소리를 위해서는 30센치미터 이상 떼어 사용하며, 기타 연주도 이와 마찬가지이다.

9. 케이블

아무리 기기의 성능이 좋아도 그 전기 신호를 전달해 줄 매개체가 없으면 그 기계는 아무런 소용이 없다. 케이블은 이 때 가장 중요한 역할을 하게 된다.

케이블의 종류는 아래와 같으며, 최상의 음질을 위해서는 보통 케이블부터 무산소동선 등 가장 비싼 케이블(하이엔드)까지 다양하다. 왜냐하면 케이블의 상태에 따라 충분히 음색이 달라지기 때문이다. 그리고 케이블만큼은 자신이 직접 제작할 수도 있다. 특히 케이블의 큰 종류는 먼저 Balanced와 Unbalanced이나, 이 내용에 관하여는 '믹싱 콘솔' 편의 2)번에 있으므로 자세한 설명은 생략한다.

케이블은 대부분 단자와 줄로 연결되어있다.

케이블의 종류별 쓰임

5.5 단자 케이블

이 케이블은 총알처럼 생긴 Tip(+) Ring(-) Sleeve(Ground, 접지), 또는 Tip Sleeve 단자를 사용한다. 줄임말로 TRS, TS라 한다. 앞에 것은 Balanced, 뒤에 것은 Unbalanced의 용도로 쓰인다. 그 단자의 구경이 5. 5파이여서 그렇게 불린다. 1/4인치 케이블이라고도 한다.

이런 케이블은 주로 악기에 많이 쓰인다. 특히 이펙터와 믹서간의 연결, Aux 단자를 이용할 때에도 55단자를 가진 케이블을 쓴다. 다만 주의할 것은, 55케이블은 캐논 케이블과 다르게 믹서에서 Mute시키지 않은 채로 바로 빼면, 다른 극성간의 쇼트로 인해 퍽 소리가 나게 된다. 기기에 지원되는 단자는 input과 output 모두 암놈 단자를 쓰며, 사용자는 수놈 케이블단자를 주로 사용한다.

3.5 단자 케이블

이 케이블은 5. 5 파이보다 작은 3. 5 구경의 단자를 가진 케이블이다. 1/8인치 케이블이라고도 한다. 주로 MP3 기기나 핸드폰 기기에서 주로 볼 수 있으며, 헤드폰 단자, 이어폰 단자에도 있다. 만약 이 케이블을 믹서에 쓰려면 대부분이 3. 5단자 지원은 바로 되지 않으므로 혼합 단자 케이블로 3. 5~5. 5케이블로 바꾸어 쓰든지, 귀찮으면 단자만 바꿔주는 것을 써야 한다.

* Tip 1.

컴퓨터나 핸드폰에서 나오는 소리를 믹서에 연결할 때에는, 3.5 스테레오 단자 케이블의 반대편 단자를 5.5 unbalanced 케이블로 바꾸어, 스테레오[48](L,R,쉴드)에서 모노 입력(+,쉴드)단자로 바꾸어 Input 부분에 꽂는다. 그래야 선명하고 안정적인 소리를 들을 수 있다. 물론 그렇지 않고도 3.5를 5.5 스테레오로 insert 단자(L,R,쉴드)에 바로 꽂을 수 있으나, 음질이 저하될 수 있다.

XLR(캐논)단자 케이블

캐논이라는 이름의 회사에서 발명되어 안정적으로 탈착이 가능하게 한 케이블로서, TRS단자와 마찬가지로 3가지의 신호를 가지고 있다.

단자에 1. 2. 3이 차례로 쓰여 있어, 국제적으로 그것은 쉴드, +, - 순으로 쓰인다. 이 단자의 장점은, TRS 단자와 다르게 믹서에서

---

48) 스테레오와 Balanced가 겉으로 보기에 동일하여, 자칫 그 명칭을 혼용하여 쓸 수가 있는데 엄연히 다르다. 그 둘의 케이블의 내부 구성이 같다 하여도 기기가 모노입력을 쓰면 Balanced 케이블은 모노 신호를 전송하되, 잡음 없이 전송한다는 것이다. 보통 마이크는 모노 입력이다. 그것에 쓸 경우 원래 모노 신호와 그 모노의 신호를 위상 역전 시킨 신호와 쉴드를 쓰게 되어 잡음 없이 모노 신호로 들어가게 된다. 그와 다르게 스테레오는 +, -의 개념이 아니라, 둘 이상의 독립적인 오디오 채널1번, 채널2번을 사용하는 것을 말한다. 따라서 음원 소스가 한 곳에서 최소한 두 채널 이상으로 들어가는 것을 스테레오라 한다. 무조건 +, -, 쉴드를 쓴다하여 무조건 스테레오가 아니다. 스테레오는 Balanced 케이블의 하위 개념이 되어, 음악기기에서 나오는 L R 신호로도 쓸 수 있다는 것이다. 그 L R을 이용한 것이 우리가 흔히 볼 수 있는 이어폰이나 헤드폰이다.

Mute하지 않은 상태에서도 별다른 소리 없이 탈착이 가능하다. 그러나 단점은 제작하기가 조금 까다롭고 구멍이 크다. 흔히 마이크 케이블이라고도 하며, 모든 믹서에서도 거의 이러한 규격을 쓴다. input과 output에 따라 수놈과 암놈 단자를 각기 가지고 있다. 따라서 대부분의 케이블들은 수놈과 암놈 단자를 같이 쓴다. 그래서 만약 케이블 길이가 모자랄 때 얼른 다른 XLR 케이블을 가지고 와서 연장해서 쓸 수도 있다.

혼합 단자 케이블

서로 규격이 다른 케이블(ex. XLR-TRS, XLR-TS 등,)을 제작하여 쓸 수 있다. 이렇게 써야할 때는 주로 장치에서 지원하는 단자의 물리적 규격 때문이다.

예를 들어 믹서의 메인 출력부가 XLR 단자만 지원되는데, 파워앰프는 TRS 단자만 지원된다면 그렇게 제작해서 만들면 된다. 제일 많이 쓰는 XLR은 1번은 쉴드, 2번은 +, 3번은 - 인데, TRS도 거기에 맞게, 맨 앞에 튀어나온 Tip은 +, Ring은 -, Sleeve는 쉴드이므로 각각 서로 잘 연결해 주면 문제없다.

이런 케이블은 5.5-3.5 케이블도 있으며, 그것을 이용해 단자만 바꿔주는 변환장치도 있다.

스피커 케이블

스피커 케이블은 패시브 스피커의 경우, Balanced 케이블을 쓰지 않는다. 쉴드 없이 +와 -의 극성만 쓴다. 즉 2개의 신호만 잡는다. 따라서 악기에 쓰이는 Unbalanced 케이블도 신호가 2개이므로 쓸 수 있다.

그러나 스피커 전용 케이블을 쓰는 편이 좋다. 이 케이블은 파워앰프와 패시브스피커 간의 연결 시 사용된다. 믹서와 파워앰프 연결 시에는 쉴드 처리 된 Unbalanced 케이블이나 Balanced 케이블을 사용한다.

한편 액티브 스피커인 경우 스피커 케이블은 쓰지 않는다. XLR이든 TRS이든 Balanced 케이블을 쓴다. Unbalanced를 쓸 수도 있으나 음 손실을 최소화하기 위해서다. 또한 액티브스피커는, 내장된 앰프가 이미 스피커와 연결 되어 있으므로 우리는 믹서의 메인출력과 액티브스피커의 앰프부분에만 연결하면 된다.

스피커 케이블에 연결해 쓸 수 있는 단자 종류가 있다. 바나나잭이라고도 하는 바나나모형의 +, - 단자가 있고, Soundcraft사에서 개발한 Speakon이라는 단자가 있다. 옛날부터 지금까지 나오는 모든 앰프는 대부분 스피커 케이블의 피복만 벗겨서 쓸 수도 있게끔 나와 있지만, 스피커 케이블을 좀 더 안정적이고 오래 쓰고 싶을 때엔 단자를 이용해서 케이블을 보호해주는 것이 좋다. Speakon 단자는 1번의 +,-와 2번의 +,-가 한 단자 안에 존재한다. 주의할 점은 1번에 연결하려면 1번에, 2번에 연결하려면 2번에만 연결해야 소리가 나온다는 점이다.

케이블의 올바른 관리법

케이블은 소모품이다. 정기적으로 관리해주어야 하며, 단자와 선 간에 분리가 되어 있으면 납땜 도구를 가져와서 즉석에서 납땜도 할 줄 알아야 한다. 하지만 대부분의 찬양팀원들은 노래만 할 줄 알고 케이블을 정리하는 법은 잘 모른다. 적어도 자기가 사용하는 것 정도는 관리하는 정도까지는 알아야 할 것이다. 그런데 아무렇게나 정리하면 안 된다. 케이블도 각자 특성이 있다. 흐물흐물한 케이블은 지그재그로 정리해 말아 감을 수 있지만, 뻣뻣하고 고유의 휘어짐이 있는 케이블은 그 특성 그대로 말아 감아 주어야 케이블 단선을 초래하지 않는다. 그러나 가끔 케이블의 특성을 무시하고 자신이 편한 방법으로 무작정 감아 놓아서 중간에 단선 된 케이블을 보는 경우가 있다.

둥글게 말아 감기

말 그대로 가장 쉬운 방법으로서, 둥글게 말아 감는 법이다.

케이블은 손 한 뼘에서 한 뼘 반 정도의 지름 크기로 말아 주는 것이 가장 적당하며, 둥글게 말아 감을 때에는 먼저 케이블을 쫙 펴 준다. 꼬인 부분이 없도록 펴 준 후에 왼쪽 손에는 단자를 잡고, 오른쪽 엄지손가락과 검지로 30센티미터 안쪽으로 케이블의 길이를 잡은 후, 오른쪽 엄지와 검지를 바깥으로 돌려가며 감아 준다.

가끔은 이렇게 되지 않는 경우가 있는데, 그런 경우, 계속 한 방향으로 감지 않고, 역방향으로도 감아 준다. 그러면 케이블 손실을 막을 수 있다.

지그재그로 말아 감기

이 케이블은 쫙 편다 해도 펴지지 않고, 둥글게 말아 감을 수가 없다. 나선형처럼 알아서 접혀 있는 케이블이다.

이런 경우 케이블이 막 꼬이지 않는 선에서 손 한 뼘 반 정도의 길이로 잘 접어주되, 다 접지 않고 어느 정도 케이블의 길이를 남겨준 후, 케이블의 중간을 조금 타이트하게 감아 준다.

끝 부분을 묶어 감기

둥글게 말아 감는 방법을 사용한 후, 왼쪽으로는 이미 말아진 몸통을 잡고, 마지막으로 오는 케이블 단자를 오른쪽 손으로 쥐고, 공간을 조금 남겨서 이미 말아진 케이블의 바깥으로 넘긴 후 안 쪽으로 데려와 다시 남겨 둔 공간 안쪽으로 단자를 집어 넣어 묶는다.

이 때 너무 세게 묶으면 케이블이 단선될 수 있으므로 적당한 힘으로 묶어 둔다. 벨크로 타이가 없을 때 그렇게 묶는다.

벨크로 타이로 묶기

케이블을 정리할 때 용이한 벨크로 타이는 둥글게 말아 감은 케이블들이 흩어지지 않도록 방지한다. 또한 악기 세팅을 하고 난 뒤에 어지럽게 널부러진 선들을 정리할 때에도 용이하게 사용된다.

케이블 제작 및 수리법

모든 케이블은 제작할 수도 수리할 수도 있다. 물론 일체형이 나와 있기도 하지만 말이다. 수리하는 데에 필요한 도구는 니퍼, 납땜용 인두, 땜납, 그리고 케이블과 단자이다. 이것을 항상 구비해 놓아서 유사시에 대비하도록 한다.

케이블도 천차만별로 많다. 국산, 수입산별로 있고, Balanced냐 Unbalanced냐에 따라 4심, 2심, 1심 등 다양하여 각기 용도에 맞게 사용한다.

케이블 제작법

⦿ XLR 단자의 경우

보통, XLR 단자의 경우 숫놈이든 암놈이든 그 주위에 1, 2, 3 숫자가 쓰여 있다. 1번은 접지, 2번은 +, 3번은 - 이다. 대부분 모노의 신호를 가지고, 이 때의 실제 신호는 +인 2번이다. 역상은 -인 3번이다. 단자를 파악했으면, 이제, 그 단자의 각 부분에 납을 묻혀 둔다. 그래야 나중에 납이 서로 잘 붙는다.

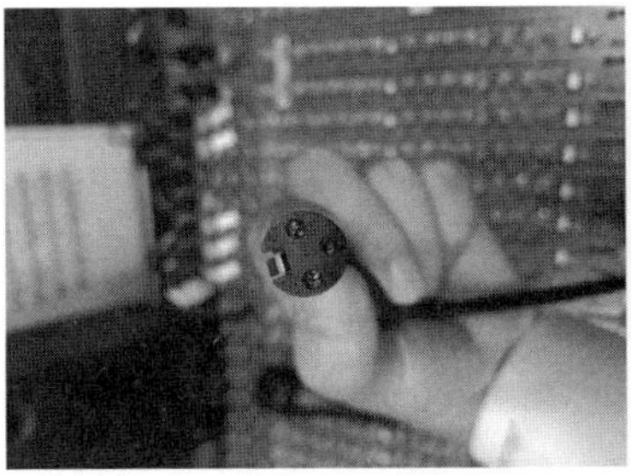 

그 후 단자의 맨 끝부분을 케이블의 중간정도에 미리 끼워 넣어 둔다.

이제 케이블의 맨 앞쪽, 즉 단자에 붙일 곳의 피복을 살핀다. 그 앞쪽 케이블의 맨 겉 피복을 니퍼로 1~2센티미터 정도로 벗긴다. 피복을 벗긴 직후 살펴보면, 거기에는 뭔가 회색이나 구리 가는 실선들이 서로 얼기설기 섞여 있음을 볼 수 있는데, 그것이 바로 접지선이다. 그 접지선 가닥들을 절대 자르지 말고 손가락으로 한 가닥도 빠짐없이 잘 감아 준다. 그 후 다른 선들, 흰색, 빨강색, 또는 흰색, 파랑색 선들이 있을 것이다. 바로 그 선들의 피복을 2~3mm 길이 정도로만 살살 벗겨 준다(길게 벗기면 그만큼 나중에 단선될 우려가 있다). 그 후 거기에 있는 구리 전선 가닥들을 끼리끼리 잘 돌려 감은 후, 납을 묻혀 둔다.

혹시 빨강색과 접지만 있는 경우는 Unbalanced용이므로 그것은 악기 연결용 케이블임을 알 수 있다. 만약 악기용으로 써야 하는데, 안쪽 피복이 빨강과 흰색, 접지가 있다면, 빨강과 흰색을 붙여 한 선으로 만들어 납을 묻혀 두고, 접지는 접지끼리 말아 납을 묻혀 두면 Unbalanced용 단자로 쓸 수 있다.

색깔은 흰색이 -(역상)이다. 한 편 +를 가진 피복은 파랑도 있고, 빨강도 있다.

제작된 케이블의 내부 사진들을 살펴보면 아래와 같다.

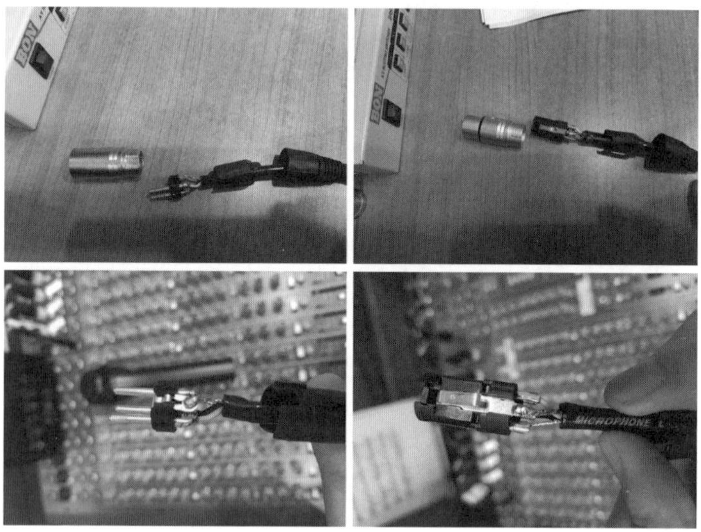

⊙ TRS 단자의 경우

TRS 단자는 맨 앞의 뾰족 튀어나온 곳부터 T(+, 뾰족한 것) R(-, 중간) S(접지, 가장 긴 것)이다. 제작법은 위와 동일하다.

⊙ 스피커 케이블 제작의 경우

이 경우는 스피커 케이블의 제작이므로, 스피커 케이블을 가지고 온다. 스피커 케이블은 +와 -로만 구성되어 있다.

스피커 케이블에 연결할 단자들은 TS 단자나, 스피콘 단자를 주로 사용하는데, TS 단자의 경우에는 T 부분에 +를 연결하고, S(접지) 부분에는 - 를 연결한다. 스피콘 단자는 한 단자에 1번 한 쌍과 2번 한 쌍이 독립적으로 존재한다. 따라서 1번의 +에 연결하면 반드시 1번의 -에 연결해야 소리가 나게 된다.

이 때 스피콘 단자는 십자드라이버나 1자 드라이버를 꼭 써야 한다. 이러한 점은 다른 단자와 달리 납땜을 사용하지 않아서 즉석에서 쉽게 쓸 수 있다는 장점이 있다. 단, 그러한 편리성만큼이나 제대로 고정시키지 않으면 쉽게 빠진다는 단점이 있다. 따라서 볼트로 강하게 고정 하든지, 불안하면 납땜으로 고정한다. 이 때 스피커 케이블 자체 피복을 좀 벗겨서 미리 납땜 처리를 해 놓아야 나사로 고정시키기에 좋다. (아래 사진 참고)[49]

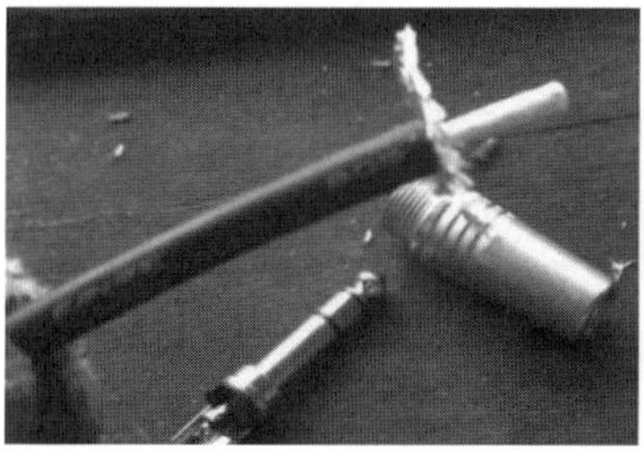
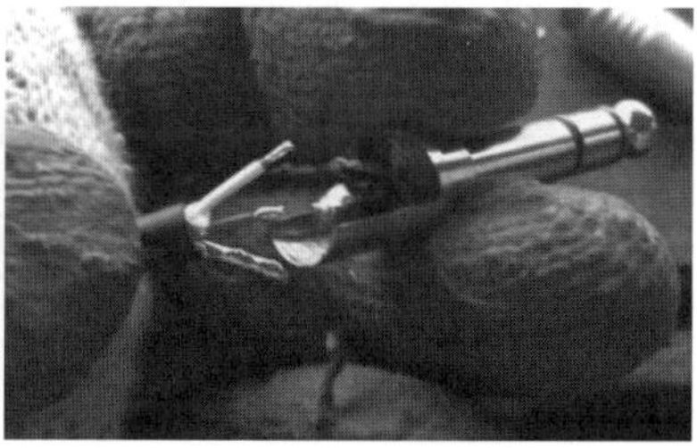

49) https://cafe. naver. com/patalk/780

10. 이펙터(Effecter)

필자는 삼겹살을 좋아한다. 그 삼겹살을 그냥 구워서 먹는 것도 맛있지만, 쌈장에 찍어 먹을 수도 있고, 소금 기름장에 찍어 먹을 수도 있으며, 구울 때 왕소금만 쳐서 먹을 수도 있고, 쌈을 싸서 먹을 수도 있다. 그 삼겹살은 또한 된장찌개에 넣어서 먹을 수도 있다. 그런데 같은 고기여도 그 맛은 전부 다 다르다. 같은 삼겹살일지라도 그것에 어떤 조미료를 사용하고 어떤 곁들일 음식 재료를 사용하여 가공했는지에 따라 입에서 느끼는 맛이 다 다른 것이다.

이처럼 음향 쪽에서 이펙터는 들어오는 음원 소스 신호를 가공하는 장치이다. 이 기능에 따라 청중들은 다양한 소리를 맛있게 접할 수 있게 된다.

그러나 분명한 것은 원래 음원의 질이 좋아야 이펙터의 효과를 십분 발휘할 수 있다는 것이다. 이펙터는 말 그대로 들어오는 음원을 토대로 효과만 주는 장치이다. 그렇기 때문에 악기나 다른 어떤 싱어 목소리 상태가 좋지 않은데 이펙터를 쓴다 하여도, 그것까지 모두 가리거나 가치를 높일 수는 없다. 오히려 더 지저분해질 뿐이다. 요리의 주 재료인 고기의 질이 좋지 않은데 사용하는 조미료 등의 주변 재료만 많이 사용한다면, 참 우스꽝스러운 일이 벌어질 것이다. 왜냐하면 그 고기의 본래 질감이나 향, 맛 등의 특성은 완벽히 지울 수도 없을뿐더러, 그저 조미료의 맛만 남아, 안 좋은 고기의 부자연스러운 맛을 경험하게 될 것이기 때문이다.

따라서 이펙터에 완전히 의지하는 것은 좋지 않다. 단지 너무 화려하게 쓰지 않고 적절하게 써야 하는데, 상당히 예민한 부분이라서, 이것저것 시도해보는 등 많은 경험이 수반된다.

흔히 사용되는 이펙터의 종류

보컬, 어쿠스틱, 베이스, 일렉, 피아노 등의 멀티 이펙터, 또는 프리앰프

주로 음 자체에 효과를 많이 주는 기능을 가지고 있으며, 믹서나 앰프에 들어가기 전(Pre amp) 또는 믹서와 insert단자를 구성하거나, Aux의 Send Return 단자를 통해 평행 구조로 연결해 쓰는 종류들을 통틀어 이펙터라고 지칭할 수 있다.

보컬은 리버브를 주로 쓰며, 어쿠스틱 기타는 코러스를 많이 쓴다. 일렉기타는 멀티 이펙터를 주로 쓰며, 디스토션, 오버드라이브, 코러스, 와우와우, 부스터, 딜레이, 등을 주로 쓴다. 그 기능들이 하나씩 있는 것을 일명 꾹꾹이라고 하고 그것이 다량 모여 있는 경우는 페달 보드라고 한다. 이것들은 발로 밟을 때 소리가 나거나 안 나오게 할 수 있다. 몇 만원에서 많게는 수백만원까지 호가하는 다양한 꾹꾹이 이펙터들이 존재한다.

베이스는 주로 프로 연주가가 아닌 이상 꾹꾹이나 페달보드보다는 자체 베이스 음역대를 개선시켜주는 프리앰프 한 두개를 주로 쓰나 취향 차이이므로 자신이 맞게 쓰면 된다.

볼륨 페달

볼륨 페달도 하나의 이펙터라 볼 수 있다. 대부분 기타 연주자들이 손으로 연주할 때 볼륨 페달이 있으면 발로 볼륨을 조절할 수 있게 되어 더욱 현장감 있는 연주를 하게 된다.

이퀄라이저

믹서나 단독 앰프 스피커에도 사용되는 이 기능은, 그 공간에 가장 적합한 소리를 만들어주는 데에 탁월하다.

예를 들면 너무 울리거나 High가 강하거나 하울링이 나는데 믹서 하나만 가지고는 도저히 만질 수 없는 음질을 이 이퀄라이저가 완전히는 아니더라도 조금 더 도와 줄 수 있다.

컴프레서

컴프레서는 어느 특정 음역대가 잡음이 발생하고 손실되는 것을 방지하거나, 음량을 조금 더 올려 준 후 음압을 강제로 눌러 평준화 시키거나 어느 볼륨 이상으로 들리지 않게 하는 기능이다.

설교하는 많은 목사님들이 가끔 호소력있게 강조할 때 소리를 강하게 내시는데, 이 때 가끔 음향시스템이 그 강한 음압을 견디지 못해 고장 날 때가 있다. 그것을 미연에 방지하여 어느 설정된 음의 값보다 큰 소리가 들어오면 1:2~1:10 정도의 값으로 압축시켜 줄이거나 소리가 나지 않게 한다. 이렇게 하면 자체 음향 시스템을 보호할 수도 있고, 청중들이 듣기에 부담스럽지 않도록 만들어줄 수 있어, 적극 권장하는 바이다.

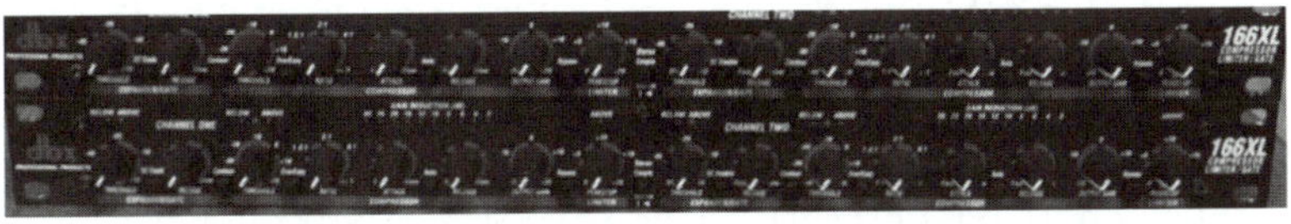

Aux의 Send와 Return 단자와 연결하기[50)]

모든 이펙터는 직렬 연결과 병렬 연결의 요소를 갖추고 있다. 직렬 연결을 하게 되면 잡음이 생기거나 음 손실을 야기하므로, aux의 send와 return 기능을 통하여 원음에 없는 방식으로 음 손실을 막고 그곳에 효과 음을 부여하여 다시 메인으로 보내주는 연결 방법을 쓴다. 따라서 소리는 원본 소리에 이펙터가 적용된 소리가 나게 된다.

믹서에서 aux는 적게는 1개에서 많게는 8개 이상도 있다. aux를 통해 나가는(send) 음원 소스를 다시 들어오게 하여 메인으로 보내는 기능인 return 기능이 있다. 악기용 앰프에도 역시 send와 return 기능이 존재하며, 그것이 믹서에서 말하는 aux의 기능과 같다. 그리고

50) 앞쪽 '믹서' 편의 Aux(억스, 보조출력)의 이해 및 사용법 이미지 참고

이 기능은 이펙터 효과를 부여하고 싶은 채널만 부여할 수 있도록 자유로운 조절이 가능하다.

insert 단자와 연결하기[51)]

insert 단자는 aux와 다르게, 한 채널의 신호를 주고 받는 단자이다. 이 통로를 통해 들어 온 신호 전부를 이펙터로 보내고 전부를 다시 받는다. 이것은 직렬 연결과 같은 느낌으로서 이펙터에서 나오는 소리는 믹서의 특정 채널의 insert 단자로 꽂는다.

또한 Send(L)와 Return(R)이 한 단자(보통 TRS 단자)에서 이루어진다. 주로 컴프레서, 이퀄라이저, 리미터 등 다이나믹 이펙터들이 이 insert단자에 많이 쓰이며, 이런 종류는 직렬 이펙터라고도 불린다. 그런데 이렇게 입력할 때 모든 채널에 입력할 수가 없다. 그렇게 되면 하나 하나 모든 기기를 사야 하므로 엄청난 돈이 들기 때문에 정말 필요한 강대상 채널이나 드럼, 베이스 정도에 물려서 쓰도록 한다.

11. 찬양팀 음향 밸런스 맞추기

자주 사용되는 전자 악기들의 사용법과 싱어와의 전체 균형 잡을 시, 찬양팀은 합주 시 반드시 서로 절제된 조화를 이루어야 한다. 또한

---

51) 앞쪽 '믹서' 편의 Aux(억스, 보조출력)의 이해 및 사용법 이미지 참고

각 악기들은 그 특징을 잘 살려 주는 고유 음역대 주파수(Hz)가 있다. 그 주파수를 잘 맞추어 부각시켜주고, 음역대가 겹치는 악기들은 서로 양보해 주어, 각 악기들과 싱어들의 음역대가 겹치지 않게 해주어야 듣는 청중들이 시끄럽거나 쏘는 듯한 소리가 아닌, 그야말로 절제되고 아름다운 하모니를 경험하게 된다.

그렇지 않고 누군가가 욕심을 부려, 자기 소리만 안들린다고 크게 키워버리면 그것은 더 이상 합주도 아닐뿐더러, 자신의 욕망이 드러나는 연주가 되고, 동료 연주자와 함께 예배하는 청중들을 배려하지도 못할뿐더러 하나님을 찬양하는 것이 아니게 된다.

이러한 상황에서 음향 엔지니어는 예배자로서 숨은 리더의 역량을 발휘할 수 있다. 목회자와 청중들, 예배팀원들과 청중들 간 소리 전달의 균형 역할을 맡은 이들로서, 매우 중요한 이퀄라이저의 기능을 하게 된다. 다음으로는 각 악기의 위치와 주파수 특성에 따라 믹서 설정에 도움 될 수 있도록 기록하였다.

Low컷

로우컷이라고도 하는 이 기능은, 100Hz 또는 150Hz 미만의 소리를 나지 않게 해주는 기능이다. 대부분의 믹서에서 볼 수 있는데, 이것은 합주 시 웅웅 거리는 불필요한 소리를 잡아준다. 따라서 대부분의 엔지니어는 이 기능을 실행시키고 톤을 만진다.

그렇다고 무조건 이것이 없어야 할 필요는 없다. 자신 있다면 조심스럽게 로우컷을 해제하고 톤을 만질 수도 있다. 베이스 같은 초저역대의 악기의 경우, 가끔은 150이나 100Hz 미만의 소리를 내어, 더 깊은 고동 소리를 더 줄 필요가 있기 때문이다.

메인 건반

합주 시 메인 건반의 위치는, 싱어들로 하여금 악보의 멜로디를 파악하게 하는 역할과, 비어 있는 마디를 분위기 있게 채우는 역할을 가진다. 그 음을 풍성하게 내 주는 단독적인 상황보다는, 소리를 너무 쏘는 듯이 치지 않고 부드러움에 있다. 메인 건반은 베이스의 음역대까지 연주할 수 있으므로, 합주 시 서로의 영역을 침범하지 않도록 연주자도, 엔지니어도 그 점을 배려해 세팅하는 것이 좋다.

소리는 믹서의 High 주파수를 크게 키울 필요는 없다. 다만 먹먹하다면 키운다. 또한 그 주파수 특성을 중음역대인 400Hz~440Hz 대역을 더해주거나 줄여주면 조금 더 풍성한 소리를 얻을 수 있다. 저역대인 Low는 너무 울리거나 너무 건조하지 않게 조절해주도록 한다.

교회에서는 주로 전자 피아노와 업라이트 피아노를 쓰는데, 업라이트 피아노인 경우, 소리가 나게 하는 피아노 맨 위 뚜껑을 열어서 마이크를 대는 '마이킹'을 한다.[52)]

52) 마이킹은 여전히 오늘날도 쓰이는 방법 중의 하나인데, 자연적으로 들려오는 소리를 마이크로 흡음하게 하고, 그 마이크를 통해 들어오는 소리를 믹서로 받는다. 그래서 믹서에서 음을 만진 후, 메인 스피커로 보내게 된다.

세컨 건반

세컨 건반은 상황에 따라 다르다. 음압이 상당히 높으므로 높은 톤이 튀게 나올 때가 많다. 따라서 적절하게 톤을 깎아야 할 때가 있다.

모든 악기팀이 강하게 연주할 때에는 조금 묻히는 경향이 있다. 세컨 건반은 주로 합주 시 높은 화음을 쓴다. 흔히 string 계열을 쓰거나, Brass 계통의 경쾌한 맛을 더한다. 분위기를 조금 더 고조시킨다. 그렇기에 High 와 MidHigh의 중음역대 값을 자주 만지게 되며, 상대적으로 Low 값은 너무 건조하게 들리지 않을정도로만 만진다. 높은 톤이 너무 튄다 싶으면, Mid 프리퀀시의 10~14Khz에 동그란 노브를 놓고, 그 바로 밑에 Mid의 10-14Khz의 볼륨 값을 조금 줄여본다.

악기 소리도 계속해서 묻혀 있거나 튀어 나온다면, 문제가 있다. 따라서 억지로 볼륨을 높이거나 줄인 채로 오래 두지 않도록 한다. 세컨 건반은 계속해서 볼륨 조절을 해주어야 하는 민감한 악기 중 하나이다.

어쿠스틱 기타

흔히 통기타에 픽업을 장착한 경우를 어쿠스틱 기타라고 한다. 픽업은 피쉬맨, 엘알벡스 등의 회사에서 나온 장치로 기타 현의 진동을 전기적 신호로 바꾸는 방식(피에조 방식)과, 조그마한 마이크를 내부에 장착하여 흡음시켜서 전기적 신호로 믹서로 보내는 방식이 있다.

이 두 가지 방법을 섞은 것을 블렌딩이라 하고, 엘알벡스 듀얼소스 픽업이나 고가의 픽업에서는 주로 이러한 방법을 혼용한다. 그리고 건전지가 있어 작동하는 픽업을 액티브 픽업이라 하고, 건전지가 없는 픽업을 패시브 픽업(야마하 LL16 ARE의 경우)이라 한다. 따라서 엔지니어는 픽업의 상태(건전지의 유무, 만약 건전지가 있다면, 건전지의 남은 량을 체크한다) 및 성향(아르페지오 연주 시와 스트럼 시 하이 미들 베이스의 균형이 어떤 식으로 나는지)과 연주자의 연주 성향(연주를 세게 하는지, 부드럽게 하는지)을 먼저 파악한 후, 기타 픽업의 볼륨을 50퍼센트 아래로 놓고, 믹싱콘솔에서 High, Mid, Low 조절을 한다. 또한 어쿠스틱 기타의 소리를 만들 때는 연주자가 솔로잉을 할 때와 합주할 때가 다르고, 아르페지오로 할 때와 스트럼을 할 때가 다르다. 연주 시 얼마나 본인의 손가락에 힘을 주는가에 따라서도 달라진다. 상당히 꼼꼼하게 신경 써서 맞춰 주어야 한다. 또 그 기타를 다른 사람이 연주할 때는 음색이 확연하게 달라지는데, 이는 전자 장치를 달은 현악기이므로 당연하다.

그리고 어쿠스틱 기타는 믹싱 콘솔에 연결할 때 DI를 필요로 한다. 꽂는 순서는 다음과 같다. 기타에 5.5 케이블을 꽂고, 나머지 한 쪽을 DI에 꽂는다. 그 후, DI의 다른 방향인 Output에 위치한 XLR 단자에 XLR 케이블을 꽂고, 나머지 한 쪽을 믹싱콘솔의 한 채널에 꽂는다. 그리하면 메인 스피커와 모니터 스피커로 기타 소리를 들을 수 있다.

베이스(Bass)

베이스는 단순하게 베이스드럼과 맞추어 근음(Loot)만 연주하는 것으로부터 무수한 방법으로 솔로잉을 할 수도 있다. 그러나 아무리 연주 방법이 다르다 할지라도, 기본적으로 베이스는 모든 합주의 Base를 다루므로 공통적으로 그 악보 코드의 근음 진행 방식에 있어 매우 민감하게 된다.

합주 할 때 베이스는 튀지 않게 친다 하여도 없으면 허전한 분위기가 되는 경우가 많은데, 이 때문이다. 베이스 연주자가 근음을 어떻게 연주하느냐에 따라 전체 합주 분위기가 상당히 달라진다. 그 곡 분위기의 절반을 베이스가 차지하기 때문이다. 그래서 베이스의 위치는 마치 숨어 있는 리더와 같다. 이 베이스의 음은 상당히 낮다. 따라서 기본적으로 Low 및 Lowmid쪽을 다루게 된다. 그렇다고 해서 High 쪽을 전혀 손대지 않는 것이 아니다.

음향엔지니어는 베이스 연주자의 연주 성향을 꼼꼼히 잘 파악해야 한다. 그리고 베이스 연주자는 자신의 연주 소리를 모니터하기 위하여 베이스 전용 앰프 스피커를 쓰는 것이 좋으며, 100W에서 150W 정도의 용량으로 자신의 소리를 들으며 동시에 200석 안쪽의 규모를 가득 채울 수 있다.

간혹 앰프의 용량에 비해 공간이 조금 더 클 때, 이러한 방법을 쓸 수 있다. DI를 연결하여 메인 스피커로 베이스 소리를 내는 것이다. DI는 자체 베이스 앰프에 내장되어 있을 수 있다. 그렇다면 그 앰프에서 톤을 만진 그대로 믹서로 흘러들어가게 할 수 있다. 그리고 믹서에서 톤을 조금만 더 만져서 베이스 소리를 전체적으로 그 공간을 채울 수 있다.

방법은 간단하다. XLR 케이블 하나만 있으면 된다. DI가 자체 내장되어 있지 않다면, 다른 DI박스를 하나 가져와서 **어쿠스틱 기타의 예**처럼 연결하고, 'Link 또는 Parallel(평행연결 즉, 개인앰프에서도 소리 나게 함)' 이라는 곳에 55케이블을 꽂아, 베이스 앰프에 연결해주면 된다. 이 때 톤 조절은 온전히 믹싱콘솔에서 하게 된다.

만약 DI도 없다면, 다이나믹 마이크로 마이킹을 하는 것을 추천한다. 다만 마이킹할 때에는 정면에서 하지 않고 살짝 옆에서 하는 것을 권한다. 싱어용 마이크이므로 음압이 상당히 세므로 정 중앙에 놓을 시 마이크가 기계적 타격을 받을 수 있다. 그렇지 않으면 베이스 전용 마이크를 쓰면 된다.

일렉 기타

많은 사람들은 일렉기타의 매력에 빠진다. 그만큼 돋보이고 드러나는 위치를 가지고 있기 때문이다. 그러나 이것은 자칫 찬양팀 전체가 나아가야 할 방향을 그르치게 할 수도 있으므로, 찬양인도자는 선곡할 때, 일렉기타 포지션을 잘 선정하여 지휘할 줄 알아야 하며, 일렉기타 연주자는 합주에 방해되지 않도록 충분한 합주 지식을 가진 사람이 하도록 지시한다.

음향엔지니어와 관련하여, 엔지니어는 연주자의 성향을 파악한다. 이 또한 현악기이므로 피킹 할 때의 손가락 힘을 잘 살피도록 한다. 그리고 일렉 기타는 거의 디스토션, 오버드라이브, 코러스, 딜레이 등의 이펙터를 쓰므로, 많이 튀고 날카롭게 쏘는 특징을 가지고 있다. 연주자들은 대개 High 음역대에서 주로 연주하게 되는데, 근음을 잡고 5도에서 한 옥타브 음을 함께 피킹하여 연주(파워코드 연주, 백킹이라고도 함) 하느냐, 솔로잉(한음씩 빠르게 연주)을 주로 하느냐에 따라 나뉜다. 변화무쌍하여 자칫 지저분해질 수 있으니 주의해야 한다. Highmid의 4khz 대역의 톤 값을 주로 만져주어, 너무 튀거나 빈약하지 않게 한다.

보통 일렉 기타 전용 앰프를 쓰게 되며, DI도 쓰게 되면 일렉기타 앰프에서 만들어진 최종 소리를 보내는 경우가 좋다. 물론 마이킹을 할 때에는 옆으로 비스듬히 둔 상태에서 한다.

드럼

드럼은 박자를 균일하게 내어 주는 자리다. 드럼은 가장 간단한 박자라도 여러 가지로 연주할 수 있지만, 그만큼 흐트러짐 없이 깔끔하고 선명한 박자를 요구한다. 현란하기만 하고 박자에 민감하지 않은 드러머는 합주에 방해가 되고 음악적 균형을 무너뜨려 함께 예배하는 지체들에게 상당한 방해가 된다.

음향 엔지니어의 관점에서 보는 드럼은 타악기로서 원래부터 음압이 크다. 그래서 컴프레서가 있다면 좋다. 드럼은 보통 교회의 200석 안쪽의 규모에서는 마이킹을 따로 할 필요가 거의 없다. 오히려 투명한 셀로판 막을 둥글게 말아 세워서, 강하게 나오는 드럼 소리를 어느 정도 절제 시킬 필요가 있다. 이것을 연주자가 조절하기는 쉽지 않기 때문이다. 이것이 조절되지 않으면 회중들은 심벌, 하이햇, 스네어 소리에 예민해져 금새 피곤해하는 경우가 있다. 그러면 그 날 예배는 찬양팀만 좋게 생각하고 마는 것이다. 또한 드럼은 베이스 드럼의 진동이 상당히 크므로, 그 밑에 두꺼운 카펫이나 고무판을 깔아주도록 하여 고정된 상태를 유지시키고 어느 정도 소리를 감쇄시키도록 한다.

특별히 모니터 스피커를 놓을 때에는 최대한 드럼연주자의 귀에 맞추어 준다. 또한 드럼에 마이킹이 되어 있을 때에는 자신이 내는 소리(특히 베이스드럼과 스네어)도 어느 정도 넣어 주도록 한다. 찬양인도자 목소리, 싱어, 피아노 소리를 넣어 주도록 한다.

마이킹을 할 때에는 자그마한 믹싱콘솔 하나를 가져와서 메인 믹싱콘솔 채널 한 개에 서브로 주는 편이 좋다. 그 이유는, 드럼은 한 개가 아니라 여러 가지의 파트로 되어 있고, 적어도 마이킹을 할 때에는 베이스 드럼과 스네어(이 두 개의 마이킹이 가장 오래 걸린다), 하이햇, 두 개 이상의 심벌, 라이드, 미들 탐과 플로어 탐 등에 주어야 하고 각각마다 주어지는 음압이 다른 악기보다 변화무쌍하기 때문이다. 헤드룸에 피크가 뜨면 자칫 음향기기에 무리가 갈 수도 있다. 따라서 엔지니어는 드럼 연주자가 갑자기 크게 할 때를 대비하여 헤드룸을 항상 살피며, 최종적으로 만들어진 것을 메인 믹서에 넣어 주면 된다.

드럼 마이킹에 사용되는 마이크는 큰 음압을 견디는 마이크가 필요하다. 그리고 회사마다 톤을 다르게 내 준다. 그래서 귀로 듣고 판단하여 최대한 자연의 소리를 내 주도록 한다. 드럼 전용 마이크가 있으니, 그것을 써도 좋다. 형편이 되지 않는다면 일반 다이나믹 마이크를 쓸 수도 있으나, 적극 권장하지는 않는다.

하이햇과 심벌들은 High 값을 만져 주고 Low 값을 줄이거나 없앨 수 있다. 그리고 Pan이라 쓰인 곳을 왼쪽과 오른쪽으로 각기 돌려주면 탐을 돌릴 때나 심벌을 칠 때, 왼쪽과 오른쪽에서 나므로 더욱 공간감을 살려 줄 수 있다.

드럼 파트에서 가장 중앙에 있는 큰 것이 베이스드럼인데, 이것은 전체 드럼 리듬의 중심축을 담당하고 있다. 믹싱 콘솔에서 세팅할 때에는, High를 9시 방향으로, Mid의 주파수와 그 값을 3시 방향으로, Low를 9시 방향으로 돌린 상태에서 시작하는 경우가 기본적이다. 여기에서 공간 특성에 따라 그 값을 적절하게 가감해 주면 된다. 그렇지 않으면 무게 있으면서도 찰지게 치는 듯한 드럼 고유의 댐핑감이 살아나지 않는다.

스네어 부분을 마이킹 할 때 스네어의 정면이 아닌 측면에 대고 마이킹을 한다. 이 역시 댐핑감을 생각해야 하는데, 기본적으로 스네어는 250~300Hz 대역과 관계가 깊다.

그러나 이 역시 어느 환경에서 마이킹을 하느냐에 따라 바뀌므로, 꼭 저렇게 맞추어 할 필요 없다. 계속 듣고 계속 해 봐야 실력이 늘게 된다.

특히, 드럼 연주자의 협조가 상당히 중요하다. 마이킹을 하여 소리를 맞출 때 균일한 소리를 위하여, 어쩌면 지루하게 계속 똑같은 음압으로 소리를 내 주어야 하기 때문이다.

싱어

싱어는 찬양팀 중에서 회중들이 따라 부를 수 있도록 직접 인도하는 역할을 가지고 있다. 그들은 먼저 이 곡의 포인트를 살려서 확신있게, 간절하게 부름으로써, 회중들의 마음을 열어 하나님과 함께 찬양할 수 있도록 도운다. 단 어느 한 명이라도 튀게 나오지 않도록 주의한다.

또한 합주 시 악기팀의 소리가 싱어팀의 소리보다 더 크게 나오지 않도록 주의한다.

음향엔지니어의 입장에서 본 싱어팀은 남자와 여자로 먼저 나뉜다. 솔로가 아닌 이상, 대부분의 남자 싱어는 그 음역대 특성상 중저음을 차지하므로 처음부터 끝까지 그 곡을 무게 있게 받쳐 주는 역할을 하며, 멜로디 원음을 부르는 팀과 그 중 테너의 위치에 서서 그 멜로디보다 더 높은 화음을 구사하는 팀으로 나뉜다.

그와 반대로 여자 싱어들은 그 음역대 특성상 높고 뚜렷한 소리를 내므로, 멜로디 원음을 부르는 팀과 알토 팀으로 나누어 부른다. 특히 여자 싱어들은 남자와 달리 가늘고 가까운 거리에서 잘 들리는 주파수 대역을 가지고 있으므로 조그마한 목소리라도 가사의 발음과 멜로디 음정에 특히 더 신경 써야 한다.

일반적인 세팅으로는 High 음역대를 조금 주며, Mid 쪽을 1Khz나 2Khz 정도로 놓고, 그 양을 알맞게 조절한다. 너무 튀면 High 톤을 깎아주고, 너무 비어 보이면 Mid 톤을 준다. 남자의 경우 Mid를 중앙에서 왼쪽으로 주고, 여자의 경우에는 그 반대로 오른쪽으로 주어, 조금 더 튼튼한 느낌을 준다. Low는 깎아 주어 웅웅거리지 않도록 해준다.

싱어에게 촉촉한 소리를 주고 싶은 경우, 리버브라는 이펙터를 줄 수도 있다. 마치 멀리서 은은하게 들려오는 듯한 목소리를 줄 수 있는데, 너무 많이 주면 지저분해지므로 주의한다.

찬양인도자

이 모든 찬양팀원들을 규합하고, 지휘하는 사람이 찬양 인도자이다 (찬양 인도자는 찬양 팀장일 수도 있고 아닐 수도 있다).

찬양인도자는 자신이 얼마나 노래를 잘 부르고 얼마나 부드럽게 찬양을 인도하는가가 중요한 것이 아니라, 팀원 간의 소통 역할을 하고 조율하며, 회중과 소통하여 원만한 공감대를 형성하고 얼마나 조화로운 소리를 만들어 하나님께 올려 드리는가가 중요하다. 찬양인도자는 무엇보다도 자신의 소리를 잘 들을 수 있어야 하며, 자신의 소리가 다른 이들에게도 충분히 들리는지 어느 곳이 음향적으로 부족한지 알고 있어야 한다. 그리하여 찬양인도자는 찬양 팀 전체의 요구를 받아 엔지니어에게 전달하는 역할도 수행한다.

음향적인 부분에서 찬양인도자는 다른 싱어나 악기팀보다 볼륨이 더 큰 상태여야 한다. 또한 찬양인도자는 자신이 계획하고 구상한 찬양콘티를 따라 엔지니어에게도 알려 주어야 한다. 예를 들면, 어느 곡에서는 솔로로 어떤 싱어가 부른다든지, 어느 부분에서는 소리를 줄인다든지를 대략 알려 주어야 한다. 그렇게 하는 이유는 회중들로 하여금 포인트를 주어서 조금 더 효과적으로 반응할 수 있도록 배려하기 위함이다.

또한, 무대에 두 명의 찬양인도자가 서는 경우가 있다. 이럴 경우 엔지니어는 찬양인도자들과 사전 협의를 하고, 어느 사람이 어떤 곡을 인도하느냐에 따라 볼륨의 높낮이를 그 때마다 차등으로 주도록 한다.

12. 찬양 전후 기기 관리 Tip

기기 전원 스위치 ON/OFF

각 기기의 전원 스위치를 켜는 순서는 모든 엔지니어 뿐만 아니라 찬양팀원 모두가 알아 두어야 할 상식이다. 켤 때에는 반드시 메인믹서를 일 순위로 가장 먼저 켜고, 믹서에 딸린 이펙터, 컴프레서 등을 켜고, 파워앰프와 모니터용 파워앰프를 켠다. 이 순서가 지켜지지 않으면 스피커에서 폭발음을 들을 수 있고, 음향시스템의 수명을 단축시킬 수 있다. 악기 전원은 그 다음에 켜도 되는데, 다만 믹서에 뮤트를 시켜 주어야 펵 소리가 나지 않는다. 전원을 끌 때에는 반대로 파워앰프를 가장 먼저 끈 후, 믹서를 마지막으로 끄는 것을 잘 지켜 주도록 한다. 그런데 여러 가지 음향기기를 두고 매번 이렇게 일일이 전원을 켜고 끄기는 쉽지 않으므로, '순차전원분배기'를 사용하면 손쉽게 전원을 켜고 끌 수 있게 된다.

마이크 사용 및 관리법

마이크를 쥘 때에는 반드시 선 등의 연결부분과 전원버튼이 없는 중간부분을 잡는다.(특히 무선마이크는 대부분 맨 아랫부분에 안테나가 있으므로 그 부분을 잡지 않는다.) 부를 때의 각도는 입과 일직선일수록 좋으며, 싱어용 다이나믹 마이크의 경우, 마이크는 입과 최대한 가까이(입과 마이크의 간격 1cm 안쪽으로) 대는 것이 좋다. 다만 강대상의 콘덴서 마이크(구즈넥 마이크)는 반드시 최소 10cm 이상 띄워 주어야 한다. 사용 후에는 마이크 거치대가 없을 경우 마이크를 보면대에 올려놓지 말고 땅에 내려놓는 것이 좋다. 어쩌다가 잘못해서 떨어지면 고장이 나게 된다. 또한 마이크 소리가 잘 나오는지 앞을 팍팍 치지 말자. 마이크 안에 있는 센서는 굉장히 민감하므로 그럴 때마다 수명이 단축된다.

드럼 사용 및 관리법

드럼의 심벌은 연주가 끝나면 집에 가기 전에 꼭 드럼용 광택제(없으면 가구 광택제라도)로 닦자. 마른걸레로 몇 번만 문지르면 된다. 특히 습기가 한 번 침투하면 녹이 스는 것은 순식간이다. 땀이 묻은 손으로 심벌을 만지지 않을 수 없으므로 여름에는 더욱 주의하도록 한다. 또한 드럼 연주가 끝나면 스네어는 풀어주자(일명 철 줄). 가끔 마이크 주파수에 공명해서 떨리게 되어 예배자들로 하여금 신경에 거슬리게 할 때가 있다.

현악기(어쿠스틱/일렉/베이스) 관리법

이런 기타류의 악기를 연주할 때에 지판 보호 차원에서 운지 하는 손가락 손톱은 항상 짧게 깎아 둔다. 또한 손가락을 깨끗이 씻어 이물질을 최소화 한다. 또한 되도록이면 스트링 보호제를 발라둔다. 분명 기타 줄을 새로 갈았는데 다음 주에 가보니 완전히 녹슬어 있는 경우가 있다. 대부분의 기타는 나무 악기이므로 넥과 지판, 몸통을 정기적으로 관리해 주어야 한다. 그렇지 않으면 지판이 갈라지거나 변형되어 메마른 소리나 너무 먹먹한 소리가 나고, 음도 제대로 나오지 않게 된다. 메이플 지판의 경우는 마른 걸레로 잘 닦아 주기만 해도 되지만, 로즈우드, 에보니 지판의 경우 일 년에 2-3번 정도 지판용 오일을 발라 준다.

습도의 관리도 매우 중요한데, 기타는 대개 45-50도 사이로 습도 관리를 해 주어야 가장 본연의 악기 소리가 난다. 값이 많이 나가는 악기일수록 철저한 관리가 필요하다.

케이스에 보관하기

가능한 모든 악기는 케이스에 보관하는 것이 가장 좋다. 특히 지하실에 교육관이 있는 교회일수록 각별히 신경 써 주어야 한다. 케이스 안에 실리카겔 등을 넣거나, 악기 보관실을 따로 만들어서 에어컨을 틀어 온습도를 유지시켜 주는 방법이 좋다.

배터리 방전에 주의한다.

또한 어쿠스틱, 베이스 등의 악기에 액티브 픽업이 있는 경우, 9V 건전지가 반드시 들어가게 되는데, 이 때 55 케이블을 연결하게 되면 연주하지 않아도 계속 배터리가 닳아지게 된다. 그 상태로 하루 이틀을 지나면 배터리는 빠른 속도로 방전된다. 그러므로 연주가 다 끝나면 반드시 55케이블을 빼 둔다. 연주자들 거의 대부분 한 번씩은 이런 경험을 해 보았을 것이다.

또한 액티브 DI-Box의 경우, 배터리를 사용하게 되는데, 연주가 다 끝나면 DI-Box의 전원을 끄기만 하면 된다.

항상 내 담당 악기는 하나님께서 내게 맡기셨다는 청지기적인 자세를 갖는다.

12. 나가며

이상으로 음향에 관한 기초적인 것들을 살펴보았다. 이 내용들이 실용적인 면에서 충분히 쓰였으면 하는 바람이 있다.

여전히 오늘날의 교회는 성장하고, 음악적 수준도 성장하고 있다. 한국 교회의 예배 인도가 모던적인 밴드 집회로 바뀐 이 시대에도 개척 교회에서는 여전히 아직 기본적인 방송 시스템도 갖추어지지 않은 곳이 있다. 또한 최소한의 것을 갖추고 있다 하여도, 그것을 나누고 충분히 고민할 수 있는 인력과 지식적 한계가 있음을 직시하며, 필자의 작은 지식을 나누고자 하였다.

일반적인 음향도 이와 비슷할 수 있겠으나, 예수 그리스도를 믿는 믿음 안에서 준비하는 예배자의 마음으로 바라보았을 때, 음향 또한 하나님을 예배할 수 있는 도구이다. 그 환경에서 주어진 음향 기기, 음향 지식 모두는 하나님이 주신 선물이다. 그 생각과 마음으로 이것에 관심을 가지고 섬길 때, 내가 가진 음향 지식, 그리고 사용될 음향 기기, 음향엔지니어, 목회자, 예배 팀 간의 상호협력이 더욱 더 일어나 하나님이 보시고자 하는 선을 함께 보게 될 것이라 기대한다.

참고문헌

『파퓰러음악용어사전&클래식음악용어사전』, 삼호뮤직 편집부 저, 삼호뮤직, 2002, 1. 28

두산백과, http://www.doopedia.co.kr

https://cafe.naver.com/patalk/780

빛의 예술,
빛을 담다

김준혁

1. 스위치 켜기

필자는 '촬영' 이라는 작업에 대해 여러분과 함께 나눠보고자 한다. 사실 카메라라는 친구와 그닥 친하지는 않았으며, 카메라를 좋아하시는 아버지라는 통로를 통해서 가끔 카메라를 접할 뿐, 나와는 거리가 멀게만 느껴졌던 친구였다.

그러던 어느 날, 아버지께서 자신이 사용하시던 카메라를 필자에게 물려주셨다. 아버지는 필자가 사진작가가 되었으면 하는 바람을 가지실 정도로 카메라와 친해지길 바라셨고, 본인과 공통의 관심사를 공유하시길 바라셨다. 이런 마음을 가진 아버지가 물려주신 카메라와 필자는 친해져보고자 노력하기로 다짐하였고 필자는 점차 이곳저곳을 돌아다니며 셔터를 누르는 횟수를 늘려갔다.

이런 과정을 통해 필자는 현재 기독교교육리더십연구소에서 촬영 및 편집을 담당하고, 학교와 교회 등, 주님의 이름으로 모인 공동체의 순간들을 담아내는 자리에서 섬겨나가고 있다.

우리의 현재는, 다시는 오지 않을 지금이다. 여러분이 호흡하며 이 글을 읽는 지금 이 순간도 다시는 마주하지 못할 지금이며, 지금인 동시에 바로 과거가 되어버리는 순간이다. 우리는 이러한 순간들을 하나하나 다 간직해 나갈 수 없다. 눈 안에 담기도, 마음에 담기도, 머릿속에 담아내기에도 부족함은 많다. 이처럼 우리의 부족함을 채워주고, 다시는 마주하지 못할 순간들을 그 모습 그대로 어디서나 볼 수 있게 해준다는 점에서 촬영 작업은 무척이나 소중하며 가치 있는 작업이다. 더욱이 그것이 주님의 이름으로 모인 공동체의 순간들을 담아내는 작업이라면 더욱 그렇다.

우리는 앞으로 이런 가치를 담고 있는 촬영이라는 작업에 대해 때로는 이론으로 때로는 실제로 살펴보며 나아갈 것이다. 많은 키워드가 있고 많은 내용이 있겠지만 그 모든 것을 엮어내는 것이 있다면, 그것은 바로 '주님'이 될 것이다. 우리의 촬영의 결과가 우리의 실력이 아니라 '주님'을 드러내는 것이면 좋겠다.

2. 카메라 후드 열기

들어가기에 앞서

우리의 작업은 그저 카메라를 다룰 수 있다고, 아니면 반대로 할 사람이 없어서 어쩌다가 맡는 것이 아니다. 우리의 작업과 우리의 섬김은 가볍지 않다. (결코 우리가 대단하다는 것은 아니다.)

우리는 주님의 이름으로 모인 공동체를 담아낼 것이며, 그 안에서 아름다이 살아계시는 주님을 담아낼 것이다. 우리의 작업은 이러한 면에서 본다면 무척이나 중요한 작업이 될 것이며, 결코 가벼이 여겨서는 안 될 것이라는 것을 생각할 필요가 있다.

이번에 펼쳐질 장에서 중요한 것은 이것을 마음속에 간직하는 것이다. 이 장에서는 주님을 담아내는 아름다운 작업을 해내는 우리가, 우리의 마음가짐을 어떻게 가져야 할 것인지에 대해 중요점을 두고 이야기해 보려 한다.

사진을 찍는 것에 따로 마음가짐까지 필요할까. 라고 생각이 들 수 있을 것이다. 그러나 우리는 그저 이것저것을 담아내는 것이 아닌, 주님을 담아내는 것이기에 마음가짐에 대해 새로이 생각해볼 필요가 분명히 있을 것이다.

주님을 담아낸다는 것, 주님의 이름으로 모인 공동체를 담아낸다는 것이 무척이나 아름답고 소중한 작업임을 알고, 이를 해나가는 우리의 마음을 새로이 가질 수 있으면 좋겠다.

그럼 이제 카메라의 스위치를 켜보러 가보자!

빛의 예술, 빛을 담다.

우리의 작업은 언제나 주님과 함께 해야 한다

카메라로 촬영을 할 때에는 여백, 조화, 거리 등의 많은 점들을 고려해야 한다. 그러나 이 모든 것보다 우선 되며, 촬영이라는 작업에 가장 큰 영향을 끼치는 요소가 있다. 바로 '빛' 이다. 흔히 찰영을 '빛의 예술' 이라고 할 만큼 촬영이라는 것은 빛의 영향을 많이 받는다. 셔터스피드, 조리개, ISO 등, 이 모든 것은 결국 빛을 얼마나 받아들일 것이냐를 조정하는 기능들인 만큼, 사진을 찍는 데에 있어 빛이라는 것은 무척이나 중요한 요소로 작용한다.

이렇게 중요한 요소로 작용하는 '빛' 이라는 단어를 머릿속에서 계속 굴려보다보면 떠오르는 것이 하나 더 있는데, 그것은 바로 주님이다.

빛 되신 주, 어둠 가운데 비추사 내 눈 보게 하소서
예배하는 선한 마음 주시고 참 소망을 주소서

우리의 작업은 그저 순간들을 남기는데에 그쳐서는 안 될 것이다. 우리의 작업은 우리의 순간들 가운데에 임하시는 주님을 담아내는 것이어야 한다. 사진 속에 주님을 담아낸다. 라는 말이 조금은 어렵게 들릴수도 있다. 주님이 구체적인 사람 또는 사물의 형태로서 우리의 사진 안에 담기시는 모습은 조금 상상이 가지 않는 까닭이다.

그러나 우리가 매우 힘이 들거나 즐거울 때 등, 많은 상황 속에 우리가 있을 때에 우리가 작업한 사진들을 봄으로서 그때의 순간들을 기억하고, 더 나아가 그 상황 가운데에서 만났던 주님을 생각함으로

써 힘을 얻고 다시 한 번 주님을 생각할 수 있게 되는 것. 그것이 바로 사진 속에 주님을 담아내는 것이 아닐까 생각한다. 사진을 보고 그 때의 감격적인 순간들을 지금 이 자리로 끌고와 함께 했던 공동체를 생각하고, 기도할 수 있고, 그 때 만났던 주님을 생각하고 지금 이 자리에서 주님을 다시 고백할 수 있게 하는 것. 이것이 바로 빛을 이용하여 빛을 담아내는 우리의 작업의 의미이다.

빛을 위한 어둠

달이 아름다운 이유 중 하나는 어둠이 있기 때문이다

이처럼 우리의 작업은 빛을 담아내는 소중한 작업이다. 이러한 작업을 해 나갈 때에 우리의 마음은 당연하게도 주님을 향해야 한다.

사실 사진을 괜찮게 찍어내려면 상당한 공부가 필요하다. 더욱이 우리의 작업물들이 어딘가에 공유가 된다는 것을 고려한다면 우리는 실력의 향상을 위해 노력을 게을리 하면 안 될 것이다. 그러나 여기서 주의해야 할 것이 있다. 우리가 열심히 해 나가고, 또한 이 작업에 점점 흥미를 붙이다보면 우리의 실력이 향상되어가는 것을 우리자신이 볼 수 있을 것이며, 우리의 작업물들을 아름답게 봐주는 주위의 시선이 우리에게 머물 것이다. 이러한 결과와 환경들이 우리와 가까워진다면 우리의 마음은 쉬이 말해 교만해 지게 될 것이다. 또한 촬영 작업을 할 때, 우리의 마음은 우리의 실력을 드러내는 것에 집중하게 될 것이다. 더 좋은 결과물을 보이는 것에 집착하게 될 것이며, 우리의 실력을 자랑하는 것에 시선이 놓일 것이다. 결국 빛 되신 주님을 담아내야 한다는 생각은 저만치에 놓이게 되는 것이다.

우리는 빛을 위한 어둠으로 자리해야 한다. 어두운 밤하늘에서 별과 달이 아름다워 보이고, 그것들의 소중함을 깨달을 수 있듯이, 우리는 '빛' 되신 주님을 위한 어둠이 되어야 할 것이다. 주님을 담아내는 작업의 과정에 우리의 실력을 드러내고자 하는 또 다른 빛이 존재한다면 우리의 작업에는 주님이 온전히 담겨지지 않을 것이며, 언젠가는 주님을 가리게 될 것이다.

물론 앞서 언급했듯, 우리의 작업을 위해 열심히 공부하고, 노력을 게을리 하지 않고 최선을 다 해야 하는 것은 분명한다. 그러나 이러한 노력의 중심에는 언제나 주님을 새겨 넣고 있어야 한다. 당장의 결과물이 흡족치 못해도 괜찮다. 우리의 마음속에 주님을 담아내고자 하는 진심과 최선이 있었다면 그걸로 충분하다. 주님을 생각하는 진심과 그것을 기본으로 한 최선만 있다면 결국 우리의 작업물도 발전해 갈 것이기에, 조급하게 생각하지 않아도 될 것이다.

조급히 생각하지 않는 것. 그리고 주님을 위해 도구로 사용되는 것. 주님을 생각하며 낮아지는 것. 주님이라는 '빛'을 드러내는 어둠이 될 것. 이것은 우리가 앞으로 작업을 해나갈 때, 그리고 앞으로 다뤄질 내용들을 읽어나가는데 무척이나 중요한 것들이 되어야 할 것이며, 우리가 주님을 믿는 그리스도인으로서 충분히 새겨 넣어야 할 것들이다.

3. 초점 잡기

들어가기에 앞서

필자는 앞에서 우리의 마음가짐과 우리의 작업이 가지고 있는 소중한 의미에 대해 살펴보았다.

이번 장에서는 여전히 마음가짐과 관련된 부분이지만 조금 실용적인 성격을 가지고 있는 부분에 관해 이야기해보고자 한다. 그것은 사진을 찍을 타이밍에 대한 이야기이다. 그러면 바로 후드를 열어보자.

우리의 타이밍

우리가 카메라를 잡았을 때, 우리에게는 조그마한 특권이 주어진다. 그것은 바로 자유로이 돌아다닐 수 있다는 것이다. 우리는 카메라를 잡고 촬영을 하려 설교자와 찬양인도자, 세션들 보컬들 등 무대 위에 올라가기도 하고, 회중들 사이를 돌아다니며 회중들의 사진을 찍으러 돌아다닐 수 있다.

그러나 이러한 특권을 우리가 조금 지나치게 사용한다면 우리의 특권이 예배에 방해가 될 수 있다. 만약 우리가 회중의 입장인데, 사진을 찍는 사람이 진지하게 주님의 말씀을 선포하는 설교자의 바로 앞, 또는 옆에서 카메라를 들고 때로는 플래시를 터뜨리며 사진을 찍는 것을 보게 된다면 우리의 시선은 어디에 집중이 될까? 또는 찬양을 부르는 우리의 바로 앞에서 카메라 렌즈를 들이대며 사진을 찍는다면, 우리는 과연 찬양에 온전히 집중할 수 있을까? 대부분 집중이 흐트러져 예배에 온전히 집중할 수 없을 것이다.

사실 사진을 찍기 위해서는 자리를 수시로 옮겨 다니며 촬영을 해야 하는 것이 당연하다. 그리고 이러한 옮김이 회중들의 입장에서는 예배에 집중하지 못하게 하는 요인으로 작용하게 될 것이다. 그러나 우리가 명심해야 할 것은 어차피 방해가 될 테니, 마음 놓고 방해 하려는 마음가짐이 아닌, 최대한 경각심을 가지고 예배에 방해가 되지 않는 최대한의 노력을 기울여야 한다는 것이다.

그렇다면 아마 어디서, 언제 사진을 찍어야 최대한 예배에 방해가 되지 않을까. 라는 생각이 들 것이다. 이러한 물음에 대해서 우리는 이제 상황과 예배를 상상하며 답들을 그려나가 볼 것이다.

특별히 교회에서 사진을 찍어야 하는 경우는 다양할 것이지만, 그 다양한 상황 안에서 행해지는 경우들은 대부분 비슷할 것이다. 그것을 크게 나누어보자면 1) 설교, 2) 찬양, 기도회, 레크레이션 등으로 나눌 수 있을 것이다.

이것을 나누는 기준은 이 경우들이 행해지는 동안의 일반적인 분위기이다. 진중하고 조용한 분위기(설교)에서 우리가 돌아다니는 것과, 비교적 조용하지 않은 분위기(찬양, 기도회, 레크레이션)에서 우리가 돌아다니는 것은 얼마나 예배에 방해가 될 것인가라는 기준에서 생각해보면 조금이지만 분명 차이가 있을 것이다. 조용한 분위기에서는 우리가 조금 돌아다녀도 집중을 흩뜨리기 쉽지만, 조용하지 않은 분위기에서는 조금 더 돌아다녀도 집중을 흩뜨리지 않을 확률이 조금 더 높다.

이러한 이해 속에 경우들을 그려보고, 우리가 그 경우에서 촬영을 해 나갈 때에 어떤 목적을 가지고 작업을 할 것인지에 대해 생각하며, 조금 더 자세히 들어가 보도록 하자.

설교

설교는 산만하지 않은 분위기와 최대한의 집중력을 가져올 수 있는 환경이 갖추어져야 한다. 설교가 이루어지는데, 누군가가 화장실을 가거나 자리를 벗어나는 경우가 생기면, 무척이나 작은 요소 같지만, 대부분의 회중들은 자리를 벗어나는 사람에게 시선이 맞춰지는 경우가 잦다. 설교시간 뿐만이 아니라 예배시간 안에 이루어지는 찬양, 기도회 등도 비슷하지만, 이러한 조그마한 요소들이 집중력을 흩뜨리는데에 가장 크게 작용하는 경우가 바로 설교이다.

예배 시작 전에 용무를 다 마치고 오라하거나, 중간에 예배의 자리를 벗어날 사람들은 뒷자리에서 예배를 드려달라고 부탁하는 이유가 바로 이러한 이유 때문이다.

우리가 설교를 하는 환경에서 촬영을 할 때에 얻을 수 있는 결과물, 사진은 대표적으로 2가지이다. 설교를 하는 설교자의 모습, 설교를 듣는 회중의 모습. 이 바로 그것이다.

우리는 설교시간을 사진으로 담아내어, 하나님의 말씀을 선포하는 선포자와, 그 말씀을 귀 기울여 들으며 말씀을 새겨 넣는 회중의 모습을 담고, 그 모습을 담음으로서, 후에 그 때의 말씀을 되새기고, 하나님의 말씀을 나누는 공동체의 모습이 얼마나 아름다운지. 그리고 그것을 주님은 얼마나 기쁘게 받아들이실지를 보게 할 것이다.

이렇게 우리의 목적과 의도는 분명하다. 이렇게 분명한 목적과 의도 아래에서 우리는 사진을 많이 찍을 필요가 없다. 이 모습을 찍기 위해 40분에서 1시간 되는 시간동안, 100여 번이나 셔터를 누르게 된다면, 조금 지나친 활영이 되겠다. 이렇게 지나친 촬영을 하고자 한다면, 우리는 잦게 옮겨 다니게 될 것이고, 그렇다면 결국 예배 집중에 끼치는 우리의 영향력은 더욱 커지게 될 것이다.

절제된 촬영 속에서 우리는 설교시간을 담아낼 수 있어야 할 것이다. 물론 설교자와 회중 외에도 찍을 수 있을 것은 무수히 많지만, 그것을 다 담고자 한다면 우리는 예배당 구석구석에 우리의 발자국을 찍게 될 것이고, 그렇다면 회중들은 설교가 아닌 우리의 발자국에 더 집중하게 될 것이다.

더 좋은 사진을 찍어야 한다는 마음을 잠시 내려놓고, 우리가 이 시간에 찍어내야 하는 사진을 생각하고, 목적과 의도를 새겨 넣어 절제하며 촬영을 해내간다면 우리의 촬영은 아름다워질 수 있을 것이다.

찬양 집회

찬양 집회는 설교 시간과 비슷한 것 같으면서도 다른 특징을 가진다. 설교시간과 다르게 찬양집회 시간은 대부분 함께 찬양하고, 찬양 속에서 이루어진다.

다르게 말해, 설교시간보다 조용함이 덜 하다는 것이 될 수 있겠다. 이렇다보면 우리는 설교시간보다 조금 더 자유로이 움직일 수 있다. 설교시간 때에는 우리의 발걸음 소리조차 적막을 깨뜨릴 수 있는 분위기지만, 이 시간에는 그 정도의 조용함이 존재하지는 않을테니 말이다.

그렇다고 우리가 너무 산만하게 움직이며 사람들 사이를 비집고 다니며 카메라 렌즈를 들이대면 안 되겠다. 언제나 우선순위는 예배가 되어야 할 테니 말이다.

집회시간의 역동적인 분위기, 뜨거운 분위기를 담아내려고 설교시간보다 조금 더 분주히 돌아다니되, 예배를 생각해야 하는 것이 중요하다.

기도회

기도회는 설교와 집회의 중간분위기라 생각할 수 있다. 조용하지 않다는 것은 찬양집회와 비슷하지만, 집중력이 최대로 필요하다는 점에서는 설교시간과 비슷할 테니 말이다.

하지만 기도회의 가장 큰 특징은 우리가 인물을 찍을 기회가 조금 더 많다는 것이다. 기도회속에서 기도하는 회중들의 대부분은 눈을 '감고' 기도회에 참여한다. 눈을 감은 상태에서 찬양을 들으며 기도하는 회중들은 무척이나 예민하거나, 우리가 시끄럽게 다가가지 않는 이상 우리의 인기척을 느끼지 못한다. 우리의 존재가 그들의 예배에 방해가 덜 되는 순간인 것이다. 사람들의 옆에 다가가서 사진을 찍어도 이때만큼은 조금 마음을 놓을 수 있는 순간이다. 더욱이나 기도회 안에서 우리의 촬영 목적은 하나님께 기도하는 사람들의 모습이다. 이러한 분위기를 활용하여 우리의 목적에 맞게 촬영을 한다면 하나님과 대화하는 아름다운 광경들을 담아낼 수 있을 것이다.

Tip 1

언급했던 것과 같은 맥락에서 이루어지는 것들이다. 우리가 사진을 찍을 때에 무엇보다 회중들이 예배에 집중하도록 주의를 기울여야 한다는 생각에 동의 한다면, 우리는 사진을 찍을 때에 중앙보다 측면에 서서 셔터를 누르는 것이 조금 더 바람직하다. 우리가 중앙을 헤집고 돌아다니며 촬영을 한다면 결과는 조금 더 좋을지 모르지만, 예배에는 좋지 않을 테니 말이다.

Tip 2

ㅇㅇ인물을 촬영할 때, 어려움을 겪는 것은 자신이 찍히는 것에 두려움이 있는 사람들을 촬영하는 것이다. 특히 청소년들은 이런 경우가

무척이나 많은데 카메라가 보이기만 하면 머리카락과 손 등 도구들을 활용하여 필사적으로 얼굴을 가린다. 이럴 것을 해결하는 데에는 촬영을 하는 우리가 그 사람들과 친분을 가지려고 노력할 때 해결의 방법을 찾을 수 있다. 물론 그 수많은 사람들과 일일이 친해질 수는 없지만, 촬영만 하기 전에 한 번 더 인사하고 한 번 더 웃으면서 그 사람과의 거리감을 좁히려고 노력하다 보면, 카메라 렌즈와 자신가의 거리가 좁혀져도 더 이상 거부감을 느끼지 않고 오히려 장난스레 포즈를 취하는 경우를 볼 수 있을 것이다.

돌아보며

우리는 교회 안에서 일어날 수 있는 대표적인 시간들이 가지는 분위기를 생각하며 어떻게 촬영을 할 것인가에 대해 이야기 해보았다. 카메라를 들고 있는 사람의 특권을 이용하여야 하지만 언제 그 특권을 이용할지, 적절한 '타이밍'에 대해 생각해보았다.

분명한 것은, 우리의 특권이 예배에 방해를 끼쳐서는 안 될 것이라는 것이다. 우리의 렌즈가 자신을 향한다는 사실을 본인이 인지하게 된다면 그 사람은 긴장하게 된다. 자신의 모습에 신경이 쓰이게 될 것이고, 예배에 집중이 되지 않을 것이다. 또한, 우리가 어지러이 돌아다니며 플래시를 터뜨린다면 사람들의 집중은 하나님이 아닌 우리에게 향해질 것이다. 이런 면에서 우리는 우리의 특권을 절제하며 이용해야 할 필요가 있다.

조용히, 분위기에 맞게, 철저히 하나님을 생각하며, 셔터를 너무 많이 누르려 욕심 내지 않고, 절제하며 촬영을 해나간다면 예배를 받으시는 하나님만이 높아지는 예배에 우리가 사용될 수 있을 것이다.

4. 셔터 누르기

들어가기에 앞서

이번 부분부터는 이론적인 부분을 다루고자 한다. 이론적인 부분을 마음가짐을 다루는 부분보다 뒤에서 설명하는 이유는 우리에게 있어서 이론도 중요하지만, 마음가짐이 더 중요하다고 생각되어서이다. 명심하자. 이론도 중요하지만 마음가짐이 더욱 더 중요하다.

이번 부분에서는 우리가 카메라를 처음 접할 때 듣게 되는 '용어'들에 대해 설명할 것이다. 난해한 용어들, 무언가 어려운 용어들을 중심적으로 살펴봄으로서, 카메라와 우리의 거리를 좁혀나갈 것이다.

하지만, 이 부분을 살펴볼 때 우리가 가까이 가지고 있어야할 것이 있다. 그것은 바로 설명서이다. 카메라를 구입하면 제품에 동봉되어 오는 설명서는 귀찮아 보이지만 필수적인 것이다. 카메라의 기본 명칭부터 시작해서, LCD 설명 등, 그 카메라를 다루는 데에 필요한 모든 것이 담겨있다. 필히 설명서를 옆에 두고 함께 읽어나가며 이 부분을 다뤄나갔으면 좋겠다.

그럼 본격적으로 셔터를 누르러 가보자.

카메라 관련

미러리스, DSLR

카메라는 필름 카메라, 콤팩트 카메라, DSLR카메라 그리고 미러리스 카메라 등이 있다. 그러나 요즘 흔히 사용되며, 우리의 용도와 맞게 사용될 카메라는 DSLR카메라와 미러리스 카메라이다. DSLR 카메라와 미러리스 카메라의 제품은 언뜻 보기에 별반 차이가 없어 보이지만 분명한 차이가 존재한다. 그 차이점은 바로 카메라 구조상의 차이이다.

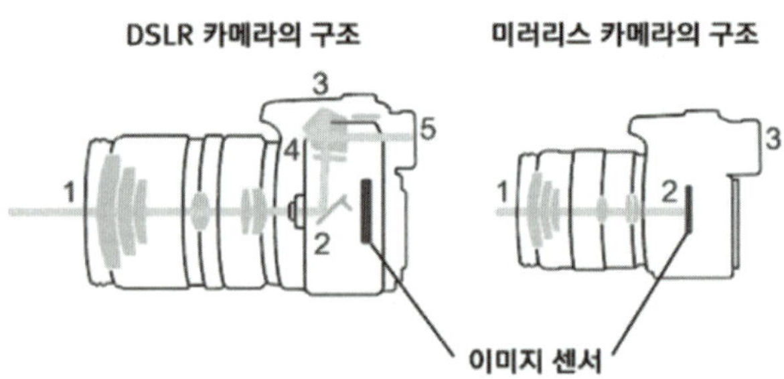

출처: 네이버 지식백과

위의 그림을 보면 미러리스 카메라(오른쪽)의 구조가 DSLR 카메라(왼쪽)보다 훨씬 간단해 보이는 것을 볼 수 있을 것이다. 맞다. 미러리스 카메라의 구조가 DSLR 카메라보다 간단하다. 쉽게 차이를 말하자면 빛을 반사하는 물체를 포착하여 사진으로 담아내는 기계인 카메라 안에 거울(Mirror)이 있느냐 없느냐의 차이이다. DSLR 카메라에는 거울 등이 바디 안에 있어 바디가 두꺼우며 무겁고, 촬영하는 물체의 구도를 볼 수 있는 뷰파인더가 존재한다. 그러나 미러리스(Mirrorless-거울이 없는)카메라는 거울을 과감히 제거하여 바디가 비교적 얇고, 무게가 가벼워 휴대성에 강점을 가진다. 또한 거울이 없는 관계로 뷰파인더가 없지만 설정값을 달리할 때마다 설정값이 반영된 결과물이 LCD모니터에 나타나, 촬영 전에 LCD모니터에 나오는 장면이 촬영 했을 때의 결과와 같다.

예전에는 DSLR이 미러리스보다 휴대성을 제외한 점에서 월등히 앞서갔지만 요즈음은 점차 발전되는 기술로 미러리스와 DSLR 카메라의 거리감이 좁혀지고 있으며, 요즈음은 미러리스 카메라에도 전자식 뷰파인더(쉽게 말하면 LCD 모니터를 뷰파인더의 형태로, 하나 더 달아놓은 것)를 탑재한 제품들도 있다.

그러나 이러한 발전에도 불구하고 아직까지는 DSLR이 미러리스보다 더 사용하기 용이하다고 말할 수 있다. DSLR카메라가 미러리스보다 렌즈도 다양할뿐더러, 여러 부속 제품들의 호환성이 다양하여 촬영을 시도할 때 선택할 수 있는 폭이 넓기 때문이다.

줌렌즈, 단렌즈

카메라의 렌즈에도 종류는 다양하다. 대표적으로 줌렌즈, 단렌즈, 광각렌즈가 있다. 줌렌즈는 줌(ZOOM)이 가능한 렌즈들로서 다양한 상황에서 유용하게 사용할 수 있다는 특징으로 인해, 카메라를 구매할 때 대표적으로 함께 구매하는 렌즈이다. 17~55mm, 24~70mm, 24~105mm 등과 같이 최소값-최대값으로 표기되어 판매되고 있다.

단렌즈는 팬케이크처럼 얇고 납작한 모양 때문에 팬케이크 렌즈라고 불리기도 한다. 단렌즈는 줌렌즈와 달리 줌의 기능이 없다. 줌의 기능이 없는 대신 대부분 밝은 조리개 값을 가지고 있어 아웃 포커스 효과가 크며, 줌렌즈 보다 화질이 무척 좋다는 장점을 가진다. 주로 인물 사진을 찍을 때에 좋은 결과를 가져다준다.

광각렌즈는 넓은 화각을 제공하므로 일반렌즈보다 넓은 범위를 담을 수 있어서 실내사진이나 건축, 풍경사진 등에 많이 쓰이며 작가는 넓은 범위를 담기 위해 많이 움직이지 않아도 되는 이점이 있다. 또한 사물을 왜곡시켜 원근감을 과장하므로 전경과 후경에 있는 피사체 간의 거리나 크기의 차이를 강조하기 위해 사용되기도 하지만 극도로 표현된 사진은 사물을 왜곡시켜 뒤틀어진 결과를 나타내기도 한다.

일반적인 광각렌즈는 초점거리가 25mm~35mm인데 이보다 더 작은 것은 초광각렌즈 또는 어안(fish eye)렌즈라고 한다. 초광각렌즈는 광각렌즈보다 더 넓은 화각을 제공하는 반면 피사체의 왜곡은 더 심하다.

화소, 해상도, 화각

먼저 화소(Pixel)라는 것을 이야기해보고자 한다. 우선, 화소는 단위 면적 당 색을 나타내는 점의 개수라고 생각하면 편하다. 1300만 화소와 1800만 화소의 차이는 일정한 면적안에 1300만개의 점이 있느냐, 1800만개의 있느냐의 차이이다. 동일한 면적 안에서 비교해보자면 많은 점으로 구성되어 있는 것이 사진의 품질을 더 좋게 만들 것이다. 사진의 화소가 높은 사진은 찍힌 결과물을 확대를 하여도 화소가 낮은 사진보다 깨져서 보이는 현상이 덜하다. 따라서 화소는 값이 높을수록 사진의 품질이 좋아짐을 의미한다.

해상도는 우리가 TV를 선택할 때, 또는 핸드폰에서 동영상을 시청할 때 많이 볼 수 있다. 720p(HD), 1080p(Full HD) 등의 수치가 바로 해상도이다. 이런 수치들은 동영상의 세로 화소(Pixel)수를 나타내는 것이다. 720p에는 동일한 면적에 720개, 1080p는 1080개의 픽셀의 개수가 존재한다는 뜻이다. 1080p외에도 4K, 8K 등이 있는데, 아래의 사진을 보면 이해가 쉬울 듯하다.

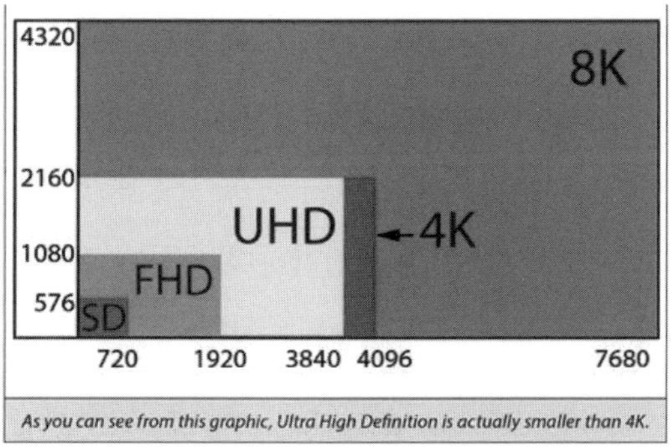

출처: purunhacker's 네이버 블로그

이렇게 요즈음엔 기술의 발달로 8K까지 나온 상황이다. 하지만 아직까지 우리의 일상생활에서 많이 쓰이는 해상도는 1080p이다. 이러한 해상도는 캠코더의 사양이 되기도 한다.

다음으로 화각이라는 것은 말 그대로 각도를 의미한다. 화각이 넓을수록 더 넓은 공간을 촬영할 수 있음을 의미한다. 이 화각은 렌즈와 밀접한 관계를 가지고 있다. 앞서 말한 것인, 최솟값-최댓값mm로 표기되는 줌렌즈를 살펴보았을 때, 최솟값과 최댓값의 사이 값이 클수록 화각이 넓다고 이야기 할 수 있는 것이다.

노출의 3요소

촬영이라는 것은 결국 빛을 다루는 것임을 늘 인지해야한다. 우리의 촬영은 늘 빛을 얼마나 받아들일 것이냐. 즉, 어느정도의 밝기로 촬영을 할 것인가에 대한 고민을 끊임없이 하게 될 것이다. 이러한 고민 아래, 적당한 밝기로 사진을 촬영하기 위해서는 카메라의 '노출'의 개념에 대해 이해해야 한다.

물론 노출을 카메라가 알아서 설정해주는 Auto 모드가 있기는 하지만, 카메라를 다뤄나가다 보면 이 Auto모드의 한계를 느낄 수 있을 것이다. 카메라는 사람이 아니기에 알아서 해주는 것에 한계가 있다. 모든 것을 표준 값을 생각하며 설정해 주는데, 이러한 카메라의 특징은 결국 극도로 밝거나 극도로 어두운 사진을 찍어내게 된다.

극도로 어두운 환경에서 카메라는 극도로 밝은 사진을 찍게 될 것이다. 이러한 불상사를 막고, 수시로 변하는 환경에 맞춰 적정 노출값에 따라 아름다운 사진을 얻어 내기 위해 노출값을 알맞게 설정하는 것은 촬영에 있어 필수불가결한 요소라고 할 수 있다.

촬영할 때 이렇게나 중요한 노출값을 설정할 수 있는 요소가 3가지가 있는데 그것은 바로 조리개, 셔터 스피드, ISO이다. 이제부터 이 3요소의 특징을 알아볼 것이다.

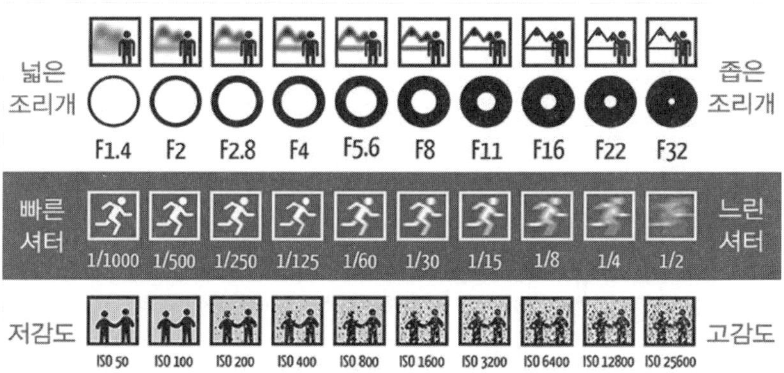

노출의 3요소를 표로 나타낸 것. 위로부터 조리개, 셔터스피드, ISO
출처: https://www.fmkorea.com/430305108

위의 표는 각각의 값을 설정할 때의 특징을 표로 나타낸 것이다. 아래의 내용들을 볼 때, 위의 표를 참고하면서 보도록 하자.

앗. 다음으로 넘어가기 전에! 각각의 설정을 어떻게 조정하는지, 어디에 각각의 값이 나타나는지는 구매한 카메라의 설명서를 참고하여 익혀놓도록 하자. 설명서를 곁에 두고 찾아보며 우리의 친구 삼는 것은 카메라를 알아가는 데에 무척이나 중요하기 때문이다.

ISO

ISO(감도) 값은 어두운 환경에서 밝은 사진을 얻고 싶을 때 주로 사용한다. ISO값이 낮을수록 어두운 사진이 나오며 ISO값이 높을수록 밝은 사진을 얻을 수 있다. 그러나 ISO값이 높아질수록 사진에는 노이즈가 생기게 된다. 여기서 노이즈라 함은 특정 사진(대체로 ISO값이 높은 사진)으 볼때 무언가 먼지가 낀듯한, 자글자글한 모습을 보게 되는데 이것을 바로 노이즈라 한다. 노이즈가 심해질수록 사진의 품질과 선명도는 낮아지게 된다. 따라서 ISO값을 적절하게 이용해야 함이 필요하다.

조리개 값

조리개는 흔히 F를 붙여 표기한다. F1.4, F2.8, F5.6, F8 등으로 나타내는데 F값이 낮을수록 조리개의 구멍이 넓어지며 빛을 많이 받아들인다. 조리개의 구멍이 넓어져 빛을 많이 받아들인다는 것은 밝은 사진을 찍을 수 있다는 것을 의미한다. 그리고, 조리개 값이 낮아지는 것은 심도가 낮아지는 것을 의미하는데, 심도가 낮다는 것을 다른 말로 표현하면 초점거리가 짧다는 것을 이야기한다. 이것을 바로 우리는 흔히 아웃포커싱이라고 이야기한다. 아웃포커싱이라는 것은 초점을 맞춘 피사체외에는 모두 뿌옇게 보이며 초점을 맞추지 않는 것을 의미한다. 흔히 인물 사진, 꽃 사진 등을 찍을 때와 같이 한 대상에게 집중을 주고 싶을 때 사용한다.

즉, 조리개 값이 낮을수록 아웃포커싱이 적용된 밝은 사진을 얻을 수 있다는 것을 의미한다.

셔터 스피드

셔터 스피드는 말 그대로 셔터가 열렸다가 닫히는 속도를 이야기한다. 셔터가 열렸다가 닫히는 속도가 빠르면 빛의 양을 조금만 받아들인다. 그리고 닫히는 속도가 빠르기에 역동적이며 빠른 피사체를 흔들림 없이 포착할 수 있다. 반대로 셔터 스피드가 느리다면 빛을 많이 받아들여 밝은 사진을 얻을 수 있지만, 역동적이며 빠른 피사체를 잡아내는 것에는 한계가 생기게 된다.

Tip

수련회 때의 찬양 집회, 기도회때에는 어떻게 설정하는 것이 좋을까? 이 때의 특징은 어둡고 사람들의 움직임이 역동적인 것인데, 역동적인 움직임을 잡아내기 위해 셔터스피드를 빠르게 설정하는게 좋을 것이다. 근데 그러면, 사진은 어둡게 나오게 될 것이다.(셔터스피드가 빠르면 사진은 어둡게 나오기에.) 이런 상황을 위해 ISO값을 조정해야 한다. ISO값을 높게 설정함으로서 셔터스피드로 인해 어두워진 사진의 밝기를 높이는 것이다. 조리개 값은 어떤 대상을 찍느냐에 따라 다르게 될 것이다. 한 사람만 포커싱하여 촬영하게 될 것이라면, 조리개값을 낮게 설정하여 아웃포커싱 효과를 주면 좋을 것이다. 반대로 모든 사람들에게 초점을 맞출 것이라면 조리개값을 높게 설정하여 포커스를 전체에 맞추면 될 것이다. 한가지. 조리개값도 밝기에 영향을 주니 상황에 따라 ISO와 셔터스피드를 알맞게 조절해보도록 하자.

촬영 모드

바디 상단에 있는 모드 다이얼

DSLR 카메라의 바디의 상단부를 보면 꽃, 사람, P, M 등의 글자 및 그림이 있는 다이얼이 있는 것을 볼 수 있을 것이다. 이 다이얼을 조절하여 모드를 설정해서 촬영하고자 하는 상황에 맞게 사진을 찍을 수 있다.

꽃은 정물, 움직이는 사람의 모습은 스포츠 모드 등, 그림으로 표현 된 것은 어느정도 직관적으로 이해가 가능하고, 설명서만 참고해도 쉬이 이해할 수 있다.

그러나, 이렇게 그림으로 표현된 것과 달리, P, M, C1, C2 등, 영어로 표현 된 것은 직관적인 이해도 어려울뿐더러, 설명서만으로도 충분히 이해하기 어려운 경우가 대다수이다. 이러한 촬영 모드들은 촬영에 있어서 중요하지만, 대부분 다이얼을 만지는 것을 꺼리는 이유는 무언가 어렵고, 복잡해 보이기 때문이다. 하지만 조금 관심을 가지고 살펴본다면 여태까지 찍어왔던 오토모드(다이얼의 초록색 A+

라고 표기된 모드)와 다른 재미를 느낄 수 있을 것이다.

앞서 언급한 셔터 스피드, 조리개, ISO의 개념이 필수로 필요하니 머릿속에 꼭 꼭 넣어두고 잘 살펴가보자.

Auto Mode (A+)-자동 모드

이 모드는 가장 많이 사용하며 가장 쉬운 모드이다. 셔터 스피드, 조리개, ISO를 카메라에서 자체적으로 조절하여 촬영한다. 따로 사용자가 설정할 필요가 없이 카메라가 자동으로 설정해서 촬영해서 표준적이고, 촬영하기 쉽다는 장점이 있지만, 사용자의 개성을 담아낼 수 없다는 단점이 존재하기도 한다.

Manual Mode (M)-수동 모드

DSLR의 꽃인 모드이다. 오토 모드와 달리 셔터 스피드, 조리개, ISO등의 설정값을 사용자의 임의대로 설정하여 촬영할 수 있다. DSLR의 꽃인 모드이기는 하나, 처음 카메라를 잡거나 아직 촬영에 익숙하지 않은 사람들에는 어려운 요소로 다가갈 수 있다. 모든 것을 임의대로 일일이 설정하여야 한다는 점과, 순간적인 모습을 재빠르게 담아내야 하는 상황과 같이 급작스럽게 변하는 상황에 대응하기 어렵다는 점등이 그 이유가 될 것이다. 즉, 사용자가 머릿속에 그려낸 사진과 다른 결과물이 나올 수 있다는 것이다.

하지만 셔터 스피드, 조리개, ISO의 개념을 잘 이해하고 열심히 만

지작 거리다보면, 나만의 개성넘치는 사진을 얻을 수 있는 M모드의 재미에 푹 빠지게 될 수 있을 것이다.

Aperture Value Mode (AV) - 조리개 우선 모드

이 모드는 셔터 스피드보다 조리개의 값에 우선을 두는 모드이다. 간단히 말해 조리개 값을 사용자가 상황에 맞게 설정하면, 카메라가 셔터 스피드를 사용자에 의해 맞춰진 조리개 값에 맞게 조절하여 촬영을 하는 것이다.

설교를 듣는 상황에서, 아웃포커스 기능을 통해 한 사람에 집중을 주고자 할 때 조리개값을 설정하고 난 후, 촬영 할 때 활용하기 쉽다. 아웃포커스를 활용하고자 하는 목적은 동일하지만, 앉아있는 위치 등에 따라 환경은 다르기 때문이다.

Time Value Mode (TV) - 셔터 스피드 우선 모드

조리개 우선 모드와 달리, 셔터 스피드에 우선을 두는 모드이다. 조리개 우선모드는 사용자가 설정한 조리개 값에 셔터 스피드를 자동을 맞췄다면, 이 모드는 사용자가 설정한 셔터스피드 값에 조리개를 자동으로 맞춘다. 빠르게 움직이는 피사체를 촬영하는데, 일정한 밝기가 필요할 때 이 모드를 사용한다. 레크레이션 시간 때에 활발히 움직이는 사람들을 찍을 때, 이 모드를 통해 셔터 스피드를 설정해 놓고 촬영하면 좋다.

Program Mode (P)-프로그램 모드

P모드는 A+모드 다음, 또는 대신 무척이나 많이 사용된다. 왜냐하면 이 모드 역시 A+모드와 비슷하게 셔터스피드와 조리개 값을 카메라가 알아서 조정해주기 때문이다. 이렇게 들으면 A+모드와 다른 게 없어보이기도 한다. 그렇지만 A+모드와 다른 이유는 ISO를 설정할 수 있을 뿐만 아니라, 카메라가 조정해준 셔터스피드와 조리개 값이 맘에 들지 않을 경우, 사용자가 임의대로 이 P모드 안에서 각각의 값을 설정할 수 있다.

수정이 가능한 A+모드, M모드와 A+모드의 혼합정도로 생각하면 되겠다.

초점

촬영을 할 때 가장 중요한 것 중에 하나가 초점을 잡는 것이다. 아무리 이쁘게 찍고자 해도, 초점이 잘못 맞춰지면 절대 좋은 결과가 나올 수 없다. 그리고 초점을 맞춘다는 것은 사진의 의도와 목적 또한 포함되어 지기에, 초점을 잡는 것은 무척이나 중요하다.

Dslr의 초점은 MF와 AF가 있다. 카메라 바디가 아닌 렌즈의 측면을 자세히 보면 AF와 MF를 설정할 수 있는 장치를 볼 수 있을 것이다.

MF는 Manual Focus의 약자로 말 그대로 수동 초점을 의미하는데, 이 때에는 초점을 잡을 때 카메라 렌즈의 링을 돌리면서 초점을 잡게 된다. 이와 달리, AF는 Auto Focus의 약자로 자동 초점을 의미한다.

이 AF는 셔터를 완전히 누르는 것이 아니라, 반만 누르는 반셔터를 이용하여 초점을 잡게 된다.

대부분 카메라를 처음 잡는 사람들은 기본적으로 설정되어 있는 AF 모드로 쓰게 된다. 그러나 사실 이 AF모드 안에서 촬영 대상, 촬영하는 상황 등에 따라 적합하게 사용할 수 있게 3가지의 초점 모드가 있다. 이것을 잘 알고 상황에 맞게 사용한다면 좋은 촬영이 이뤄질 수 있을 것이다.

참고로 AF안의 3가지 초점 설정은 Auto 모드에서 사용이 불가하다는 것을 알고 가자.

One Shot

이 초점 모드에서는 흔히 반셔터 라고 이야기하는 것이 사용되어진다. 셔터를 누를 때 살짝 누르면서 반셔터를 사용하면, 물체에 초점이 맞아진다. 이 때 초점이 맞아지는 부분에는 빨간색 으로 표시되어지며, 이렇게 표시가 되어진 후에 셔터를 마저 꾹 누르면 사진이 촬영되어진다.

이 모드에서는 주로, 고정되어 있거나 움직임이 거의 없는 피사체를 촬영할 때 사용하면 용이하다.

AI Servo

이 모드는 움직임이 많고 빠른 대상을 촬영할 때에 사용한다. 위에 설명한 One Shot모드와 달리 반셔터를 누른 후에 피사체가 움직여도 대상의 초점을 끊임없이 추적하기 때문에, 피사체의 잦은 움직임도 포착하여 선명하게 촬영해 낼 수 있다.

집회 때 뛰며 찬양하는 회중, 레크레이션 시간 같은 경우 이 모드로 놓고 촬영하면 좋을 듯 하다.

AI Focus

위의 두가지 모드를 섞어 놓은 모드이다. 반 셔터를 눌러 초점에 잡힌 촬영 대상이 움직임이 없을 때에는 One Shot 모드, 움직임이 포착될 때에는 AI Servo 모드로 촬영이 되어진다. 이렇게 들으면 위의 두 모드가 필요 없는 것 같이 느껴지겠지만 두 모드를 '혼합' 시켜 놓은 만큼 무척이나 빠른 물체를 잡아내는 등, 각각의 모드의 장점을 최대한 살려내지는 못한다. 무척이나 빠른 피사체를 촬영 할 때에는 AI Servo 모드를 사용하는 것이 훨씬 좋을 것이다. 말씀을 전하는 목사님, 말씀을 듣는 회중과 같이 비교적 정지가 되어 있지만, 움직임의 가능성이 있는 피사체를 촬영할 때에 적합하다.

돌아보며

매우 기초적인 부분을 우리는 다루어 보았다. 사실 카메라를 기본적으로 촬영할 때 이정도의 용어만 알아도 기본적으로 촬영을 해낼 수 있다. 점차 촬영을 하게 되다보면 ISO 값과 조리개 값, 셔터스피드의 값이 따로따로 존재하는 것이 아니라 함께 유기적으로 설정하여 사진을 촬영해야 한다는 점도 알 수 있을 것이다.

가장 중요한 것은 얼마나 많이 찍어보느냐이다. 많이 찍어봄에 따라 어떤 상황에서는 어떤 값을 얼마만큼 설정하는지를 알 수 있으며, 어떤 사진에는 단렌즈가 어울리는지 어떤 사진에는 줌렌즈가 어울리는지 알아낼 수 있다. 어느 정도의 객관적인 기준은 있지만 결국 사진은 찍는 사람의 주관적인 요소가 많이 포함되기에 얼마나 많이 카메라와 친해지느냐가 중요하다.

특히, 두껍고 재미없어 보이는 설명서를 꼭 한번을 읽어보고 품에 가진 채로, 사진을 많이 촬영해보면 무척이나 좋을 것이다.

5. 스위치 끄기(끝맺음)

핸드폰의 카메라가 좋아지고 있는 요즘, 어떻게 보면 카메라와 캠코더의 입지는 줄어가고 있다고 생각되어 지기도 하다. 그러나 우리의 아름다운 순간들을 아름다이 간직하고 공유하기에는 아직까지는 카메라와 캠코더가 필요하다.

핸드폰 카메라로 찍어도 무리는 없지만, 더욱 아름답게 우리의 모습을 간직하고 나중에 교회의 지나간 순간들을 더 좋은 결과물로 볼 수 있다면 참 좋을 것이다.

우리는 공동체를 담아내는 사람들이 될 것이다. 단순히 사진을 찍고 영상을 찍는 사람들이 아니라, 우리 안에 있는 예수를 담아내고, 공유함으로서 우리의 교제와 나눔에 도움을 줄 것이다. 우리가 카메라를 잡고 캠코더를 잡는 것은 할 수 있는 사람이 없어서 우연히 주어진 것이 아니라, 하나님이 우리에게 바라는 섬김의 자리일지도 모른다. 이러한 마음가짐으로 결과물 보다 예배를 중시하고, 우리의 섬김을 겸손히 받아들여 우리 공동체의 모습을, 또 우리 공동체 안에서 함께 숨을 쉬고 계시는 하나님을 담아낼 수 있는 우리가 되길 바란다.

빛의 예술로 빛을 담아내는 우리가, 빛을 위한 어둠이 될 수 있는 우리이기를.

참고문헌

네이버 지식백과 www. terms. naver. com

네이버 지식쇼핑 shopping. naver. com

네이버 블로그 purunhacker's https://blog. naver. com/badwin

레크레이션

윤상현

1. 들어가는 말

대부분 '레크레이션'을 준비하라고 하면, 근처에 있는 교회나 친구들에게 조언을 구하거나 인터넷을 두드리며 찾아 준비하게 된다. 대부분의 '레크레이션'은 다수가 할 수 있는 게임이 대부분이다. 그러나 실제로 필자가 섬기고 있는 '작은 교회'에서는 실현할 수 없는 게임이 많아 상당히 제약적인 선택을 해야만 했다. 결국 작은 교회를 다니는 많은 분들의 '레크레이션'은 우리 교회에서 인원이 적다는 이유로 할 수 없다는 것이 매우 안타깝다.

더 나아가 교회에서 청소년들이 현저하게 줄어들고 있는 교회가 많다는 것이다. 그래서 이 글은 작은 교회에서도 할 수 있는 매뉴얼의 필요성을 느끼게 되어 연구하고 준비하게 되었다.

초등학생들에게 교회를 다니는 이유에 대해서 물어봤더니 대다수가 "우리 교회는 재미있는 게임을 많이 해서 다녀요", "우리 교회 선물 많이 줘요", "우리 교회 어디 많이 놀러가요" 등의 대답이 나왔다. 결론은 교회는 재미가 있어야 다닌다는 것이다. 물론, 신앙적인 교육에서 재미가 전부가 되어서는 안 된다. 교리와 성경공부 등 신앙적인 교육은 교회를 살리고 하나님을 바르게 이해하고 사명을 분명히 감당하기 위해서는 절대적이다. 그러나 먼저 교회로 향하도록 이끄는 방법이 필요하다. 곧 교육이다. 그래서 재미있는 교육이 참 중요하다. 그 재미있는 교육이 바로 '레크레이션'이다.

레크레이션은 '보편적' 이어야 한다. 대형교회나 큰 교회에서만 진행되는 레크레이션이라고 한다면, 작은 교회는 재미있는 교육을 할 수 없다는 결과가 나오게 된다. 그래서 작은 교회가 할 수 있는 '레크레이션' 을 연구하였다. 더 분명히 말해서, 모든 교회가 할 수 있는 레크레이션에 대해 연구한 것이다. 필자가 준비한 레크레이션은 모든 교회가 할 수 있다. 이 책에 진정한 목적은 "우리 교회는 사람이 없어서 못한다"라는 말이 아닌, "우리 교회 가능하다"로 말하게 하는 것이다.

2. 레크레이션이란 것이 뭐지?

Recreation이란 단어의 뜻은 '회복한다' 라는 재창조의 뜻을 가지고 있지만 필자는 '창조적인 능력 깨기' 라고 정의한다. 레크레이션은 각자의 선택적인 활동을 통해 목적의식을 가진 교육적인 활동으로 자신이 모르고 있거나 알고 있는 능력을 발휘할 수 있게 도와주는 역할을 하기 때문이다.

그래서 레크레이션은 다수보다 소수가 더 효과적인 경우가 많다. 다수의 장점은 재미와 다수의 사람들을 알 수 있지만, 다수를 모두 만족시킬 수 없다는 것이 단점이다. 또한 개인의 창조적인 능력을 찾기가 쉽지 않다. 그러나 소수는 한 사람, 한 사람의 역할이 더 분명하고, 서로의 의견과 목적이 뚜렷하게 전달할 수 있기 때문에 만족도와 효율면에서 매우 높다. 그래서 이번 파트의 대상은 "소수의 인원이 할 수 있는 레크레이션"이다.

사실, 대부분의 인식이 레크레이션은 인원이 많이 있어야 할 수 있다는 정적인 생각들을 갖고 있다. 그러나 필자는 그러한 인식과 생각들을 깨부수려고 한다. 그래서 이후 내용은 적은 인원으로 제한된 교회나 단체들에게 가장 효율적인 레크레이션을 할 수 있도록 도와주는 매뉴얼이 될 것이다.

3. 레크레이션 하면 좋은 점은 뭐지?

내가 가진 것을 OPEN 할 수 있다.

처음 만나는 사람과 대화하는 것은 쉽지 않다. 같은 동성이 아니고 이성이라면 더 어렵게 느껴지는 것이 현실이다. 그 어려운 상황에서 벽을 허무는 역할이 바로 '레크레이션'이다. 레크레이션이은 공동체적인 교육 프로그램 안에서 목적에 맞게 활동하는 것이기 때문에 자신을 드러낼 수 있다. 자연스럽게 허물어지지 않았던 벽을 녹아내리게 하는 게임을 통해 사람들과 어울릴 수 있게 도와준다.

또한 자신이 가지고 있는 능력을 발휘할 수 있도록 돕는다. 하나님께서는 각자에게 다른 은사와 능력을 주셨는데 그 능력을 발견하거나 개발할 수 있게 도와줄 수 있다. 자신의 능력은 레크레이션을 통해 숨겨져 있었던 잠재력의 능력을 찾을 수 있다. 그래서 적극적인 참여와 관심, 그리고 즐거움이 동반된다면 교사의 눈으로도 친구들의 재능들을 볼 수 있게 될 것이다.

배운 것을 복습할 수 있다.

이론으로 배우는 성경 공부는 어렵다는 느낌을 주는 것이 현실이다. 물론, 쉽고 좋은 프로그램과 교육을 통해 이해하고 알 수 있지만, 조금 더 효과적인 방법을 알려주고 싶다. 레크레이션을 통해, 배운 것을 게임으로 적용하는 것이다. 머리로만 기억했던 배움이, 몸으로도 기억하게 된다면 더 오래 지속되거나 배움이 추억이 될 수 있다. 물론, 모든 말씀을 게임으로 만들 수는 없지만 중요한 문장을 가지고 게임을 만드는 것은 별로 어렵지 않다. 레크레이션의 장점은 바로, 단어나 문장을 쉽게 넣어서 적용할 수 있다는 것이다. 한번 시도해보면 재미있는 교육의 현장을 체험할 수 있을 것이다.

나의 삶에 활력을 준다.

현대 사회는 너무도 피곤하고 지치게 만드는 사회 구조 속에 살아가고 있다. 그래서 대부분의 학생들은 "피곤해"라는 말을 습관처럼 한다. 잠을 자면서도 "피곤해", 멍하니 경치를 보기만 해도 "피곤해", 하고 싶은 일을 하면서도 "피곤해"라는 말을 한다. 즉, 나의 삶에 활력이 필요하다는 것이다. 레크레이션은 인간의 적극적인 자기표현이다. 내일의 생활에 밝고 아름답게 하는 촉매 역할이 되어야 하는 것이 레크레션이다.[53)]

나를 밝게 해줄 수 있는 일, 나를 즐겁게 해주는 일, 나에게 힘을 주는 일 등 활력소가 되도록 자기만의 레크레이션을 갖고 있다면 삶에 더 감사가 넘치게 될 것이다. 리더(진행자)는 여러 레크레이션을 실제로 경험해보고, 참여자들의 맞는 레크레이션이 무엇인지를 파악하는 것이 좋다. 참여자들의 성향을 파악하게 된다면, 그들에게 활력과 즐거움을 선물해줄 수 있다.

4. 우리 교회에서 할 수 있는 레크레이션은 무엇일까?

5명 이하 레크레이션

하나님 제 마음을 받아주세요

- 대상 : 모든 연령
- 인원 : 2명 이상
- 장소 : 긴 책상이 있으면 좋다. 없다면, 방바닥에서 해도 좋다.
- 준비물 : 인원수에 맞게 음료 뚜껑 준비
- 방법 : 시작점과 종료 지점을 길게 선을 긋거나 표시한다. 뚜껑

53) 정상연 저, 『핵심 레크레이션』, (서울: 엘맨 출판사, 2003), 14.

을 날릴 때 마지막 종료 지점을 하나님으로 바라보며 “하나님 제 마음을 받아주세요”라고 외치며 손으로 멀리 친다. 그래서 가장 멀리 날린 참여자가 이기는 게임이다.

✤ 효과 :

- 강한 집중력을 가질 수 있다.
- 강약 조절이라는 것을 배우게 된다.
- 하나님을 향한 마음이 더 간절해지도록 도와준다.

✤ Tip : 팀전으로 하게 될 경우, 가장 멀리 보낸 참가자 1등 50점, 2등은 40점, 3등 30점으로 하여 합산하여 결과를 제시한다면 더 적극적인 전략과 단합을 할 수 있다.

표현의 자유

✤ 대상 : 모든 연령

- 인원 : 제한 없음
- 장소 : 제한 없음
- 준비물 : 없음
- 방법 : 단어를 각자 몸으로 자유롭게 표현하는 것이다. 예를 들어 단어 "사랑"이라는 단어를 몸으로 글자를 표현하여 사진을 찍은 후 보여주는 것이다.
- 효과 :

- 창의적인 동작으로 글자를 만들기 때문에 각자 본인이 가지고 있는 생각들을 공유할 수 있다.
- 개인전으로도 가능하기 때문에 모든 단어를 창의적으로 표현할 수 있다(한 글자씩 사진을 찍어 함께 편집하여 제출).

- Tip : 교회에서 오늘 들은 설교 말씀으로 단어를 제시한다면 더 효과적으로 기억하며 은혜로울 수 있다. 예를 들어 믿음(FAITH), 소망(WISH), 사랑(LOVE) 등으로 제시할 수 있다.

'죄'를 벗자

- 대상 : 모든 연령
- 인원 : 3명 이상
- 장소 : 넓은 공간
- 준비물 : 없음
- 방법 : '죄'라는 술래를 한 명을 정한다. 술래는 장소에 맞게 발자국 숫자를 자유롭게 말한다. 세 발자국이라고 말하면, 술래를 제외한 모든 참여자가 멀리 세 발자국을 뛴다. 그런 후 마지막에 술래는 참여자보다 한 발자국 덜 뛰는 두 발자국을 멀리 뛴다. '죄'라는 술래가 멀리 뛰어 참여자를 터치하게 될경우 술래가 바뀌게 되는 게임이다. 만약에 '죄'가 아무도 터치하지 못했다면 남은 참여자들이 그 발자국 수에 맞게 다시 들어와야 한다. 들어오지 못할 경우 '죄'라는 술래가 바뀌게 된다.
- 효과 :

- 죄를 멀리해야 하는 성경 말씀을 실천할 수 있게 된다.
- 활동적인 게임으로 운동을 하게 도와준다.

- Tip : 연령 차이가 날 경우, 어린아이들에게는 발자국 수를 더 높게 뛰도록 하여 모든 연령이 함께 할 수 있도록 하는 것이 좋다. 또한 '죄'라는 술래가 바뀌지 않을 경우, '죄'를 두 명으로 정해도 문제가 없다.

찬양 맞추기

- 대상 : 모든 연령
- 인원 : 4명 이상
- 장소 : 교회
- 준비물 : 피아노, 핸드폰
- 방법 : 팀을 적절하게 나누고 진행자가 찬양 중에 한 글자만 음에 맞춰 불러준다. 그 찬양에 제목을 아는 참여자는 손을 들고 맞추는 게임이다. 첫 글자로 아무도 맞추지 못한다면 찬양의 한 단어를 불러준다. 또 맞추지 못한다면 찬양의 한 문장을 불러준다.
- 효과 :

– 다양한 찬양을 아는데 도움이 된다.

– 집중력을 길러준다.

- 음악적 감각과 재능들을 발견할 수 있다.

✤ Tip : 찬양을 잘 못하는 진행자가 불러준다면 더 재미있다. 찬양을 할 수가 없다면, CCM 찬양에 간주를 조금씩 들려주고 맞추도록 할 수 있다. 가끔씩 유행하는 가요를 맞추도록 하면 더 적극적인 참여를 유도할 수 있는 효과를 준다.

진정한 나의 친구

✤ 대상 : 모든 연령

✤ 인원 : 3명 이상

✤ 장소 : 교회

✤ 준비물 : 각자 핸드폰(없는 사람은 교사가 빌려주어 참여할 수 있도록 도와야 한다.)

✤ 방법 : 둥글게 모두 앉아서 시작을 한다. 각자 휴대폰을 본인 앞

에 놓게 한 후, 사회자는 가장 친한 친구나 가장 먼저 연락 오게 할 친구를 한 명 생각하라고 하다. 그리고 바로 사회자가 지정해준 문자(이모티콘을 많이 사용한 문자)를 똑같이 빨리 전달한 후 가장 먼저 친구에게 연락 오는 참여자가 승리하는 미션 게임이다. 이 미션이 끝나면, 바로 그 친구에게 전화하여 사회자가 지정해준 문장(예를 들어 사랑한다, 난 너를 믿는다. 넌 참 소중해)을 유도하여 가장 짧은 시간에 듣는 게임으로 나아가야 한다.

효과 :

- 친구의 소중함과 나의 소중함을 다시 느끼게 된다.
- 핸드폰에 의미를 다시 갖게 할 수 있다(게임이나 유튜브를 보는 기계가 아닌, 소통하는 기계라는 사실을 가르쳐야 한다).
- 친구 초청 예배나 행사 때 그 친구를 부를 수 있는 기회를 만들어 본다면 전도에 좋은 영향을 줄 수 있다.

Tip : 미션을 전부 성공할 수 있도록 도와주어야 하다(친구가 연락을 받지 않는다 하면, 교사나 부모님에게 연락하여 미션을 수행하도록 해준다).

나의 감각 깨우기

- 대상 : 모든 연령
- 인원 : 3명 이상
- 장소 : 교회
- 준비물 : 빨대 컵(내용물이 보이지 않는 컵), 각종 음료, 눈 가리기 안대, 각종 물건
- 방법 : 진행자는 참여자를 한 테이블에 앉게 한다. 참여자들 각자 안대를 착용시킵니다. 보이지 않는 상황에서 진행자는 준비한 음료를 빨대 컵에 부은 다음에, 무슨 음료인지 맞추는 게임이다. 음료 게임이 끝나면, 이제는 그 상태에서 준비한 물건들을 참여자 테이블 위에 놓고, 참여자들이 손으로 만져서 맞추는 게임이다.
- 효과 :

– 잘 사용하지 않았던 감각들을 사용할 수 있다.

– 집중력을 높여 준다.

– 감사가 넘치게 된다.

- Tip : 음료는 콜라(펩시, 코카콜라), 사이다(칠성사이다, 스프라이트) 등 비슷한 종류로 맞추도록 하여 미각이 발달한 친구를 알 수 있다. 촉각을 사용하여 맞추는 게임할 때는 밀봉한 상태 있는 음식(미역, 김 등)을 맞추게 하거나, 과일(사과, 배, 오렌지 등), 물건(양말, 로션 등) 준비하면 더 재미있게 진행할 수 있다.

나의 중심을 잡아주세요

- 대상 : 모든 연령
- 인원 : 3명 이상
- 장소 : 교회
- 준비물 : 흰 도와지 1장, 검정 매직, 연필, 자.
- 방법 : 흰 도화지에 검정 색 점을 손톱 크기만큼 그린다. 그리고 교회 한 쪽 벽에 붙여놓는다. 2m정도 떨어진 곳에 선을 지정한다. 지정한 선에서 한 사람씩 코끼리 코 10바퀴를 돌고 난 후, 손가락을 들고 도화지 벽 점을 향해 찍는다. 사회자는 그 지점을 기억하여 연필로 표시한 후, 자로 거리를 측정한다. 검정색 점과 가장 가까이 있는 자가 승리하는 게임이다.
- 효과 :

– 어지럽고 혼란스러운 상황 속에서 중심을 잡아 걸어가야 하는 신앙인의 모습을 보여줄 수 있다.

– 집중력을 높여 준다.

- 몸개그로 재미를 줄 수 있다.

Tip : 주위에 위험한 물건이 없도록 확인해야 한다. 또, 넘어지는 경우가 많이 있으니 사회자나 도와줄 수 있는 한 명을 세우고 넘어지거나 쓰러질 때 도와줄 수 있도록 한다. 6명 이상이 된다면 3대 3으로 편을 정해서 한다면 더 재미있게 할 수 있다.

나의 생각을 맞춰줘

- 대상 : 모든 연령
- 인원 : 3명 이상
- 장소 : 교회
- 준비물 : 칠판이나 흰 종이.
- 방법 : 한 사람을 지정하여 앞으로 나오게 한 후 교회 안에 있는 물건이나 사람 한명을 생각하게 한다. 그 생각한 것을 아무도 볼 수 없도록 종이에 적는다. 그 다음 모든 청소년 앞에서 그 문제를 맞추도록 한다. 총 20번 질문을 통해 맞출 수 있다. 지정된 사람은 "예", "아니오"만 대답할 수 있다. 정답을 맞출 수 있는 기회는 한 사람당 한 번으로 한다. 중간에 질문이 아닌, 정답을 말할 경우 더 이상 정답을 맞출 수 없다. 정답을 맞추면 맞춘 사람이 문제를 지정하여 문제를 낸다. 맞추지 못할 경우 계속 다음 문제를 내면 된다.
- 효과 :

- 교회 안에 모르고 있었던 물건과 성도의 이름을 알게 된다.
- 추리력을 길러준다.
- 교회에 필요한 것들을 채울 수 있는 기회가 생긴다.

Tip : 질문이 "예", "아니오"가 나올 수 없다면, 사회자가 질문을 다시 변형하여 알려주어야 한다. 질문은 한 사람이 혼자 하지 못하도록 다양한 청소년들이 참여할 수 있도록 이끌어주는 것이 좋다. 교회 안에 생각할 것을 다했다면, 교회 주위까지 확장하여 생각할 수 있도록 한다.

ex) "살아있습니까?", "전기가 통합니까?", "제 얼굴보다 큽니까?"

얼굴 표정으로 알아요

- 대상 : 모든 연령
- 인원 : 3명 이상
- 장소 : 교회
- 준비물 : 없음
- 방법 : 한 사람씩 나와서 얼굴 표정으로 사물이나 동물을 표현하는 게임이다. 손으로 얼굴을 표현하는데 사용할 수 있으나, 손은 사용할 경우 손이 얼굴에만 있어야 한다. 얼굴 표정만 보고, 청소년들이 무엇인지 맞추는 게임이다. 맞추는 청소년들이 "포기"라고 말할 때까지 계속 맞출 수 있도록 해야 한다.
- 효과 :

- 창의적인 표정이 나온다.
- 청소년들 관계가 좋아진다.
- 재미있는 표정으로 활력과 재미를 준다.

✤ Tip : 목사님이나 전도사님을 표정으로 표현하면 더 재미가 있다. 생각하지 못할 경우, 사회자가 단어를 지정해서 표현할 수 있도록 하는 것도 좋다.

성경 상황극 맞추기

✤ 대상 : 모든 연령

✤ 인원 : 3명 이상

✤ 장소 : 교회

✤ 준비물 : 없음

✤ 방법 : 사회자가 참여한 청소년들에게 제비 뽑을 수 있도록 준비한다. 그 종이 안에는 성경에서 일어난 일들을 적어서 준비한다(ex. 모세가 홍해 가르던 일, 바벨탑 사건, 동방박사 세 사람, 오병이어 사건 등). 그 종이 안에 있는 사건들을 말을 하지 않고 '마임'을 하는 게임이다. 표현한 것을 청소년들이 어떤 사건인지를 맞추는 게임으로 모두가 참여하게 한다.

✤ 효과 :

- 창의적인 표현을 할 수 있다.
- 성경 말씀을 알게 된다.

- 재미있는 동작으로 활력과 재미를 준다.

Tip : 오래 표현할 수 있도록 시간을 여유 있게 주는 것이 좋다. 사회자는 마임을 잘하는 청소년들을 관찰하여 그 청소년 혼자 표현하여 맞출 수 있게 하는 것도 재미있다. 또한, 인원이 많다면 2-3인이 짝지어 표현하는 것도 좋은 효과를 가져올 것이다.

10명 이하 레크레이션

인간 윷놀이

- 대상 : 모든 연령
- 인원 : 6명 이상
- 장소 : 넓은 공간
- 준비물 : 2절지 4장, 매직, 동그란 매우 큰 그릇
- 방법 : 2절지 4장을 붙여서 직사각형을 크게 만든다. 그리고 윷판을 동그란 매우 큰 그릇 테두리를 따라 동그랗게 매직으로 표시하며 만든다. 완성이 되면, 짝수로 편을 나눈다. 방법은 윷놀이와 똑같다. 그런데 윷판에 놓는 '말'을 사람이 하는 것이다. 동그란 선 안에 자신이 직접 들어가서 자신이 생각한 대로 움직인다. 그래서 먼저 3명이 전부 먼저 들어오면 이기는 게임이다.
- 규칙 : 5초 동안 동그란 선 안에 유지하는 자만 인정해준다.
- 효과 :

- 단합과 협동심을 키우는데 매우 효과적이다.

- 활동적인 게임으로 운동을 하게 도와준다.
- 서로 도와주며 생각해주는 우정과 사랑이 생길 수 있다.

Tip : 말이 겹칠 경우, 직접 엎혀서 하는 것을 권한다. 재미가 배로 증가한다. 선 안에 못 지킬 경우, 한 턴 쉬는 것으로 규칙을 정한다면 최선을 다해서 선 안에 있으려고 노력할 것이다.

그림으로 말해요

- 대상 : 모든 연령
- 인원 : 8명 이상
- 장소 : 작은 공간
- 준비물 : 칠판, 보드마카
- 방법 : 짝수로 편을 나눈다. 같은 팀 안에 정답을 맞출 사람을 정한다. 한 팀당 총 5문제를 준비한다. 같은 팀 안에 정답을 맞

출 사람을 제외한 남은 사람들은 보드마카를 잡는다. 문제를 듣고 한 사람당 3초 동안 그 문제를 그림으로 그리는 것이다. 팀당 가장 많이 맞춘 팀이 이기는 게임이다.

✤ 규칙 : 그림을 그릴 때는 같은 팀은 뒤돌아 서 있고, 맞추는 사람만 볼 수 있다. 그리고 맞추는 사람을 제외한 모든 팀원은 말을 해서는 안 된다. 또한 그림으로만 표현해야 하며, 글자를 표기할 경우 그 문제는 실격 처리해야 한다.

✤ 효과 :

- 한 마음 한 뜻을 갖게 할 수 있다.
- 순발력과 창의적인 생각들을 길러준다.

✤ Tip : 진행자는 상대팀을 심판으로 정하여 반칙을 하지 못하도록 유도하면 게임 진행이 원활하게 할 수 있다.

주 안에 우린 하나

- 대상 : 모든 연령
- 인원 : 8명 이상
- 장소 : 넓은 공간
- 준비물 : 없음
- 방법 : 공통점을 찾는 게임이다. 사회자가 "혈액형 같은 친구들을 찾으세요"라고 말하면, 서로 신속하게 대화하며 본인과 같은 혈액형인 사람을 찾을 수 있다. 사회자가 "같은 지역 사는 친구들을 찾으세요"라고 외치면 가까운 동네 친구라는 사실도 알게 된다. 사회자가 참여한 친구들을 서로 알 수 있는 질문들을 계속하여 모이고 흩어지게 하여 서로를 알아가게 하는 레크레이션이다.
- 효과 :

- 평소에 모르고 지냈던 친구들이나 새로운 친구들에 대해서 알게 된다.
- 서로 공통점을 알게 되어 서로 친하고 대화하는데 도움을 준다.
- 주 안에 한 공동체가 되었다는 소속감을 심어주는 데 도움을 준다.

Tip : 공통적인 친구가 없을 시, 그 친구에 대해서 한 번 소개시켜주며 박수를 보내고, 그 친구에게 하고 싶은 질문을 받아 모이게 하는 방법도 참 좋다. 그리고 빠르게 다음 질문으로 넘어가는 것이 좋다(소외되지 않게 하는 것이 참 중요하다). 사회자가 질문하면 참 좋은 질문을 몇 가지 제시하려고 한다. 그러나 너무 오랫동안 지속된다면 지루함을 가질 수 있으니 사회자는 늘, 참여자들의 반응과 표정들을 살피며 진행하도록 해야 하다.

* "이름의 성이 같은 친구들끼리 모이세요" - 친구의 이름을 기억하는데 도움을 준다.
* "혈액형이 같은 친구들끼리 모이세요" - 서로의 비슷한 성향을 공유할 수 있다.
* "같은 지역(동네)에 사는 친구들끼리 모이세요" - 같은 동네 친구들 사이에 친밀도가 높아집니다.
* "생일이 같은 달을 가진 친구들을 찾아보세요" - 서로의 생일을 알려준다.
* "꿈과 비전이 같은 친구들을 찾아보세요" - 같은 목표를 가진 친구들과 서로 도움을 줄 수 있다.
* "같은 초등학교 다닌 친구들을 찾아보세요" - 몰랐던 동창들을 만날 수 있다.

마음으로 찾아요

- 대상 : 모든 연령
- 인원 : 5명 이상
- 장소 : 실내 공간
- 준비물 : 눈을 가릴 수 있는 수건이나 천
- 방법 : 술래 한 명을 지정한다. 술래는 눈을 가리고, 10초간 숫자를 센다. 술래가 아닌 전부는 그 사이에 모두 숨거나 술래가 잘 잡지 못한 공간에 있어야 한다(공간을 너무 넓지 않게 진행자가 지정해주는 것이 좋다). 술래가 10초를 다 센 이후는 아무도 움직일 수 없다. 술래는 마음으로 모두를 찾는다. 가장 먼저 발각되는 2명을 찾은 후, 2명 중 한 명을 또 술래를 정하여 반복적으로 하는 게임이다.

- 효과 :

– 보이지 않는 어둠 속에서 기도하는 마음으로 찾게 된다.

- 독특하게 숨는 친구들을 발견하게 된다.
- 모두가 숨죽이며 집중력을 높여 준다.

Tip : 진행자는 술래가 다치지 않게 술래가 다니는 곳마다 사물과 장애물을 알려주어야 하다. 같은 공간에서 3번 이상 진행되었다면, 그 공간에 대한 파악이 모두 이루어지게 되므로 장소를 옮기거나 게임을 바꾸도록 해야 한다. 인원이 많다면 진행자가 요령있게 찾는 인원 수를 늘려주면 된다. 예를 들어 3~4명을 찾도록 하는 것이다.

나는 연기자

대상 : 모든 연령

인원 : 8명 이상

장소 : 실내 공간

준비물 : 8명 기준 상자 4개(6명일 경우 상자 3개)

방법 : 팀을 인원에 맞게 두 팀으로 나눈다. 그리고 상대팀을 속이는 게임이다. 상자 안에 무거운 물건이 들어 있는 것은 1개이다. 그러나 빈 상자 3개를 들고 있는 참여자들은 연기를 해서 상대팀을 속여야 한다. 그래서 상대팀을 못 맞추게 하는 것이고, 상대팀은 진짜를 찾는 것이다.

효과 :

- 연기 잘하는 재능 있는 자들을 찾을 수 있다.

- 협력과 작전이 필요함으로 팀으로 더욱 단단해지는 효과를 준다.
- 표정과 모션을 자신 나름대로 창의적으로 연기하기 때문에 다양한 모습을 볼 수 있다.

Tip : 진행자가 연기하고 있는 팀에게 미션을 수행하게 하면 재미가 있다(예를 들어 "앉았다 일어나 주세요", "제 자리에서 돌아주세요" 등). 시간은 2분 안에 맞추도록 해야 한다.

기도자

- 대상 : 모든 연령
- 인원 : 5명 이상
- 장소 : 실외 공간
- 준비물 : 없음
- 방법 : 모두가 알고 있는 "얼음 땡" 게임을 변형한 게임이다. 기존에 알고 있는 "얼음땡"게임은 "얼음"하면 움직이지 아니하고 술래로부터 보호받을 수 있는데, '기도자' 게임은 "기도"라고

외쳐야 움직이지 아니하고 보호받을 수 있다. 먼저, 마귀 1명, 천사 1명을 정한다. 마귀가 술래인데, 마귀는 천사 외에 모두 터치할 수 있다. 천사는 "기도"라고 외친자를 유일하게 풀어줄 수 있는 사람이다. 천사는 기도라고 외치지 아니한 자를 터치한 경우 그 자리에 멈춰야 한다. 천사가 움직일 수 있게 하는 방법은 마귀 외에 각 다른 3명이 터치한 경우 움직일 수 있다. 마귀는 기도를 외친자보다 먼저 터치하거나, 천사가 기도자를 풀어주기 전에 모두 기도하고 있는 상태이면 마귀가 승리한 것이다.

효과 :

- 기도자는 기도할 때 간절함으로 천사를 불러야하기 때문에 기도의 중요성을 깨닫게 된다.
- 활력을 주며 서로 민첩성과 운동력을 길러준다.
- 친하게 지내지 못한 친구나 평소에 잘 모르던 청소년들 사이에서 친목이 형성된다.

Tip : 마귀는 교사가 하거나 청소년 리더자로 정하여 거짓말과 장난을 섞어 하면 더 재미있게 할 수 있다. 천사는 연령층이 다양하면 가장 어린아이가 하는 것도 게임 진행하는 데 원활하게 할 수 있다. 또, 인원이 10명이상이 된다면 마귀를 2명, 천사를 2명 지정해도 재미있게 할 수 있다.

교회 이름 ex) ○○교회, ○○○교회

- 대상 : 모든 연령
- 인원 : 5명 이상
- 장소 : 실내·외 가능
- 준비물 : 없음
- 방법 : 교회 글자 수 대로 뛰는 게임이다. 먼저 모두가 선을 지정한다. 그리고 술래를 한 명 정한다. 모두 순서대로 선을 기준으로 교회 글자 수만큼 뛴다. 그리고 마지막에 술래도 교회 글자 수만큼 뛰는데, 모두가 다시 들어오지 못하도록 들어오는 길을 양팔을 벌리거나 다리를 벌려 못 지나가도록 막는다(술래는 한 번 정한 몸동작 외에 움직일 수 없다). 술래를 피해 교회 글자 수 만큼 뛰어 선 안에 들어오면 통과이고, 들어오지 못하거나 술래를 스치거나 닿게 된다면 실패가 된다. 실패한 자들은 그 다음 술래를 정하여 게임을 진행하도록 한다.
- 효과 :

- 교회 이름을 계속 반복적으로 말함으로 교회 소속감을 키워준다.
- 교회로 향하는 걸음에 유혹과 벽같은 방해가 있을지라도 이겨낼 수 있다는 것을 보여줄 수 있다.
- 술래는 다양한 창의적인 생각으로 방해하는 동작을 표현할 수 있고, 청소년들은 술래를 피하는 창의적인 행동을 보여줄 수 있다.

- Tip : 인원이 많아지면 많을수록 술래를 2명으로 지정하면 더

재미있다. 선 안에 들어오지 못하도록 방해에도 통과하는 청소년들을 보며 사회자가 교회를 향하는 의미를 부각시켜 반복해서 말해준다면 더 효과적인 신앙교육이 될 수 있다.

내 마음은 하나님께로

- 대상 : 모든 연령
- 인원 : 6명 이상
- 장소 : 실내·외 가능
- 준비물 : 풍선, 담을 수 있는 큰 상자.
- 방법 : 풍선은 내 '마음'으로 알려준다. 상자는 하나님의 '넓은 마음'이라고 가르친다. 출발점과 종료지점을 정한 후, 종료지점에 상자를 둔다. 팀을 나누고, 순서를 정한다. 출발 신호와 함께 각 팀당 풍선 한 개씩 주며 입으로만 사용하여 종료지점에 있는 상자 안에 넣는 게임이다. 상자에 들어가는 것을 보면, 그 다음 주자가 똑같이 풍선을 입으로 불어서 종료지점까지 가서 상자 안에 넣어야 한다. 먼저 풍선을 다 넣는 팀이 이기는 게임이다. 단, 땅에 떨어지면 그 자리에서 다시 시작해야 한다.
- 효과 :

– 내 마음이 하나님께로 가야 한다는 것을 시각적으로 보여줄 수 있다.

– 단합력을 길러준다.

- 활동 있는 게임으로 운동력을 길러준다.

✱ Tip : 앞으로 가지 못하는 청소년이 있다면, 손을 사용할 수 있도록 한다. 중간에 풍선이 터질 수 있으니, 풍선은 여유있게 준비하는 것이 좋다.

천국갑시다

✱ 대상 : 모든 연령

✱ 인원 : 6명 이상

✱ 장소 : 실외 가능

✱ 준비물 : 없음

✱ 방법 : 멀리 떨어지지 않은 두 개의 기둥을 정한다. 팀을 나누고 팀당 각각 기둥을 집으로 정한다. 나이를 많이 먹어서 100살까지 먹은 팀이 이기는 게임이다. 모두가 0살부터 시작을 한다. 나이가 같은 사람은 '가위바위보'를 하여 이긴 사람이 5살씩 더 먹는다. 나이를 많이 먹은 사람은 나이 적은 사람을 터치하여 5살씩 더 먹을 수 있다. 그러나 집에 손을 대고 나이가 많은 사람을 터치할 경우 집에 손을 댄 사람이 5살씩 나이를 먹을 수 있다(집은 무적이다). 그리고 남의 집을 터치할 경우 10살씩 먹을 수 있다. 그렇기 때문에 집을 지키는 사람은 방어를 해야 한다. 그리하여 팀에서 100살 먼저 먹은 사람이 한 명이라도 있을 경우 그 팀이 이기는 게임이다.

✱ 효과 :

– 전략적인 게임으로 전술적인 단합을 키워준다.

– 팀에서 임무가 부여된 만큼 책임감도 길러준다.

– 활동 있는 게임으로 운동력을 길러준다.

– 민첩성과 판단력을 가질 수 있다.

✱ Tip : 사회자는 상대팀들이 나이를 속이지 않게 하고, 공정한 심판을 볼 수 있어야 한다. 넘어진 사람을 터치할 경우는 나이를 먹지 못하도록 한다. 계단이 없는 넓은 운동장에서 하는 것이 좋다. 기둥은 축구 골대나 농구 골대로 하는 것이 좋다. 이긴 팀에게는 100세 될 동안, 하나님의 집을 잘 지키며 어떤 어려움과 고통 속에도 잘 이겨내어 믿음으로 천국 가자는 말과 함께 마무리 하도록 하자.

말씀 붙잡기

✱ 대상 : 모든 연령

✱ 인원 : 6명 이상

✱ 장소 : 실외 가능

✱ 준비물 : 물총, 그릇, 물, 물로 사용할 수 있는 모든 것. A4용지와 볼펜, 시계.

✱ 방법 : A4용지에 적혀져 있는 성경구절을 빨리 암기하는 팀이 이기는 게임이다. 10m 정도 떨어진 곳에 암기하는 팀을 세우고,

상대팀은 맞은편에 앉아서 암기하지 못하도록 방해하는 것이다. 방해할 때, 물총과 물만 사용할 수 있다. 앞을 보지 못하게 물로 공격하며 암기하는 것을 방해하는데 암기하는 팀은 빨리 구절을 보고 암기하여 사회자에게 말하도록 한다. 시간을 재서 빨리 암기하는 팀이 이기는 게임이다.

효과 :

- 더운 여름에 시원한 느낌을 줄 수 있다.
- 단합력을 길러준다.
- 집중력이 좋아진다.
- 말씀을 암기하는데 효과를 준다.

Tip : 너무 어려운 구절을 사용하지 않도록 한다. 최대한 짧은 구절을 사용하는 것이 좋다. 암기할 때는, 성경구절을 보지 못하도록 뒤를 돌아보게 하고, "암기"라고 외칠 때는 물로 공격하지 못하도록 해야 한다.

부활절 게임

대상 : 모든 연령

인원 : 5명 이상

장소 : 실내 가능

준비물 : 계란 2판

방법 : 삶은 계란 한 판을 준비한다. 한 판 안에는 삶지 않는 계

란(날계란) 한 개를 넣도록 한다. 사회자와 청소년들이 돌아가면서 하나씩 골라서 머리에 깨서 먹는 복불복 게임이다. 삶지 않는 날계란을 고르는 친구는 씻어야 하는 벌칙이 주어진다.

효과 :

- 긴장과 재미를 가져다준다.
- 하나님을 찾게 되는 효과를 가져다 준다.
- 간식을 제공해준다.

Tip : 부활절 때 준비하면 좋은 게임이다. 계란을 먹지 않는 친구는 껍질을 다 제거한 후 한 곳에 깨끗하게 모아서 가져갈 수 있도록 도와준다. 날계란을 고른 친구에게는 '계란과자'를 준비하여 준다면 좋은 기억에 남을 수 있게 된다.

5. 레크레이션을 잘하는 방법 알려줄까?

유머 감각 키우기

리더는 자신이 속한 공동체 안에서 충분한 역량을 보여주어야 한다. 왜냐하면 그 역량에 따라 참여자들의 적극성과 재미와 직결되기 때문이다. 무엇보다도 센스 있는 '말'이 필요하다. 오늘 유행하는 '아재 개그(아저씨 개그)'는 2번 이상 사용하면 차가운 분위기를 감지할 수 있게 될 것이다. 그렇기 때문에 '아재 개그'는 1~2번이 적절하며, 중간중간 리더는 재미있게 몸개그와 반전 있는 모습을 보여주면 더 호응과 활력을 얻게 될 것이다. 예를 들어 점잖게 진행하고 있다가 반전 있는 댄스를 추는 행동들은 재미를 증가시키는 요소가 된다.

목소리는 SBS 방송에서 진행한 박진영 씨의 평가와 비슷하게 "공기 반, 소리 반"처럼 "장난 반, 진지 반" 유지가 필요하다. 장난으로 100% 진행하게 된다면, 통제가 쉽지 않게 될 것이고, 진지함이 100%가 된다면 재미가 없고 레크레이션 분위기를 잃을 수 있다. 그래서 장난으로 분위기를 올리고 편안함을 주도록 하며, 진지함으로 레크레이션 참여자들을 통솔하고 통제해야 할 것이다. 무엇보다 중요한 것은 경쾌하고 즐겁게 하는 것이 중요하다.

마지막으로 진행에 있어서, 연예계 1인자라 불리는 '유재석' 씨를 모델로 가지고 가는 것이 참 좋다. 레크레이션 진행자의 방법으로 편하고 친한 지인들을 이용하여 재미를 가져갈 수 있다. 친한 지인을 향하여 부족한 면을 OPEN하게 하는 것이다. 놀리는 방식인데, 적절한 선은 '유재석' 씨가 '박명수' 씨, '정준하' 씨를 놀리는 것을 잘 보면 알 수 있다. 예를 들어, "박명수씨 립싱크 그만 좀 하세요", "정준하씨 촬영하면서 그만 좀 먹어요" 라는 멘트로 웃음을 선사하는 방식이다.

반응 살피기

진행자는 레크레이션 참여하는 모든분들의 표정과 호응을 볼 줄 알아야 한다. 재미가 없거나 관심이 없다면 바로, 게임을 교체하는 것도 하나의 방법이다. 게임을 시작했다고 해서 꼭 끝을 보아야 한다는 생각을 버리시기 바란다. 레크레이션 목적은 즐겁고 활력을 얻을 수 있어야 한다는 것이기 때문에 아무리 좋고 열심과 노력으로 레크레이션을 준비했다고 하여도, 참여자들이 원하지 않는다면 뒤도 돌아보지 않고 과감히 게임을 바꾸는 것도 진행자의 능력이다.

박수 칠 때 떠나기

재미있을 때 끝까지 하면 다음이란 없다. 재미있을 때 멈출 수 있는 진행이 필요하다. 그리고 한 가지 레크레이션만을 고집한다면 그것 또한 효과적이지 않다. 모두가 기쁘고 즐겁고 기억에 남는 추억이 되었다면 그 다음은 다른 레크레이션을 시도할 필요가 있다. 좋은 추억은 좋게 기억되는 것이 좋다.

응용하기

아무리 재미있고 훌륭한 레크레이션이라고 하여도, 따라한다는 느낌을 받게 한다면 참여자들은 더 반감을 가져오게 할 수 있다. 레크레이션을 내 것으로 만들어야 한다. 진행자의 권한은 게임을 원활하게 진행하는 것도 있지만, 그 게임을 마음대로 조율하며 변경할 수 있는 권한이 주어진다. 교과서에 나와 있는 그대로 진행된다면 딱딱하거나 어색하게 진행이 될 수 있다. 자기 것으로 바꾸시기 바란다. 한 번 시도했던 레크레이션은 본인이 가지고 있는 생각들과 표현을 달리하여 시도해 본다면 참여자들은 늘 새로운 게임을 받는 느낌을 줄 수 있다.

6. 레크레이션의 세계로 떠나볼래?

'레크레이션'의 게임 종류는 다양하고 광범위하다. 중요한 것은 레크레이션이 우리가 속한 교회에서 적용하고 할 수 있느냐가 핵심이다. 아무리 좋은 레크레이션이 있다하여도 우리 교회에서 실현할 수 없는 게임이라면, 그것은 아무 의미가 없기 때문이다.

그래서 본 책은 모든 교회가 할 수 있는 레크레이션으로 선별하고, 우선적으로 '작은 교회'에서 가능한 게임으로 연구한 책이다. 무엇보다도 레크레이션이라고 하면 정해진 틀 안에서 하는 것보다, 진행자가 교회 상황에 맞게 변형, 변경, 수정을 하여 진행하는 것을 추천한다. 레크레이션이란 게임에는 정답이 없기 때문이다. 이 책에서 제시한 레크레이션을 진행자가 본인의 교회 맞게 진행한다면 더 효과를 볼 수 있다.

모든 교회에서 실현할 수 있는 레크레이션을 통하여 이 땅에 작은 교회가 활력을 얻고, 부흥이 일어나며 너무도 귀한 한 영혼을 살리는데 도움이 되길 소망한다.

청소년 사역자를 위한 캠핑 걸음마 떼기

안정훈

캠핑이란 일상을 떠나 자연 속에서 쉼을 누리는 것이다. 새와 풀벌레 소리, 나뭇가지 사이를 지나는 바람 소리, 짭조름한 바닷바람, 땅에서 잔잔히 올라오는 흙 내음. 특별히 무엇을 하지 않아도 자연을 있는 그대로 느끼는 것 자체가 우리에게 쉼을 준다. 자연 속에서의 캠핑은 청소년기 아이들이 학교나 교회에서 경험할 수 없는 다양한 활동을 체험하는 경험의 장이자, 자연과 또 함께한 사람들과 좋은 추억을 만들 수 있는 기회를 제공한다. 그런데 캠핑은 항상 낭만적이지만은 않다. 아무것도 없는 자연 속에서 식사부터 잠자리까지 모든 것을 직접 해결해야 하기 때문에, 대충 준비하고 시작했다가는 그 불편함에 안 하느니만 못한 결과를 낳게 된다. 그래서 이번 파트에서는 캠핑 초보자들이 보다 낭만적이고 성공적인 캠핑을 할 수 있도록 캠핑의 기초적인 지식과 유용한 팁들에 대해 알아보고자 한다.

1. 캠핑준비

장소 결정하기

캠핑을 준비하는 데 있어서 가장 먼저 결정해야 하는 것은 장소다. 장소에 따라 준비가 달라지기 때문이다.

장소는 크게 산, 바다로 나눌 수 있다. 대개 물놀이를 계곡에서 할 것인지 바다에서 할 것인지가 기준이 된다. 바다가 가까이 있는 산에서 캠핑을 할 경우 두 곳에서 모두 물놀이가 가능하다. 여기서 명심해야 할 점은, 물놀이 사고를 반드시 염두에 두고 아이들에게 보다 안전한 장소를 선택해야 한다. 아무리 재미있고 유익한 캠핑이더라도 안전사고가 발생하면 결과적으로 아무런 소용이 없다.

안전 체크 리스트
허가받은 캠핑장이 아닌 임의로 정한 장소에서 캠핑을 하게 될 경우, 더욱 각별히 안전사고에 대비해야 한다. ☑ **야영지에서 핸드폰이 잘 터지는가?** ☑ **최종 야영지의 위치를 학부모와 교회에 알려주었는가?** ☑ **사고 발생 시 도움을 요청할 경찰서, 소방서 혹은 민가가 야영지 주변에 있는가?** ☑ **야영지까지 차량 접근이 가능하도록 도로가 연결되어 있는가?** ☑ **물놀이 사고에 대비해 심폐소생술(CPR)을 숙지하고 있는가?** ☑ **응급처치 키트를 소지하고 있으며, 간단한 응급처치 방법을 숙지하고 있는가?**

준비물 챙기기

준비물은 가볍고 부피가 작은 것일수록 좋다. 필요에 따라 집에서 사용하는 물건들을 가져올 수도 있지만, 가정용 제품들은 대부분 부피가 크고 무겁기 때문에 캠핑용으로는 적합하지 않다. 그러나 직접 물건을 들고 이동해야 할 일이 없다면, 캠핑용 제품을 새로 구입하기보다는 기존에 가지고 있는 가정용 제품을 사용해도 무방하다. 요즘엔 인터넷으로 저렴하게 캠핑용품 구입이 가능해졌기 때문에 원한다면 캠핑용 제품을 구입해 사용해보는 것도 나쁘지 않다. 다만 구입 후, 사용법 숙지를 위해 반드시 캠핑을 가기 전에 한두 번 사용해 볼 것을 권한다.

필수 준비물
텐트, 방수포, 매트리스, 침낭, 휴대용 버너, 코펠, 아이스박스, 랜턴, 캠핑용 삽, 구급상자, 캠핑용 소화기

텐트

타프

텐트는 준비물 중에 가장 중요하다. 텐트만 설치할 경우 비와 햇빛에 그대로 노출되기 때문에 텐트 위에 치는 타프[54]혹은 텐트 외피를 함께 설치할 것을 권장한다.

텐트 선택의 기준[55]

- 여행 및 탐험하고자 하는 지역의 야외 지형 종류
- 텐트를 사용하게 될 계절
- 여행하면서 겪게 될 날씨의 조건
- 여행에 참여하는 사람의 수

텐트의 형태[56]

텐트는 종류가 매우 다양하지만 여기서는 대표적인 두 가지만 소개한다.

---

54) 햇볕, 비, 이슬 등을 피하기 위해 사용되는 가림막.

55) 코오롱 등산학교(https://blog. naver. com/kolon_school/221245162590)

56) 캠핑캠핑 Story. https://blog. naver. com/angelduduji/220753998858

	돔형(둥근모양)	캐빈형(가옥모양)
장점	바람에 강하다 간단한 캠핑에 적합 설치 후 이동이 가능 설치 공간에 따른 제약이 적음	사계절 사용 가능 공간이 넓다 가족캠핑에 적합
단점	전실(거실)이 좁다 겨울에는 적합하지 않다	설치 공간에 따른 제약이 있다 무겁다

텐트를 구입하기 전 반드시 인터넷을 통해 종류별로 다양한 정보를 찾아보고, 캠핑 예산과 인원에 알맞은 텐트를 구입한다. 구입할 텐트의 종류가 결정되면 꼭 오프라인 매장을 찾아가 직접 눈으로 확인한다. 그리고 인터넷을 통해 가격을 비교해본 후, 저렴한 곳을 찾아 구매한다.

방수포

방수포는 지면으로부터 물이나 냉기, 습기를 차단하고 텐트 바닥을 보호하는 역할을 한다. 맨 땅에 텐트를 설치할 경우 땅에서 올라오는 냉기, 습기와 빗물이 텐트 안으로 고스란히 들어온다. 이를 방지하기 위해 방수포를 먼저 깔고 텐트를 설치한다. 돗자리로 대체할 수도 있다.

미처 준비하지 못한 경우 주변에 있는 건초나 마른 낙엽 등을 깔아주면 된다. 방수포는 상황에 따라 텐트 위에 설치해 햇빛을 차단하거나 비를 막는 천막으로도 활용할 수 있다.

매트리스

텐트 바닥은 재질이 얇고 쿠션이 없기 때문에 맨바닥에서 쉬고 잠을 자기엔 불편하다. 매트리스는 쉼과 잠자리에 있어서 편안함을 제공하는 데 큰 역할을 한다. 시중에 파는 캠핑용 매트리스는 크기와 소재에 따라 다양하다. 구입하지 않고 집에 있는 돗자리나 얇은 이불을 겹겹이 깔아 매트리스를 대신할 수도 있다.

침낭

침낭은 가격, 계절에 따라 소재와 부피가 다르다. 예산과 계절에 알맞은 침낭을 구입하되, 매트리스와 마찬가지로 이불로 대체가 가능하다.

휴대용 버너, 부탄가스

캠핑용 버너는 부피가 작고 가벼워서 휴대성이 좋다. 그러나 집에서 사용하는 휴대용 버너가 있다면, 캠핑용 버너는 따로 구입하지 않아도 된다. 식사를 준비할 때 2~3가지 요리를 동시에 조리해야 하므로 버너는 적어도 2개 이상 준비하는 게 좋다. 그만큼 준비시간이 단축되고, 따뜻한 식사가 가능하다.

코펠

야외에서 취사할 때 사용하는 조립식 취사도구이다. 기본적으로 냄비, 후라이팬, 접시, 그릇, 국자, 밥주걱 등으로 구성되어 있다. 재질에 따라 크게 스테인리스, 알루미늄으로 나뉜다. 스테인리스는 알루미늄에 비해 내구성이 뛰어나지만 그만큼 가격이 비싸다. 알루미늄 코펠은 연질과 경질로 나눠는데, 보통 연질코펠은 은회색 계열, 경질코펠은 진회색 계열이다. 연질에 비해 경질의 내구성이 높다. 코펠 구입이 어려운 경우, 집에서 사용하는 식기를 가져가도 되지만 무게가 무겁고 부피를 많이 차지한다.

아이스박스, 아이스 팩

아이스박스는 캠핑지에서 냉장고의 역할을 한다. 출발 전 아이스박스 내부와 외부를 꼼꼼히 살펴 깨진 곳은 없는지, 물이 새지 않는지 확인 한다. 식재료를 보관하는 곳이므로 캠핑 중간 중간 아이스박스 내부 온도와 위생상태를 점검한다. 아이스 팩은 인터넷으로 구입하거나, 얼린 고기, 생선을 구입할 때 들어있던 아이스 팩을 세척 후 얼려서 재사용 할 수도 있다. 미처 준비하지 못한 경우, 알맞은 크기의 페트병에 물을 얼려서 사용하면 된다.

랜턴

랜턴은 휴대하는 손전등과 야간에 텐트 안과 밖에 설치할 램프(캠핑등)가 있다. 손전등은 텐트별로 1~2개가 적당하다. 램프는 텐트 안에 설치하고 필요시 텐트 밖에도 설치한다. 하지만 텐트 밖에 설치할 경우 불빛이 벌레들을 유인할 수 있다. 야간 산행을 하거나 어두운 곳에서 작업 혹은 요리를 할 경우, 헤드랜턴을 준비하면 유용하다.

캠핑용 삽

일반적인 캠핑장의 경우, 지면이 고르고 배수가 되게끔 정돈 되어 있다. 그러나 캠핑장이 아닌 장소에서 캠핑을 할 때에는 반드시 삽으로 평탄화, 배수로 작업을 해줘야 한다. 그 외에도 삽은 간이 화장실을 만들거나 오물을 땅에 묻을 때 등 필요할 때가 많다. 휴대용 삽이 없다면 집에 있는 큰 삽을 가져가도 좋지만 그 무게와 크기를 감당해야 한다. 급한 경우 호미나 괭이를 사용해도 되고, 야영지 주변에 있는 단단한 나뭇가지나 돌을 사용한다.

구급상자

구급상자는 소독약, 두통약, 소화제, 반창고, 압박붕대, 거즈, 부목, 가위 등으로 구성되어 있다. 떠나기 전 반드시 약품의 유통기한을 확인하고 날짜가 지난경우 새로운 약으로 교체한다. 캠핑에 참가하는 사람들의 건강상 유의사항이나 약품 알레르기 반응 유무를 미리 조사해서 알맞은 약품으로 구급상자를 구성한다. 전문가가 아니더라도 일반적인 부상 및 질병을 치료하는 방법이 설명된 응급처치 매뉴얼 소책자를 구급상자 안에 비치해 놓으면, 상황발생시 참고할 수 있다.

위의 준비물들은 필수 준비물로, 캠핑 시 반드시 필요한 물품들이다. 식재료를 포함한 이외의 준비물은 각자 캠핑의 장소, 목적, 기호 등에 따라 준비하면 된다.

2. 캠핑하기

텐트치기

야영지 선정

적당한 장소	피해야 할 장소
지면이 평탄하고 건조한 곳 맑은물(식수) 확보가 용이한 곳 습하지 않고 통풍이 잘 되는 곳 배수가 잘 되는 곳 시야가 트인 곳 시끄럽지 않은 곳 주변이 아름다운 곳	낙석, 산사태의 위험이 있는 곳 폭풍, 바람, 낙뢰의 위험이 있는 곳 (돌출되거나 큰 나무 아래) 계곡이나 하천 바로 옆(범람 위험)

텐트 설치

텐트를 설치하기 전에
캠핑을 떠나기 전 반드시 텐트 설치하는 법을 숙지해야 한다. 텐트 안에 들어있는 설명서를 참고하고, 인터넷으로 텐트설치 동영상을 찾아본다. 그리고 완전히 숙달될 때까지 직접 설치해 본다. 이것은 구성품(팩, 텐트폴)과 텐트의 상태를 확인하고, 캠핑장에서 텐트를 설치하는 데 많은 시간을 허비하지 않기 위함이다.

① 야영지가 선정되면 지면의 돌들을 제거하고 평평하게 해준다. 그리고 준비해온 방수포나 건초, 나뭇잎 등을 깔아준다.

② 텐트를 펴기 전에 먼저 입구의 방향을 정해야 한다. 텐트의 입구 방향은 맞바람을 피해 바람이 불어오는 반대쪽으로 한다. 보통 산에서는 바람이 낮에는 산 아래→위, 밤에는 위→아래 방향으로 분다. 바람의 방향을 판단하기 어려운 경우 입구를 산 아래쪽으로 향하게 하는 것이 좋다.

③ 이너텐트(내피)를 펼쳐서 입구와 창문의 지퍼를 닫고, 모든 면이 팽팽해지도록 모서리를 당겨 팩으로 고정시킨다.

팩 고정하기[53)]
팩은 지면의 상태에 따라 박는 각도가 다르다. 단단한 지면의 경우 약 45°로 팩을 박고 지면이 무르거나 모래인 경우 약 60°로 세워 팩을 박는다. 팩 해머를 사용하면 보다 쉽게 팩을 박고 빼낼 수 있지만, 가정용 망치나 주변에 있는 적당한 돌을 사용해도 된다. 팩은 팩의 머리 부분이 발에 걸리지 않을 만큼(지면에서 약 3cm정도) 박는다. 팩의 머리가 너무 많이 나와 있으면 지나가다 발이 걸려 사고로 이어질 가능성이 있고, 팩을 너무 깊게 박으면 단단한 땅이나 언 땅에서는 팩을 제거할 때 많은 힘이 든다.
팩 제거하기
팩을 제거할 때는 땅을 파거나 무작정 힘으로 당기지 말고, 나사를 풀듯이 팩을 돌리면서 서서히 위로 잡아 올리게 되면 쉽게 제거할 수 있다.

④ 텐트폴(지주)을 조립하여 슬리브 혹은 고리에 끼우고 텐트를 세운다.

⑤ 이때 텐트가 팽팽해지도록 모서리마다 있는 줄(스트링)을 당기고

57) 안전한 TV. https://www.youtube.com/watch?v=nEmdZGkgEwo

팩으로 고정시킨다.

⑥ 설치한 이너텐트 위에 타프나 텐트 외피 혹은 방수천을 덮고 각 모서리를 팽팽하게 당겨 최대한 펴준다. 따로 타프용 지주가 있다면 지주를 설치한다. 이때 내피와 타프 사이에 넉넉한 간격을 두는 게 중요하다. 이 둘이 붙어있을 경우 열기와 빗물을 차단하는 데 효과가 떨어진다. 특히 비가 많이 와 타프가 밑으로 처져 내피와 붙으면 내피 안으로 물이 스며들게 된다. 그래서 타프를 설치할 때 빗물이 고이지 않도록 적당한 경사를 만들어 주는 것이 좋다.

배수로(도랑) 파기

우천시 지면을 따라 흘러오는 빗물과 타프의 경사면을 따라 떨어진 빗물이 텐트 안으로 들어오지 못하게 텐트 둘레에 배수로를 만들어야 한다.

가져온 삽이나 나무, 돌 등을 이용해 텐트 둘레에 배수로를 파준다. 필요에 따라 텐트 외피나 타프에서 빗물이 떨어지는 지점에도 배수로를 만들어주면 좋다. 가장 중요한 것은 물이 배수로에 고여 있지 않고 계속해서 흘러 나갈 수 있도록 배수로에 약간의 경사를 주며 만들어야 한다는 것이다. 지면을 따라 텐트 쪽으로 흘러오는 물이 자연스럽게 텐트를 피해 흘러갈 수 있게 만들어 준다. 캠핑을 마치고 돌아갈 때는 반드시 배수로를 평평하게 원상복구 시켜 놓는다.

스트링 반사 테이프 감기

텐트와 타프를 고정시키고 있는 줄(스트링)은 야간에 눈에 잘 띄지 않는다. 때문에 야간 이동시 줄에 걸려 넘어지거나 줄이 얼굴이나 목에 걸릴 경우 사고를 유발할 수 있다. 그래서 최근에는 줄 자체가 야광, 반사 재질로 나오기도 하고 따로 야광 반사 줄을 구입해 교체해주면 된다. 아니면 시중에 판매하는 반사테이프를 구입해서 줄 마다 줄의 처음부터 끝까지 대각 방향으로 돌려가며 테이프를 감아준다. 이 때 어느 방향에서든 야간에 줄을 식별할 수 있도록 감아주는 것이 중요하다. 두 가지 모두 준비하지 못한 경우 걸릴 위험이 있는 줄에 우선적으로 손전등, 밝은 색 리본 등을 걸어 두어 눈에 띄는 표시를 해두면 좋다.

텐트 최종 점검

- 텐트 설치와 배수로 작업까지 끝나면 최종적으로 텐트를 한 바퀴 돌며 점검한다.
- 텐트의 모든 면이 팽팽하게 잘 펴져 있는가?
- 텐트를 고정하고 있는 팩이 지면에 잘 박혀 있는가?
- 타프나 텐트 외피가 경사가 있고 팽팽하며 내부텐트와 적당한 간격이 떨어져 있는가?
- 텐트와 타프에 연결된 줄들이 팽팽한 장력을 유지하고 있는가?
- 배수로가 끊어지지 않고, 타프 끝 아래 빗물이 떨어지는 위치에 있

는가?

• 배수로에 빗물이 고이지 않고 흘러 나갈 수 있도록 경사가 있는가?

오물 처리장, 간이화장실

1박 이상 야영할 경우 오물 처리장, 간이화장실이 필요하다. 야영지에서 너무 멀지 않아 쉽게 찾을 수 있으면서도 적당한 거리를 두어 야영지까지 냄새가 미치지 않도록 한다. 삽을 이용해 적당한 크기와 깊이로 땅을 판다. 파낸 흙은 아무데나 던지지 않고, 오물이나 용변을 덮을 수 있도록 파낸 구덩이 옆 가까이 한곳에 쌓아 놓는다.

용변 후에는 반드시 흙으로 덮어 주어야 악취가 퍼지는 것을 방지할 수 있다. 사람들이 실수로 구덩이에 빠지지 않도록 간단한 장애물이나 눈에 띄는 표시를 해주는 것이 좋다.

취사장소

취사장소는 텐트 근처이면서 편의와 화재에 대비해 물이랑 가까우면 좋다. 항상 화재사고에 신경을 써야 하며, 화재에 대비해 주변에 소화기나 방화수를 비치한다. 특히 비가오거나 바람이 심하게 불어 텐트 안에서 조리를 할 경우 환기에 각별히 주의를 기울여야 한다. 밀폐된 공간에서의 화기 사용은 일산화탄소 중독 등으로 인한 사망사고의 원인이 될 수 있다.

정리

텐트 내부는 공간이 협소하므로 쾌적하게 이용하려면 정리 정돈을 잘 해야 한다. 사람들에게 텐트 정리, 물 떠오기, 화장실 정리, 취사장 정리 등의 역할분담을 정해 놓으면 야영장을 보다 효과적으로 관리할 수 있다.

- 텐트 내부와 외부에 둘 짐을 구분하여 정해진 장소에 놓는다.
- 개인 물품은 꺼내 놓지 않고 필요할 때만 꺼내서 사용한다.
- 손전등, 소화기, 구급상자 등은 언제라도 사용할 수 있도록 눈에 띄는 곳에 비치한다.

쓰레기

캠핑을 준비할 때 불필요한 비닐 포장지, 일회용품은 모두 제거한 상태로 캠핑지에 가져간다. 발생한 쓰레기는 준비해온 쓰레기봉투에 담아 모두 도로 가져간다. 음식물 쓰레기도 가져가되, 가져가기 전까지 악취가 발생할 수 있다. 음식물용 쓰레기 봉투나 용기에 잘 담아두어 쾌적한 캠핑장 환경을 유지하도록 한다. 음식물 냄새가 심하게 날 경우 간혹 냄새를 맡고 산짐승이 야영장 가까이 올 수도 있다. 캠핑지에서 쓰레기 발생을 최소한으로 줄일 수 있도록 노력한다.

원상복구

캠핑은 자연 속에서 즐기는 것이다. 계속해서 아름다운 자연을 누리기 위해서는 우리가 머물렀던 자리를 머물기 이전의 모습과 똑같은 모습으로 복구 해놓아야 한다. 가져왔던 쓰레기를 모두 도로 가져가는 것은 물론이고, 잠시 걸터 앉기 위해 옮겨온 돌도 원래 있던 자리로 가져다 놓아야 한다. 이렇게 자연을 아끼고 존중하는 법을 통해서도 아이들은 많은 것을 배울 수 있다.

3. 바비큐(Bar-be-cue)하기

바비큐 시간은 다른 어떤 활동을 하지 않아도 단순히 고기를 먹는 것 자체로 즐거운 시간이다. 또 함께 불 주위에 모여 앉아 오붓한 시간을 가질 수 있다는 점에서 캠핑의 하이라이트이자 꽃이라고 할 수 있다. 하지만 뭐니 뭐니 해도 주인공은 바로 고기다. 고기를 맛있게 제때 구워내야 비로소 바비큐 시간이 제대로 빛을 발할 수 있다.

준비물
숯, 고기, 숯 집게, 토치, 부탄가스, 석쇠, 구이용 호일, 팬, 가위, 집게, 면장갑, 헤드랜턴

1. 숯

숯은 고기만큼 중요한 준비물이다.

어떤 숯을 사용하느냐에 따라 고기의 풍미가 달라지고, 건강에도 큰 영향을 미친다.

	참숯	성형탄	
모양	나무 모양	사각, 육각형 등. 가운데 구멍이 있음	연탄 모양 (요즘엔 다양한 모양으로 나온다)
종류	검탄, 백탄(표면에 하얀 재가 묻어있음)	톱밥 성형탄 (열탄)	숯가루 성형탄 (야자숯)
제조 방법	나무 그대로를 탄화시킴	톱밥을 구워 성형하여 만듦	숯가루에 첨가물을 넣어 만듦
냄새	-	탄 냄새	
원재료	참나무	벌목 후 발생한 임지폐목(순수목재)	
첨가물	-	-	밀가루, 질산바륨, 질산나트륨
가격	성형탄보다 약 2배 비쌈	참숯에 비해 약 50% 저렴	
연기	숯에서 나오는 나무향이 고기의 풍미를 높여준다	환기가 잘 되는 곳 혹은 실외에서 사용할 것을 권장	
착화력	불이 잘 안 붙고, 성형탄에 비해 불이 오래가지 않음	불이 잘 붙고 오래감	

이 외에도 다양한 숯이 있지만, 이 3가지가 시중에서 쉽게 접할 수 있는 대표적인 숯이다. 표를 보면 나무 그대로를 탄화시킨 참숯이 성형탄에 비해 인체에 덜 유해하다는 것을 알 수 있다. 성형탄 중에서도 특히 숯가루 성형탄은 이산화질소 등의 가스를 발생시키는 질산바륨이 첨가된다. 질산바륨은 식약처 지정 독성물질로, 불이 잘 붙는 성질이 있어서 폭죽이나 수류탄의 원료로 쓰이는 착화물질이다. 질산바륨이 연소된 연기는 눈·귀·호흡기계에 해롭다.

이러한 이유로 참숯 사용을 권장하지만, 그만큼 비용이 부담스러워 진다. 어쩔 수 없이 성형탄을 사용한다면, 특히 숯가루 성형탄을 사용할 경우, 반드시 실외에서 사용할 것을 권장한다. 실내에서 사용할 때는 환기에 각별히 신경을 써야한다. 숯가루 성형탄은 처음 불이 붙은 직후 연소되면서 약 5분 동안 가스(이산화질소-자동차 배기가스에서 배출)가 발생한다. 그러므로 일단 환기가 잘 되는 곳에서 불을 붙인 후 약 5분 정도 연소시킨 뒤에 가지고 들어와 고기를 굽도록 한다. 참숯도 성형탄 보다는 적지만 가스가 아주 발생하지 않는 것은 아니다. 어떤 종류의 숯을 사용하더라도 환기는 필수다. 참고로 번개탄은 숯가루 성형탄과 모양이 비슷하지만 구이용이 아니니 절대로 사용하면 안 된다.

숯 구입하기

임목탄 품질

제품명		[illegible]
숯의 종류		흑탄
원 료		활엽수(망그로브)
원산지		인도네시아
품 질	수 분	10.0 % 이하
	회 분	3.0 % 이하
	발열량	7,000~7,800 kcal

임목탄(첨가물이 없다)

숯가루 성형탄 규격 · 품질

상품명		간편 참나무 원형탄
종 류		숯가루성형탄
원산지		대한민국
품질	발열량	4,200 kcal/kg 이상
	회 분	25% 이하
	함수율(습량)	8% 이하
	첨가물	밀가루 5%, 질산바륨 11%, 질산나트륨 6%
중 량		380g±5%

성형탄

상품명과 몇인용인지 확인한다. 그리고 반드시 옆면이나 후면에 있는 숯 규격·품질 표시 라벨을 찾아본다. 숯의 종류가 참숯, 톱밥 성형탄, 숯가루 성형탄인지 확인한다. 그리고 밑에 첨가물 란에서 질산바륨 혹은 바륨이 첨가되어 있는지, 얼마나 첨가되었는지 확인한다.

숯은 보관만 잘하면 언제든 사용할 수 있기 때문에, 캠핑에 참석하는 인원과 예산을 고려하여 숯 양이 부족하지 않게 넉넉하게 구입한다.

숯에 불붙이기

성형탄은 자체에 착화제 성분이 들어있어서 불이 쉽게 붙지만, 참숯과 같이 첨가물이 들어가지 않은 숯은 불붙이는데 시간이 걸린다. 참숯에 불을 붙이는 여러 가지 방법이 있다.

	토치 사용	성형탄 사용	착화제 사용
방법	숯에 불이 붙을 때까지 토치로 불을 붙인다	성형탄 위에 참숯을 올린 후 성형탄에 불을 붙인다	사용할 숯의 1/2정도를 먼저 깔아준 뒤 그 위에 착화제를 부어준다. 착화제 위에 나머지 숯을 올려주고 라이터나 불붙은 종이를 이용해 착화제에 불을 붙인다.
장점	비용이 저렴하다	불이 잘 붙는다	사용이 간편하다
단점	불이 쉽게 안 붙는다. 숯에 불이 붙기 시작하면 화력이 세지도록 부채질을 해줘야 한다	성형탄에서 가스가 발생한다	불이 붙기까지 시간이 걸린다

이 외에도 건초, 나뭇가지에 불을 붙여놓고 그 위에 숯을 올려 불을 붙이거나, 종이나 휴지 뭉치에 식용유를 한두 숟가락 부어준 후

불을 붙여 쌓여있는 숯 아래 혹은 사이에 넣어주는 방법도 있다.

숯에 불이 붙었다면 숯이 벌겋게 달아오를 때까지 약 15~20분 정도 기다린다. 활활 타던 불길이 잦아들고 숯이 벌겋게 달아올라 있다면, 고기를 구울 수 있는 상태가 된 것이다. 불이 활활 붙어있는 숯은 열은 나지 않고 불만 붙어있는 상태다. 이 때 고기를 올리면 불길에 고기의 겉만 탈뿐, 속은 구워지지 않는다.

마지막으로 불을 붙이느라 쌓여있는 숯을 고기를 구울 면적만큼 숯용 집게를 사용해 고루 펴준다.

숯 보충하기

고기를 빠르고 맛있게 굽기 위해서는 불의 화력을 일정하게 유지해야 한다. 그런데 고기를 열심히 굽다보면 숯을 보충하는 타이밍을 놓치기 쉽다. 구워진 고기들을 접시에 담아내고, 불판에 고기를 새로 올릴 때마다 꼭! 화력을 체크한다.

모든 숯이 잘 타고 있는지, 불붙은 숯이 한쪽에 몰려있지 않고 고르게 펼쳐져 있는지, 고기를 계속 구울 수 있을 만큼 충분한 열기가 올라오는지, 고기가 탈 정도로 화력이 너무 세지는 않은지 등을 살펴보고 숯 보충여부를 결정한다. 화력이 부족하면 숯을 더 넣어주고, 화력이 너무 세면 타고 있는 숯들을 더 넓게 펴주거나 그릴 밖 안전한 곳(화재의 위험이 없고 사람이 다니지 않는 장소)에 잠시 꺼내 놓는다.

바비큐 그릴 밖에서 숯 스타터를 사용할 경우 화력이 떨어질 때마다 불붙은 숯을 넣어줄 수 있지만, 스타터가 없을 때에는 그때그때 소량의 숯을 타고 있는 숯 위에 고루 넣어주면서 화력을 유지한다. 숯을 보충해 줄때는 반드시 집게를 사용해 불이 붙어있는 숯 위에 제대로 올려준다. 숯을 봉투째 들어서 부어줄 경우, 한꺼번에 많은 양의 숯이 쏟아질 수 있다. 한 번에 너무 많은 양의 새 숯을 쏟아 놓으면 타고 있던 숯의 열이 올라오지 못하기 때문에, 숯 보충은 번거롭더라도 소량으로 자주 해주는 것이 좋다.

숯 처리하기

바비큐가 끝나면 숯에서 연기가 올라오지 않고 열기가 사라질 때까지 물을 충분히 부어 숯불을 완전히 꺼준다. 야외에서는 아주 작은 불씨도 산불의 원인이 된다는 점을 항상 명심해야 한다. 불이 꺼지고 열기도 식은 숯은 너무 작지 않다면 재활용이 가능하다. 숯의 물기를 제거한 후 다시 담아가고, 작은 숯과 타고 남은 재는 모아서 땅에 묻는다.

고기

숯불구이용 고기를 구입한다.

숯불의 화력은 생각보다 강하고 조절하기 어렵기 때문에, 집에서 후라이팬에 구워 먹는 일반적인 얇은 고기는 그만큼 빠르게 바짝 구워진다. 이렇게 육즙이 모두 빠진 퍽퍽하고 질긴 고기는 육포보다 맛이 없다. 정육점 혹은 마트에서 숯불구이용 고기를 구입하거나, 숯불구이용으로 고기를 썰어달라고 주문하면 된다.

고기는 미리 꺼내 놓는다.

냉동된 고기를 완전히 녹지 않은 상태에서 구우면, 겉은 바싹 익거나 타버리고 안은 안 익는 불상사가 발생한다. 때문에 냉동된 고기는 최소 1시간 전에, 생고기는 30분 전에 실온에 두어 고기가 얼어있거나 너무 차지 않은 상태에서 불 위에 올라가도록 한다.

만약 호일이 있다면 호일과 고기가 밀착되도록 잘 싸서 둔다. 열전도가 높은 알루미늄의 특성으로 인해 고기를 더 빠르게 녹일 수 있다. 그러나 너무 오랜 시간 고기를 꺼내 놓으면 상할 수 있으니 고기의 언 정도를 고려해서 녹일 시간을 결정한다.

고기를 꺼내 놓는 것을 깜빡 했다면, 짧은 시간 안에 고기를 녹여야 한다. 약 40°의 따뜻한 물에 설탕을 두 스푼 넣어 설탕물을 만든다. 여기에 고기를 10분간 담가 놓으면 그냥 따뜻한 물에 담그는 것보다 고기의 육즙이 덜 빠지면서 더 빠르게 고기를 녹일 수 있다. 설탕물이 고기의 맛에 영향을 주지 않지만, 물에 한번 행구고 물기를 제거해 준다.

고기는 숯이 달궈진 후 올린다.

숯에 불을 붙이면 불길이 올라오지만, 이때 고기를 올리면 안 된다.

고기는 불에 굽는 것이 아니라 열에 굽는 것이다.

숯에 불을 붙인 후 약 15~20분 정도가 지나야 숯 전체가 벌겋게 달아오르며 열기가 올라온다. 이때부터 고기를 올려 굽기 시작한다. 그리고 초반에 화학 첨가물이 연소하며 발생하는 유독가스를 제거하기 위해서도 꼭 숯이 충분히 달궈진 후에 고기를 구어야 한다.

토치를 활용한다.

토치는 숯에 불을 붙일 때 사용한다. 성형탄은 불이 잘 붙도록 만들어졌기 때문에 상관없지만, 참숯은 일정시간 계속해서 불을 붙여줘야 숯에 불이 붙는다. 부탄가스에 토치를 끼워 사용하며, 토치를 사용하는 동안 주변에 사용하지 않는 부탄가스가 가까이 있지 않도록 주의를 기울인다.

토치도 다양한 제품이 있는데, 되도록이면 토치 자체에 점화장치가 있고, 화력 조절이 가능하며, 부탄가스와 탈부착이 쉬운 제품을 구입하도록 한다.

토치를 이용해 고기를 굽기도 하는데, 고기의 아랫면이 구워지는 동안 동시에 위쪽에서 토치로 고기를 굽는 방법이다. 보다 빠르게 고기를 구울 수 있다는 장점이 있다. 캠핑장에서 먹는 고기는 평소 먹던 고기보다 약 1.5배 이상 맛있고, 사람들이 허기진 상태일 가능성이 높다. 그래서 고기를 굽는 족족 사라지게 된다. 이때 토치를 사용해 고기를 빠르게 구워내면 고기의 수급이 보다 원활해진다. 단 이

방법은 토치로 고기를 구워본 경험이 있는 경우에만 시도한다. 미리 토치로 고기 굽는 연습을 해본 후 사용할 것을 권장한다.

여러 개의 석쇠를 사용한다.

석쇠는 숯불을 지필 그릴의 크기에 맞춰 그리고 식사 인원에 따라 알맞게 구입한다. 불판 위에 올려놓을 큰 석쇠 외에 손잡이가 달린 접이식 석쇠도 필요하다.

한 번에 많은 양의 고기를 굽다보면 일일이 고기를 뒤집는 데 번거로움이 있다. 그리고 숯불의 특성상 불 조절이 어렵고, 고기 기름이 계속 숯에 떨어져 걷잡을 수 없는 불길이 자주 올라온다. 때문에 고기가 다 익기도 전에 겉은 타버리는 경우가 많다. 이럴 때 손잡이가 달린 접이식 석쇠를 이용해 고기를 구우면, 고기를 한꺼번에 뒤집기도 쉽고, 화력이 너무 세거나 갑자기 불길이 올라왔을 때 그 불길을 피해 고기가 타는 것을 방지할 수 있다.

알루미늄 호일은 되도록 피하자.

숯불 바비큐는 어쩔 수 없이 조금씩은 고기가 탈 수밖에 없다. 그래서 보통 고기가 타는 것을 방지하기 위해 알루미늄 호일을 사용해왔다.

한번쯤은 호일을 석쇠에 감아 그 위에서 고기를 구워본 적이 있을 것이다. 그러나 알루미늄 호일은 열과 불에 약해서 일정 온도가 넘어가면 녹아내린다. 이럴 경우 녹아내린 알루미늄, 즉 중금속이 고스란히 고기에 묻게 되는데 당신은 지금까지 고기가 아니라 중금속을 먹은 것이다. 이것을 방지하기 위해 일반 호일보다 두꺼운 구이용 호일이 시중에서 판매중이다. 하지만 구이용 호일 역시도 일정 온도이상 가열할 경우 녹을 위험이 있다. 그래서 불 조절이 어려운 숯불구이에서 알루미늄 호일의 사용은 되도록이면 피하는 것이 좋다.

그렇다면 풍미를 위해 고기를 태워가며 숯불 바비큐를 감행해야만 할까? 그렇지 않다. 고기를 태우지 않으면서, 숯불의 풍미도 맛볼 수 있는 방법이 있다. 호일 대신 숯불 위에 프라이팬을 올려놓고 고기를 굽거나 휴대용 버너를 이용해 집에서처럼 고기를 구우면 된다. 그렇게 팬에서 고기를 8~90% 구운 뒤, 숯불 석쇠위에 고기를 올려 숯불 향이 베어들게 잠시 구워내면, 불에 타지 않고도 숯불 풍미를 머금은 맛있는 고기를 맛볼 수 있다.

주의사항
휴대용 버너로 고기를 구울 때, 버너 크기에 알맞은 불판을 사용해야 한다. 과대 불판의 사용은 부탄가스를 가열시켜 폭발시킬 위험이 있다. 또 사용한 부탄가스가 버너 가까이 있지 않도록 주의한다. 사용한 부탄가스는 불과 멀리 떨어뜨려 놓거나 텐트 팩을 이용해 구멍을 뚫어 남은 가스를 모두 배출시킨 뒤 버린다.

4. 즐거운 캠핑이 되려면

캠핑은 '불편'을 경험하는 시간이다. 텐트 치는 게 불편하고, 밥을 지어 먹는 게 불편하고, 잠자리 역시 불편하다. 아무리 좋은 장비를 사용해도 집보다 불편할 수밖에 없다. 그런데 왜 굳이 사서 고생을 해야 할까?

이렇게 돈을 들여가면서 고생을 하는 이유는, 캠핑을 하면 마음이 편해지기 때문이다. 불편함 때문에 편해진다니, 모순이다. 그런데 사실 우리의 일상이 더 모순이다. 세상은 점점 더 빠르게 그리고 편리하게 변해가고 있다. 자동차가 스스로 운전을 하고, 집 밖에서 집에 있는 세탁기를 돌릴 수 있으며, 말 한마디로 스마트폰을 통해 전 세계 그 누구와도 통화할 수도 있다. 그런데 일상이 이렇게 편리해진 것에 비해 정작 우리의 마음은 그만큼 편해지지 않았다. 빠르고 편리해질수록 시간에, 일에, 사람에 쫓기며 살아간다. 최첨단 과학기술의 편리함은 우리에게 시간과 공간의 여유는 주지만 마음의 여유는 주지 못한다.

다시 말하지만 캠핑은 불편하다. 그런데 마음은 편해진다. 집에서는 한 번의 터치로 켤 수 있는 가스 불을, 캠핑지에서는 한 시간 동안 직접 불을 붙이고 바람을 불고 계속 지켜봐야 한다. 집에서는 바로 침대에 누워 자면 되지만, 캠핑지에서는 몇 시간 동안 텐트를 치고 깔개를 깔고 침낭을 피고 잠자리를 직접 준비해야 한다. 캠핑지에서의 모든 것들이 이런 식이다. 그런데 육체적으로 또 시간적으로 허무하게 소비되는 이 시간이 사람의 마음을 편하게 해준다.

자연 속에서 사람은 단순해진다. 어두워지면 잠을 자고, 해가 뜨면 일어나고, 배가 고프면 밥을 지어 먹는다. 일상 속에서도 하는 것들이지만, 자연 속에서는 이게 전부다. 이 외에 어떤 자극적인 일도 사건도 없다. 그저 본능대로 하루를 살아가게 된다. 그러다보면 자연이 주는 시원한 바람에 머리부터 마음까지 시원해지고, 새들이 우는 소리에 귀도 마음도 편안해 진다. 즐거운 캠핑이 되려면 잠시 일상의 것들을 내려놓아야 한다. 편리함을 내려놓고 편안함을 누릴 때 진정한 캠핑의 매력을, 그리고 자연이 우리의 진정한 고향이라는 것을 느낄 수 있을 것이다.

참고문헌

네이버 블로그 캠핑캠핑 Story. https://blog.naver.com/angelduduji/220753998858
유튜브 안전한 TV. https://www.youtube.com/watch? v=nEmdZGkgEwo

저자소개

소장 김성중 교수

· 장로회신학대학교 교수
· 기독교교육리더십연구소 소장
· 더작은재단 자문교수
· 대한민국교육봉사단 이사
· 코리안바이블로드선교회 이사
· 한국기독교교육학회 임원
· 플로리다 게인스빌 한인교회 협동목사
· 서소문교회 청년부 목사
· 전국청소년수련회 및 교사세미나 강사

김도환

장로회신학대학교 신학과
장로회신학대학교 신학대학원 목회학 석사
장로회신학대학교 교육대학원 교육학 석사
분당소망교회 고등부 전도사
○ 연구 및 담당분야 청소년 진로코칭
지역학교 교회를 기반으로 한 기독청소년 네트워크
Re-Born Praise팀, Re-Set팀

김준혁

한신대학교 기독교교육학과 과정
의림교회 중등부 찬양담당
○ 연구 및 담당분야 크리스챤미디어, 찬양, 관계
미디어팀, Re-Born Praise팀, Re-Set팀

안정훈

명지대학교 생명과학정보학부 식품영양학과
장로회신학대학교 신학대학원 목회학 석사 과정
전 일심교회 청소년부 전도사
○ 연구 및 담당분야 섬김, 이성교제, 레크레이션, 야외캠프
Re-Set팀

윤상현

안양대학교 기독교교육과
고려신학대학교 대학원 목회학 석사
고려신학대학교 대학원 역사신학 과정
부천초등학교 교사
좋은씨앗교회 부목사
○ **연구 및 담당분야** 레크레이션, 캠프사역팀

이새롬

건국대학교 영어영문학과
장로회신학대학교 신학대학원 목회학 석사
오산큰은혜교회 전도사
○ **연구 및 담당분야** 교회음향 및 엔지니어링, 찬양
Re-Born Praise팀, Re-Set팀

이신형

연세대학교 국어국문학과, 신학과
서울장신대학교 신학대학원 목회학 석사, 예배찬양사역
연세대학교 연합신학대학원 상담코칭학, 신학 석사
연세대학교 대학원 신학과, 상담코칭학 박사 과정
브릿지 상담센터 기획실장
○ **연구 및 담당분야** 교회음향 및 엔지니어링, 찬양
Re-Born Praise팀, Re-Set팀

이재면

한일장신대학교 사회복지학과, 신학과
장로회신학대학교 신학대학원 목회학 석사 과정
토브리폼드미니스트리 대표
성수동사랑의교회 청년부 전도사
○ **연구 및 담당분야** 성경공부, 교재연구팀

청소년 사역에 필요한 필수지침서

청소년 사역자

지은이 김성중 외
펴낸이 김동현
펴낸곳 민영사 임프린트 예사람
펴낸날 2019년 3월 15일 초판

주소 서울시 성동구 독서당로 39길 43 1층
전화 (02)711-1224, 711-1225
팩스 (02)711-1226
등록 2014년 1월 1일 제2014-000001호
Home http://www.minyoungsa.com
E-mail myspub@hanmail.net

ISBN 979-11-86378-30-4 03230
정가 15,000원

※ **예사람**은 예수 닮기 소망하는 사람들이라는 뜻으로 문서 선교를 위한 **민영사**의 기독교 임프린트입니다.